ROB LILWALL

ZU FUSS DURCH CHINA

VON DER WÜSTE GOBI ZUM SÜDCHINESISCHEN MEER

AUS DEM ENGLISCHEN VON
WERNER LÖCHER-LAWRENCE

Die englische Originalausgabe ist unter dem Titel »Walking Home from Mongolia. Ten million steps through China from the Gobi Desert to the South China Sea« bei Hodder & Stoughton (Hachette, UK) erschienen
© *Rob Lilwall 2013*

1. Auflage 2014
© *2014 für die deutsche Ausgabe: DuMont Reiseverlag, Ostfildern*
Alle Rechte vorbehalten
Übersetzung: Werner Löcher-Lawrence
Gestaltung: Herburg Weiland, München
Umschlagfoto: Huber Images, Bruno Morandi
Karten: Rodney Paull, deutsche Version DuMont Reiseverlag
Printed in Spain
ISBN 978-3-7701-8267-1

www.dumontreise.de

*Für Mum und Dad.
Danke für das Zuhause,
das ihr mir gegeben habt.*

千里之行 ， 始于足下

*Eine Reise von tausend Meilen beginnt
mit einem einzelnen Schritt.*

INHALT

Ein Wort vorab   10
Die Gefahr von Atlanten   11

Teil 1 In die Wüste Gobi
   Kapitel 1 Aufbruch in die Leere   18
   Kapitel 2 Die Jurte   22
   Kapitel 3 Die erste Nacht   29
   Kapitel 4 Leon   34
   Kapitel 5 Das Wüstenkloster von Khamariin Khiid 41
   Kapitel 6 Der Winter kommet   49
   Kapitel 7 Die »Let's Go Road«   54
   Kapitel 8 Die verlorenen Stöcke   59
   Kapitel 9 Dschingis   64
   Kapitel 10 Totales White-Out   68
   Kapitel 11 Mos Eisley   75

Teil 2 Nach China hinein
   Kapitel 12 Willkommen in China   82
   Kapitel 13 Dinos   85
   Kapitel 14 Polizei   91
   Kapitel 15 Innere Mongolen   101
   Kapitel 16 Dr. Leon   107
   Kapitel 17 Klänge   111
   Kapitel 18 Báijiǔ   118
   Kapitel 19 Rivalität   124
   Kapitel 20 Mein rechter Fuß   130

Kapitel 21	Die Mauer	136
Kapitel 22	Die Idee Chinas	141
Kapitel 23	Grotten	148

Teil 3 *Zum Gelben Fluss*

Kapitel 24	Weihnachten und Christine	158
Kapitel 25	Kohleland	164
Kapitel 26	Das Fiasko	170
Kapitel 27	Das Höhlendorf	179
Kapitel 28	Die Mauer, unser Führer	187
Kapitel 29	Die Mutter und das Leid	192
Kapitel 30	Eingesäumt	196
Kapitel 31	Eiswein	201

Teil 4 *Ins alte Herz des Reiches*

Kapitel 32	Große Nase	210
Kapitel 33	Chinese Li	216
Kapitel 34	Völlig erledigt auf dem Huang He	222
Kapitel 35	Der Hukou-Wasserfall	229
Kapitel 36	Mr Wolf	236
Kapitel 37	Für Ausländer gesperrt	241
Kapitel 38	Frühling	249
Kapitel 39	Kode Z	251
Kapitel 40	Die Krieger	258
Kapitel 41	Der Tunnel des Verderbens	265

Teil 5 *Ins südliche China*

Kapitel 42	Richtige Würste	276
Kapitel 43	Die Nord-Süd-Scheide	280
Kapitel 44	Abkürzungen	287
Kapitel 45	Der Jangtsekiang	295
Kapitel 46	Eine sinnlose Strafe	300
Kapitel 47	Die radikale Lösung	304

Kapitel 48 Johei!	308
Kapitel 49 Tee	315
Kapitel 50 Kentucky Fried Chicken	324
Kapitel 51 Mao	329
Kapitel 52 Einsamkeit	334

Teil 6 Auf der Zielgeraden

Kapitel 53 Zwei abgezehrte Wilde	340
Kapitel 54 Ehrengäste	347
Kapitel 55 Countdown	355
Kapitel 56 Das Ende der Reise	362
Epilog	369
Dank	374
Bibliographie	378
Anmerkungen	380

Ein Wort vorab

Dieses Buch wurde aus dem Gedächtnis geschrieben, mit Hilfe von Tagebuchnotizen, Fotos und Videosequenzen. An einigen Stellen habe ich Gespräche verkürzt oder umgebaut, an anderen gebe ich das eine oder andere Detail sicher nicht ganz korrekt wieder. Gelegentlich habe ich die Chronologie der Ereignisse leicht verändert, um im Erzählfluss zu bleiben. Im Übrigen jedoch denke ich, dass dieses Buch eine genaue Darstellung der tatsächlichen Ereignisse ist.

Was die Preise angeht, so habe ich die Werte für den chinesischen Renminbi (RMB) mit einem Wechselkurs von 10:1 in britische Pfund umgerechnet (so etwa stand der Kurs während unserer Reise).

Angesichts der Tatsache, dass wir viel auf unkartierten Wegen unterwegs waren, sind die Entfernungsangaben oft nur geschätzt und für gewöhnlich abgerundet. Die gesamte zurückgelegte Strecke lag bei über 3000 Meilen, also 4800 Kilometern, aber ich habe sie abgerundet.

Die Gefahr von Atlanten

Der Winter stand bevor, und der erste sibirische Schnee fand seinen Weg in die Mongolei, als Leon McCarron und ich uns auf unseren Marsch von der Wüste Gobi nach Hongkong machten. Ursprünglich hatten wir im Spätsommer aufbrechen wollen, oder wenigstens gleich zu Beginn des Herbstes, doch die Vorbereitungen zogen sich länger hin als geplant, und so war es bereits Mitte November, als es endlich losging.

Es war meine zweite große Expedition, und sie war in vieler Hinsicht mit der ersten verbunden. Vor sieben Jahren hatte ich im Alter von siebenundzwanzig meinen Job als Geographielehrer an den Nagel gehängt, um mit meinem Fahrrad durch die Welt zu fahren. Statt es von England aus anzugehen, war ich so weit von zu Hause weggeflogen, wie ich mir nur vorstellen konnte, nämlich bis in den Nordosten Russlands. Drei Jahre lang hatte die Fahrt zurück nach Hause gedauert. Ich nannte das Ganze *Cycling Home from Siberia*, und es wurde eine Art Initiations-Abenteuer, das mich durch so entlegene Länder wie Japan, Papua-Neuguinea, Australien und Afghanistan führte. Auf meinem Weg zurück nach London wurde ich mit vorgehaltener Waffe ausgeraubt, von Malaria niedergestreckt und von Autos angefahren. Aber es waren die positiven, tief berührenden Erlebnisse, die mir blieben, besonders die Gastfreundschaft der Menschen aus Dutzenden von Kulturen. Und das Beste überhaupt widerfuhr mir, als ich in Hongkong festsaß und ein Schiff zu finden versuchte, das mich über das Südchinesische Meer mitnehmen würde – da lernte ich eine schöne junge Chinesin namens Christine kennen.

Endlich zurück zu Hause, stellte ich fest, dass ich nicht einfach wieder da anfangen konnte, wo ich aufgehört hatte. Statt erneut in den Lehrerberuf einzusteigen, wie ich es ursprünglich geplant hatte, schrieb ich ein Buch, hielt Vorträge über meine

Reise, und ein Fernsehsender produzierte eine Serie mit dem von mir aufgenommenen Videomaterial. Christine arbeitete mittlerweile in London, und achtzehn Monate nach meiner Rückkehr machte ich ihr beim Scrabble-Spielen in Kew Gardens einen Heiratsantrag.

Nach unserer Heirat beschlossen wir nach Hongkong zu ziehen, in die Stadt, in der wir uns kennengelernt hatten, Christines Heimat – und nun auch meine. Auf einer grünen, vorgelagerten Insel fanden wir eine Wohnung, eine halbe Stunde mit der Fähre von den Hochhäusern entfernt. Noch vor unserem Umzug hatten wir uns bereit erklärt, in Hongkong ein Spendenbüro für Viva einzurichten, eine Wohltätigkeitsorganisation für Kinder, an die wir wirklich glaubten. Meine Rechnungen bezahlte ich auch weiterhin mit meiner freiberuflichen Vortrags- und Schreibtätigkeit.

Das Leben war wunderbar. Trotzdem packte mich das Fernweh wieder. Tief in mir erwuchs der Wunsch nach einer neuen Reise. Lang und hart sollte sie sein und mich ein weiteres Mal an meine Grenzen führen. Völlig zwanglos blätterte ich durch Karten und Atlanten, was immer eine gefährliche Sache ist, und es dauerte nicht lange und die Idee eines Fußmarsches über das chinesische Festland entstand.[1] Die Abschnitte meiner Fahrradtour durch die östlichen und südlichen Landesteile waren herrlich gewesen, und jetzt träumte ich davon, das Innere des Landes mit seinen einsamen Wüsten, wilden Gebirgszügen und großartigen Strömen zu erkunden. Und China ist nicht nur aufgrund seiner Geographie interessant. Es ist die älteste kontinuierliche Zivilisation der Geschichte, mit der Großen Mauer und einer Vielzahl außergewöhnlicher historischer Stätten. In den letzten Jahrzehn-

---

1 Hongkong ist ein Teil von China, gehört aber nicht zum Festland, weder kulturell noch wirtschaftlich oder politisch. Es hat seine eigene Währung, seine eigenen Grenzübergänge und ist eine Sonderverwaltungszone, die nach eigenen Regeln regiert wird.

ten hat China auf der Weltbühne Bedeutung erlangt, und gelehrte Geister sagen voraus, dass es in nicht allzu ferner Zukunft die Welt regieren wird. Ja, und ich hatte eine Chinesin geheiratet und wollte über die Stadt, in der wir lebten, hinaus deren und jetzt auch meine neue Heimat kennenlernen.

Aber wie sollte ich China erkunden? Nachdem ich bei so gut wie jeder Dinnerparty nach meiner Fahrradreise gefragt worden war: »Wie viele Reifenpannen hattest du?«, dachte ich, dass es an der Zeit sei, eine neue, anspruchsvollere Fortbewegungsart zu wählen. So begann sich die Idee einer Wanderung in meinem Kopf zu bilden. Zu Fuß zu gehen würde weitaus langsamer sein und körperlich anstrengender, da ich meine gesamte Ausrüstung mit mir tragen müsste. Aber eine Fußreise war auch die älteste Form der Erkundung – so hatte sich der Großteil der Menschheit mit seiner Welt bekannt gemacht.

Ich grübelte über mögliche Routen nach und kam zu dem Schluss, dass es wesentlich interessanter wäre, China in der Senkrechten zu durchqueren, als mich entlang seiner horizontalen Achse zu bewegen: Von Nord nach Süd würde ich einer viel größeren historischen wie landschaftlichen Vielfalt begegnen. Im Übrigen entging ich so eher den boomenden Küstenregionen und blieb damit dem Gros der ausländischen Besucher fern. Ich wollte das Herz des Landes durchqueren, mit den Füßen fest auf dem Boden, und sehen, wie es sich auf dem Weg nach Süden veränderte.

Und dann eines Nachts im Bett fand sich alles in einem Gedanken: Aus der Mongolei zu Fuß nach Hause. Nach Hongkong. Plötzlich war ich hellwach. In der Wüste Gobi wollte ich losgehen und bis nach Hongkong wandern. Es war ein weiter Weg, etwa so weit wie von London nach Kasachstan oder von Los Angeles nach New York. Meine Vorstellung füllte sich mit Bildern von Durchquerungen windgepeitschter Wüsten, von Aufstiegen in neblige Gebirge und Zeltlagern auf jadegrünen Feldterrassen.

Epische Stürme würde ich durchzustehen haben, würde in stillen Flüssen baden und auf lächelnde Menschen treffen. Der Plan erfasste mein Denken und ließ sich nicht wieder daraus vertreiben.

Bei einer Wanderung auf unseren örtlichen Berg erzählte ich Christine von meiner Idee. Sie hörte mir stumm zu, und als ich fertig war, blieben wir stehen und sahen auf die Bucht hinaus. Eine Fähre hielt auf den Anleger zu, tropische Wolken füllten den Himmel über dem Südchinesischen Meer.

»Wie lange würde es dauern?«, fragte sie und sah mich an.

»Drei bis vier Monate, denke ich.« Hoffte ich. »Aber ich mache es nur, wenn du einverstanden bist.« Bei meiner Fahrradtour aus Sibirien zurück war ich frei und ungebunden gewesen, für niemanden verantwortlich, hatte meine Route, meine Zeit und meinen Stil ganz allein bestimmen können. Das war heute nicht mehr so. Heute brauchte ich Christines Segen.

»Ich hoffe, nach meiner Fahrradtour«, fuhr ich fort, »kann ich einen Fernsehsender und Sponsoren finden, die mich unterstützen.« Ich wusste, eine so lange Reise ließ sich nicht einfach nur mit meiner Lust darauf rechtfertigen. Wenn ich sie filmte und unterwegs darüber schrieb, würde das helfen, die Kosten zu decken, und dem Ganzen einen professionellen Anstrich geben.

Christine schwieg. »Ich denke, ich bin offen dafür«, sagte sie endlich. Sie wusste, wie sehr ich derartig verrückte Unternehmungen mochte, aber als sie meinen Blick einen Moment lang erwiderte, sah ich auch ihre Angst. Wir wussten beide, dass sie nicht mitkommen würde, denn auch wenn sie Herausforderungen liebte (zwei Jahre zuvor hatte sie ihre vielversprechende juristische Laufbahn aufgegeben, um im Wohltätigkeitsbereich zu arbeiten), mochte sie weder Schmerzen, noch fand sie es toll, tagelang nicht zu duschen, was beides wesentlich zu dieser Reise gehören würde.

»Wir könnten damit Geld für Viva sammeln«, fügte ich hinzu. »Ich glaube, das wäre eine tolle Plattform dafür.« Zudem hoffte ich, dass ich mir zwischendurch zwei, drei Mal ein paar Tage freinehmen könnte und sie mich mit dem Flugzeug besuchen kam. So würden wir nicht die ganze Zeit getrennt sein.

Christine wirkte verletzlich und schien sich innerlich bereits für die kommenden Stürme zu wappnen. Es würde für uns beide schwer werden. »Okay«, sagte sie. »Wenn du es wirklich willst.«

Ich habe erwachsene Männer gesehen, die zu kleinen Jungen wurden, als ihre Frauen ihre größten Träume als unreifen Unsinn abtaten. Und da stand *meine* Frau und gab mir ihre Zustimmung, obwohl sie wusste, was für ein Opfer es war. Mein Kopf schwirrte vor Dankbarkeit und Erregung. Ich konnte kaum glauben, dass ich es unternehmen würde, China der Länge nach zu Fuß zu durchqueren.

Teil 1

IN DIE WÜSTE GOBI

Хуний эрхээр зовохоор өөрийн эрхээр жарга

Besser in Freiheit leiden als in Gefangenschaft Freude finden.

Kapitel

1

Aufbruch in die Leere

*14. November –
Entfernung von zu Hause: 4828 Kilometer*

Ich stehe draußen vor dem heruntergekommenen Hotel, der Himmel über mir ist frisch und blau. Ich befestige die vier Stricke mit den Karabinerhaken hinten an meinem Rucksack, schwinge mir das Ding auf den Rücken, nehme meine nagelneuen Wanderstöcke und beeile mich, in die Handschuhe zu schlüpfen. Die Luft ist kalt, die Welt still. Mit meinem ersten Schritt straffen sich die Stricke meines Geschirrs, und der stählerne Anhänger, vor den ich gespannt bin, folgt mir gehorsam. Die Räder quietschen. Molly Brown ist mit hundert Kilo Camping- und Kameraausrüstung, Essens- und Wasservorräten bepackt. Die Stricke zerren an meiner Taille, ich trete vom Bürgersteig auf die Straße, und Mollys Räder rasseln hinter mir auf dem Asphalt.

Ich sehe mich um. Mein Expeditionspartner und Kameramann Leon überholt mich. Auch er trägt einen Rucksack, zieht aber keinen Anhänger hinter sich her. Wir werden uns mit Molly Brown abwechseln, ich bin als

Erster an der Reihe. Leon hält eine Kamera in der rechten Hand, und ich lasse ihn ein Stück vorangehen, bis er sich umdreht und zu filmen beginnt. Da setze auch ich mich wieder in Bewegung.

Wir befinden uns auf der Hauptstraße von Sainschand, einer kleinen Stadt in der südlichen Mongolei, mitten in der Wüste Gobi. Sainschand bildet den Beginn unserer Reise, und Hongkong, mein Zuhause, liegt fast fünftausend Kilometer südlich von uns. Heute ist Tag eins.

Wie in den meisten Städten der Mongolei sieht man auch in Sainschand, dass das Land den Großteil des 20. Jahrhunderts hindurch eine Marionette der Sowjetunion war. Zwar hat man die einfallslosen Wohnblöcke entlang der Straße in grellen Farben gestrichen, die alten, monotonen kommunistischen Fenster starren aber immer noch bitter und desinteressiert auf uns nieder. Ein großer grauer Schornstein speit schwarzen Rauch in die trockene, eiskalte Luft, und die schmalen Streifen Land zwischen den Gebäuden sind mit braunem Gobi-Staub bedeckt. Die offene Wüste können wir noch nicht sehen, denn Sainschand ist von einem kleinen Berggrat umgeben, und die erste Stunde unserer Expedition werden wir damit zubringen, hinter ihn zu gelangen.

Eine Handvoll Mongolen in dicken Mänteln und Schals kommt uns entgegen. Als sie Molly an mir hängen sehen, verziehen sich ihre groben, ernsten Gesichter zu einem amüsierten Lächeln. Autos werden langsamer und zockeln neben uns her, während ihre Insassen uns ebenfalls anstarren. Ich fühle mich seltsam losgelöst von der Welt und kann immer noch nicht glauben, dass es endlich losgeht. Ich habe keine Ahnung, was uns erwartet, was wir alles sehen und auf was für Menschen wir treffen werden, welche Abenteuer vor uns liegen.

An einer roten Ampel bleibe ich neben ein paar Autos stehen. Mittelalte Frauen überqueren die Straße, ich sehe sie an, und sie fangen an zu kichern, worauf ich wohl etwas dümmlich lächle. Ich fühle mich wie ein Theaterpferd mit Karren. Als die Ampel auf Grün schaltet, fahren die Autos geradeaus, nur Leon und ich biegen nach links ab, Richtung Süden, aus der Stadt heraus und hinein in die Leere.

Die immer noch asphaltierte Straße windet sich in eine leichte Senke hinab, bevor sie zu einer Öffnung im Grat hinaufführt. Am Rand der Stadt kommen wir an ein paar hölzernen Schuppen und ummauerten Grundstücken vorbei. Ich finde meinen Rhythmus und lehne mich ins Geschirr. Molly rollt vorwärts, ruckt jedoch bei jedem neuen Schritt. Meine Stiefel sind bequem, aber noch ungewohnt, und ich hoffe, dass ich sie gut genug eingetragen habe. Die kalte Sonne brennt über uns, und nur Mollys Quietschen durchsticht die Stille, zusammen mit dem Klacken meiner Wanderstäbe auf dem Teer.

Es geht jetzt sanft bergauf, und Mollys Gewicht beschleunigt meinen Atem. Die kalte Luft schneidet mir in die Lunge. Es ist erst der 14. November und noch kaum tiefer Winter, dennoch haben wir bereits minus zehn Grad Celsius. Verglichen mit dem, was uns in den kommenden Monaten erwartet, ist das noch angenehm warm.

Leon, der sich zum Filmen etwas hat zurückfallen lassen, schließt zu mir auf, und Minuten später erreichen wir die Lücke im Grat. Gemeinsam bleiben wir stehen und sehen hinaus auf die Wüste Gobi. Es ist eine gigantische braune Staub- und Schotterebene, weit wie ein Ozean, der sich unverhüllt in alle Richtungen ausbreitet. Fern am Horizont kann ich eine feine Linie Hügel und Erhebungen ausmachen, dahinter verfließt die Welt ins Nichts.

Ich schüttele den Kopf. »Gott, riesiger geht's nicht. Hast du wirklich Lust, da durchzulaufen?«

»Naja, wo wir schon mal hier sind«, sagt Leon mit seinem nordirischen Akzent und lächelt mir zu. Er hat schlaffes braunes Haar und ein jugendliches, frisch rasiertes Gesicht. Mit seinen fünfundzwanzig ist er neun Jahre jünger als ich. Er legt seine Stöcke zur Seite und baut das Stativ auf.

Von hier aus ist es schwer zu ermessen, wie weit sich das Land tatsächlich hinzieht und wie lange wir brauchen werden, um es zu durchqueren. Vor einer Woche, auf unserem Flug in die mongolische Hauptstadt Ulan-Bator, habe ich hinunter auf die zerfurchten Ebenen geblickt und überlegt, dass wir für die Strecke, die uns mit dem Flug-

zeug eine Minute kostete, da unten zu Fuß einen halben Tag brauchen würden.

Ich sehe jedoch, dass die Ebene nicht völlig leer ist: Die Asphaltstraße wächst in sie hinein – allerdings nach Südwesten, und wir wollen nach Südosten. Wir werden eine der staubigen Jeep-Pisten nehmen, die sich durch die Ödnis ziehen. Ich hole meinen Kompass heraus und finde bestätigt, dass die markanteste der Pisten etwa in unsere Richtung führt. Rund einen Kilometer entfernt steht ein weißes Filzzelt neben der Straße, eine nomadische Ger, eine Jurte. Das weiße Rund steht ganz für sich, trutzig, als wäre es der letzte Außenposten der Zivilisation.

Leon ist noch über seine Kamera gebeugt. Ich warte, bis er eine weite Panorama-Aufnahme gemacht hat.

»Wollen wir weiter?«, frage ich.

»Ich filme noch etwas. Geh du voraus.«

Einen Moment lang erfüllt Stille die Luft. Das ist er also, unser Aufbruch in die Leere. Nach Monaten hektischer Planung ist nichts mehr zu besprechen, auf nichts mehr zu warten, nichts mehr vorzubereiten. Ich hole tief Luft und lehne mich in mein Geschirr. Mollys Räder beginnen sich zu drehen. Ich verlasse den Asphalt und trete auf die braune Erde. Die Reise der zehn Millionen Schritte hat begonnen.

Kapitel

2

Die Jurte

14. November
Entfernung von zu Hause: 4823 Kilometer

Mollys Räder knirschten über den Schotter. Das Land wirkte kahl und abweisend, doch ich sah, dass es mit trockenen Grasbüscheln bedeckt war, und in der Ferne konnte ich einige große braune Tiere ausmachen. Vielleicht gehörten sie zu der einsamen Jurte, der *Ger*, vor mir.

Während ich mich langsam darauf zubewegte, kam ein Mann heraus, stieg auf ein Motorrad und holperte durch den Staub auf mich zu. Neben mir hielt er an. Er war etwa dreißig, hatte einen dünnen Bart, und sein Gesicht erinnerte mich, der ich die Züge der Menschen hier nicht gewohnt war, an Dschingis Khan. Der Mann trug einen langen grünen Umhang mit einer orangefarbenen Schärpe um die Taille und auf dem Kopf eine rote Baseballkappe, auf der zusätzlich noch ein Bauhelm saß.

Ich lächelte und nickte.

DIE JURTE

»Hi«, sagte ich.

Der Mann betrachtete Molly und musterte mich von Kopf bis Fuß. Ich trug eine Jacke und eine Hose aus Hongkong, synthetisch, winddicht, dazu eine billige Sonnenbrille und eine mongolische Kaninchenfellmütze aus Ulan-Bator.

»*Ger, Ger!*«, rief der Mann über den Lärm seines Motorrads hinweg und deutete auf die Jurte. »*Dschid, dschid.*«

Ich schloss daraus, dass er mich in seine Jurte einladen wollte, war jedoch nicht ganz sicher.

»Danke. Ich bin in ein paar Minuten da«, sagte ich auf Englisch und machte eine Geste zu Molly hin.

Der Mann grunzte, zuckte mit dem Kopf, gab Gas und fuhr zu Leon, der etwa zweihundert Meter hinter mir war. Kurz bevor ich die Jurte erreichte, überholte mich das Motorrad wieder. Der Mann winkte mir zu, ich solle mich beeilen, und verschwand durch die niedrige Jurtentür.

»Ich glaube, er will uns zu einer Tasse Tee einladen«, sagte ich, als Leon herankam.

»Das glaube ich auch. Ich weiß, wir hoffen auf etwas Wüsten-Gastfreundschaft, aber so schnell hätte ich noch keine Einladung erwartet.«

Ich machte den Anhänger los und stellte ihn ab. Die grauweiße Jurte war vollkommen rund, zweieinhalb Meter hoch und etwa sechs Meter im Durchmesser. Sie war nicht mit Schnüren und Heringen im Boden verankert, trotzdem musste es eine äußerst stabile Konstruktion sein, denn die Wüste Gobi ist für ihre Stürme bekannt, die nach den Berichten von Reisenden Zelte und Jurten zerfetzen können. Vor dem Eingang scharrten ein paar weiße Hühner im Schmutz. Leon und ich traten ein.

Der Raum war rund, warm und behaglich, und es roch leicht nach süßer Milch. Ich schob mir die Sonnenbrille auf den Kopf, und meine Augen gewöhnten sich an das Dämmerlicht. An den Wänden der Jurte standen mehrere Betten, Tische und Truhen, alle mit bunten, eckigen Formen bemalt. Hölzerne Sprossen woben sich im Zickzack die Wände hinauf und trafen sich in der Mitte des Daches, wo das Rohr des zentralen Ofens, neben dem ein großer Eimer mit getrocknetem Dung stand, nach draußen stieß. Auf einer Seite der Jurte saß ein mittelaltes Paar vor einem alten Farbfernseher und sah sich eine mongolische Serie an.

Der Motorradfahrer machte eine Geste zu einer Bank hin. Wir setzten uns, und er stellte zwei Tassen mit lauwarmem Tee auf den Tisch.

Er gesellte sich zu uns. »Mein Name ist Sahana«, sagte er und deutete auf sich. Dann zeigte er auf uns und sagte: »Mein Name ist?«

»Mein Name ist Rob«, »Mein Name ist Leon«, erwiderten wir.

»Rob ... Leon«, wiederholte Sahana, und dann: »*Hourse, hourse.*«

»Ja, *horses*«, sagte ich, »Pferde.« Ich nahm an, dass die Tiere, die ich in der Ferne gesehen hatte, Pferde waren und Sahana gehörten. »Wie viele haben Sie?« Ich tippte mir zählend über die Finger der linken Hand.

Sahana verstand mich offenbar nicht, sagte aber: »Ja, ja, *hourse*«, und zeigte auf den Boden.

Vielleicht meinte er, dass die Jurte sein Haus war? Sich über unsere Teetassen hinweg mit ihm zu unterhalten erwies sich als schwierig. Der Großteil der vor uns liegenden Reise würde durch China führen, und so hatten wir uns bei unseren Sprachübungen auf Mandarin konzentriert. Das einzige mongolische Wort, das wir kannten, war *biacla*: danke. Aber wir hatten einen ins Mongolische übersetzten Brief dabei, der unsere Reise erklärte. Auf früheren Unternehmungen hatte ich oft solche schriftlichen Erläuterungen benutzt. Ich nannte sie meine »magischen Briefe«, denn wenn die Leute erst einmal begriffen, was ich machte, verloren sie normalerweise ihren Argwohn und waren eher bereit zu helfen.

Ich holte den Brief hervor und reichte ihn Sahana. Er griff danach, sah ihn kurz an und legte ihn auf den Tisch. Vielleicht konnte er nicht lesen, aber vielleicht redete er auch einfach lieber. Ich zog die Fotokopie einer Landkarte heraus und versuchte erneut, unseren Plan zu erklären.

»Wir gehen nach Zamyn-Üüd«, sagte ich und fuhr mit Zeigefinger und Mittelfinger über die Karte. Zamyn-Üüd lag an der Grenze zu China, rund 240 Kilometer von Sainschand entfernt, das waren etwa zwei Wochen zu Fuß. Ich versuchte es ihm auf der Karte zu zeigen.

»Zamyn-Üüd, hmm.« Sahana nickte und sah Leon an, der die Kamera auf uns richtete.

»Ist es okay, wenn ich Sie filme?«, fragte Leon.

»Nein, nein«, sagte Sahana, schüttelte den Kopf und bedeutete Leon, er solle die Kamera wegstecken. Leon nahm sie herunter. Die Frau, die zu uns herübergesehen hatte, stand auf und schaltete einen anderen Sender ein.

Wieder sahen wir auf die Karte, und ich fuhr mit dem Finger die Route entlang, die wir nehmen wollten. Hinter der mongolischen Grenze ging es nach China hinein, was jedoch nicht hieß, dass wir da bereits die Wüste Gobi hinter uns hatten. Sie reichte weit nach Süden auf chinesisches Territorium, noch fast einen weiteren Monat würden wir darin unterwegs sein. Irgendwann dann würden wir die Große Mauer erreichen und damit ins »Innere« Chinas gelangen, das Kernland seiner alten Zivilisation. In westliche Richtung wollten wir der Großen Mauer eine Weile folgen, bevor wir uns erneut nach Süden wandten und uns entlang der Fluten des Gelben Flusses auf die alte Kaiserstadt Xi'an zubewegten. Von dort sollte es weiter in Richtung Süden gehen – über die unzähligen Berge und Gebirgsketten, die Täler und Städte Südchinas, durch Wald und Feld, bis wir das Meer und Hongkong erreichten. Ich ging davon aus, dass die gesamte Reise etwa fünf Monate dauern würde.

Aber das war alles viel zu kompliziert, um es unserem Gastgeber zu erklären, und so sagte ich nur: »Durch China.«

»China!« Sahanas Blick verfinsterte sich, und er schüttelte den Kopf. Er schien erregt und fuhr sich mit der Hand über die Kehle. »Die Kehle aufschlitzen.« Ich sah Leon an. »Will er das mit den Chinesen machen oder denkt er, die Chinesen werden sie uns aufschlitzen?«

»Ich weiß nicht«, sagte Leon. »Vielleicht beides?«

Sahana begriff wohl, dass ich ihn nicht ganz verstand. Unversehens beugte er sich über den Tisch, packte mich und legte mir seine kräftigen Finger um den Hals. Ich nickte panisch und stotterte: »Ja, okay, Sie mögen China nicht.«

Die wilden mongolischen Nomaden der Grassteppe, jener sich durch Zentral- und Nordasien ziehenden Wirtschaftsregion, und der unfruchtbaren mongolischen Wüste unterschieden sich zutiefst von den sesshaften Bauern Chinas, des Reichs der Mitte, und waren durch die Zeitalter hindurch mit ihnen verfeindet. Die Verachtung beruhte auf Gegenseitigkeit. Die Seide und Dichtung liebenden Chinesen betrachteten die Nomaden als unzivilisierte, barbarische Analphabeten, halb Mensch, halb Tier, Raufbolde, die fermentierte Milch tranken und kehlige Lieder sangen. Für die Nomaden waren die Chinesen reiche, tyrannische Steuereintreiber, und sie nutzten ihre überlegenen Reitkünste, um regelmäßig plündernd in das Land ihrer Feinde einzufallen, manchmal mit erstaunlichem Erfolg. Im 17. Jahrhundert jedoch annektierte China die Mongolei und verleibte sie für mehrere Hundert Jahre dem eigenen Territorium ein – vielleicht verbitterte das Sahana noch heute.

Als könnte er meine Gedanken lesen, sagte Sahana jetzt plötzlich: »Dschingis«, und hob die Daumen. Dann sagte er: »China«, und beugte sich ein weiteres Mal zu meiner Kehle vor.

Vom ersten Moment an, als wir in der vorangegangenen Woche in Ulan-Bator gelandet waren, hatten wir begriffen, dass Dschingis Khan, der größte Plünderer von allen, hier als Nationalheld galt. Der Flughafen der Hauptstadt war nach ihm benannt, und am Parlamentsgebäude saß eine riesige Dschingis-Khan-Statue. Sein Bild prangte auf Wodkaflaschen und Geldscheinen.

»Ah, verstehe«, sagte ich, nickte und wich zurück. »Sie mögen Dschingis Kahn, es gefällt Ihnen, wie er China erobert hat.«

Obwohl er so nett gewesen war, uns in seine Jurte einzuladen, ähnelte Sahana, je länger wir ihm gegenübersaßen, zunehmend dem großen Eroberer und Plünderer. Genetische Studien haben gezeigt, dass 0,2 Prozent der Weltbevölkerung Nachfahren Dschingis Khans sind – in der Mongolei selbst sind es zehn Prozent. Es schien also durchaus realistisch anzunehmen, dass der freundliche, aber ruppige Sahana, der wieder und wieder nach meinem Hals griff, zu ihnen gehörte.

Je länger wir redeten, desto launischer wurde unser Gastgeber, und ich begann mich zu fragen, ob er getrunken hatte. Mit stechendem Blick knurrte er mich an, ließ heulende Geräusche hören und fuhr sich erneut über die Kehle.

»Ah, Wölfe«, sagte ich. »Nun, wir haben unsere Stöcke.« Gestikulierend versuchte ich ihm klarzumachen, dass wir alle Angreifer abwehren würden. Ich wusste, es gab Wölfe, ja sogar Schneeleoparden und Bären in der Gobi; die Chancen, eines dieser Tiere zu Gesicht zu bekommen, ganz zu schweigen davon, von ihm gefressen zu werden, waren jedoch äußerst gering.

Sahana blieb unbeeindruckt und schüttelte murmelnd den Kopf. Es schien an der Zeit zu gehen.

»Wir sollten weiter«, sagte ich zu Leon.

Er nickte.

Wir sagten: »*Biacla*«, nahmen den magischen Brief und standen auf. Sahana folgte uns nach draußen. Als ich mich wieder vor Molly spannte, zeigte er nach Süden.

»Khamariin Khiid«, sagte er, und das »Kh« klang wie ein Husten. Sein Gesicht entspannte sich etwas.

Khamariin Khiid war ein buddhistisches Kloster mitten in der Wüste. Wir hofften, in drei Tagen zu ihm zu gelangen und dort unsere Wasservorräte auffüllen zu können. Sahanas ausgestreckter Arm schien zu bestätigen, dass die Jeep-Piste, die wir ausgesucht hatten, die richtige war. Das zumindest beruhigte uns.

Wir schüttelten Sahana die Hand, sagten noch ein paar Mal: »*Biacla*«, und machten uns auf den Weg. Sahana stand da und sah uns hinterher. Wenig später drehte ich mich um und sah, dass seine Jurte nur noch ein kleiner, verschwimmender weißer Fleck in der riesigen Weite war, die für eine Weile unser Zuhause sein sollte.

Kapitel

3

Die erste Nacht

14. November
Entfernung von zu Hause: 4822 Kilometer

Es war bereits Nachmittag, und die weiße Sonne folgte ihrer Bahn hinunter zum westlichen Horizont.

»Wie fandest du ihn?«, sagte Leon. Er ging neben mir und pflanzte seine Stöcke bei jedem Schritt fest in den Schotter. Er wirkte entschlossen, aber entspannt.

»Ich weiß nicht recht«, sagte ich. »Mir wurde ein bisschen mulmig, als er mir immer wieder an die Gurgel wollte.« Wir lachten nervös.

Auf meinen bisherigen Reisen hatte ich oft das Glück gehabt, von Fremden zum Tee eingeladen zu werden. Trotzdem – wenn ich ehrlich war, hatte mir Sahanas mit seiner wilden Art einen ganz schönen Schreck eingejagt. In Hongkong hatte ich einen Mann kennengelernt, der im Vorjahr durch die Mongolei gefahren war. In der Wüste bei Sainschand, beim Fotografieren, hatten ihn zwei betrunkene Mongolen auf einem Motorrad mit einem Messer bedroht und ausrauben wollen. Er hatte allerdings Glück gehabt und war ihnen unverletzt entkommen. Das erzählte ich Leon, und plötzlich befiel uns beide ein leichtes Aufbruchszittern.

»Ich denke, es wäre nicht schlecht, wenn wir heute Nacht außer Sichtweite campen«, sagte ich. Ganz Sainschand hatte uns aus der Stadt gehen sehen, und vielleicht stellten wir mit unseren Kameras eine gewisse Verlockung dar.

In diesem Moment sahen wir ein Motorrad auf einer parallel verlaufenden Piste näherkommen und atmeten erleichtert auf, als es ohne anzuhalten vorbeifuhr.

»Wir sollten versuchen, es bis zur nächsten Erhebung zu schaffen«, sagte Leon. »Da fallen wir weniger auf.« Vor uns nahm ein zweiter kleiner Grat schärfere Konturen an, und wir konnten gerade so erkennen, wo unsere Jeep-Piste durch ihn hindurchschnitt.

Seit Verlassen Sainschands waren wir zwei Stunden gelaufen, und damit war Leon an der Reihe, Molly zu ziehen. Ich machte den Anhänger von meinem Rucksack los, er befestigte ihn an seinem, und schon ging es weiter. Eine Reihe Telegrafenmasten verlief quer vor uns durch die Wüste, und ein paar Jeeps funkelten am Horizont entlang.

Als wir den Grat erreichten, versank die Sonne bereits in einem orangefarbenen Lodern hinter dem Horizont. Ich trat hinter Molly und half, sie die heftige Steigung hinaufzuschieben. Auf dem Kamm angekommen, wurde es dunkel, und wir schalteten unsere Kopflampen ein, verließen die Piste und suchten uns ein freies, ebenes Stück Erde. Die Temperatur war mittlerweile unter minus zehn Grad gesunken. Wir zogen ein paar zusätzliche Sachen an und stampften mit den Füßen auf den Boden, um uns warmzuhalten, holten unsere kleinen Zelte hervor und errichteten unser erstes Lager. Ich stieg in mein Zeit und meinen Schlafsack und beugte mich hinaus, um den Benzinkocher zu entzünden – ich war als Erster mit dem Kochen an der Reihe. Die Flamme schlug kurz hoch auf, beruhigte sich aber gleich wieder. Ich stellte unseren einzigen Topf darauf, schüttete Wasser hinein, gab Fertignudeln und Dosenrindfleisch hinzu. Zwanzig Minuten später schüttete ich die Hälfte des Gekochten in den Deckel des Topfes, der unser zweiter Teller war, und reichte ihn hinüber zu Leons Zelt.

»Dein Abendessen«, sagte ich.

»Danke.« Leons Miene verriet leichte Besorgnis, als das Licht seiner Kopflampe auf den dampfenden Brei fiel. Leon war eigentlich Vegetarier, zwang sich aber, Fleisch zu essen, wenn er auf Expeditionen ging. »Was soll das sein?«, fragte er und begann zu kauen.

»Offiziell ist es Rindfleisch, könnte aber auch Hundefutter sein«, sagte ich.

»Immer noch besser als Hundefleisch, nehme ich an.«

»Hund schmeckt nicht schlecht. Auf jeden Fall besser als dieses Zeug.«

Es wurde kurz still in Leons Zelt, bevor ich ihn weiteressen hörte.

Ich saß vornübergebeugt in meinem Schlafsack und aß mit meinem Löffel. Das Gefühl, hier draußen unter den Sternen zu sein, war mir seltsam vertraut, auch wenn ich vor nun schon anderthalb Jahren zuletzt wild gecampt hatte. Gleichzeitig fühlte ich mich erschöpft, obwohl es erst sieben Uhr abends war und wir gerade mal fünfzehn Kilometer zurückgelegt hatten, kaum ein Drittel Prozent des gesamten Weges. Nach dem Essen zog ich mein Tagebuch hervor und begann zu schreiben.

»Wir sind aufgebrochen. Endlich. Ich mit Molly im Schlepp. Sie ist ganz schön schwer zu ziehen, wir werden uns den einen oder anderen Muskelkater holen. Es wird eine harte Sache – hauptsächlich, weil es Winter ist. Es ist so verdammt weit bis nach Hause.«

Es war kaum zu glauben, dass wir noch vor einigen Tagen wie kopflose Hühner durch die milde Hongkonger Luft gelaufen waren, um ein paar letzte Dinge zu besprechen. Wobei es sich angefühlt hatte, als würden wir schon seit Monaten wie kopflose Hühner herumrennen.

Fast ein Jahr zuvor, nach Christines Okay zu unserer Unternehmung, hatte ich mich in die durchaus einschüchternde Welt der Fernsehsender begeben und jemanden gesucht, der bereit war, uns zu unterstützen. Es gab Interesse, aber ich war naiv, und die Verhandlungen erwiesen sich als äußerst langwierig und kompliziert. Es dauerte acht Monate, bis einer der Sender endlich zusagte, und da hatten wir bereits Juli. Jetzt erst konnten Leon und ich ernsthaft an die Vorbereitungen gehen, die noch mal vier Monate in Anspruch nahmen, was bedeutete, dass wir uns von unserer ursprünglichen Idee einer Sommer-Herbst-Unternehmung verabschieden mussten. Stattdessen setzten wir uns den ersten November als absolut letztmöglichen Starttermin, um nicht vom Winter eingeholt zu werden.

Leon war in London, ich in Hongkong, und wir machten uns getrennt an die vielfältigen Vorbereitungen, arbeiteten an unserer Fitness, lernten Mandarin, erstellten eine Website, suchten Sponsoren für die Ausrüstung, beantragten Visa, buchten Flüge, recherchierten unsere Route und, sehr wichtig, planten eine Probeunternehmung.

Die Monate verflogen nur so in einem Wirbel aus E-Mails und Besprechungen. Nach und nach fügten sich die Dinge, aber einiges schien auch danebenzugehen. Leon hatte beim Training mit einer Schulterverletzung zu kämpfen, und ich bekam Probleme mit den Knien. Wir bauten eine Website, doch sie wollte nicht funktionieren, und wir mussten noch mal von vorn anfangen. Einige Firmen zeigten sich großzügig und lieferten die gewünschte Ausrüstung, andere, und zwar wichtige, machten in letzter Minute einen Rückzieher. Der Vertrag mit dem Fernsehsender wurde ewig nicht unterschrieben, und als sie uns ihre strengen Erfordernisse erläuterten, fürchteten wir schon, uns mit unseren Vorstellungen übernommen zu haben.

Am Ende stiegen wir vierzehn Tage nach unserem absolut letztmöglichen Starttermin ins Flugzeug in die Mongolei, aufgeregt und erschöpft und ohne die Zeit für unsere kleine Übungsexpedition gefunden zu haben.

Ich legte mein Tagebuch zur Seite und suchte nach der Zahnpasta. Die Tube war zum Teil eingefroren, aber ich konnte etwas herausquetschten, putzte mir die Zähne und öffnete das Zelt, um den Mund auszuspülen. Der Mond breitete einen bleichen Schimmer über die Wüste, und fern auf dem Grat von Sainschand konnte ich ein paar Lichter funkeln sehen. So allein in meinem Zelt, mit dem Wüstenwind im Gesicht und den hektischen, stressigen Monaten der Vorbereitung hinter mir, genoss ich einen lange fälligen Augenblick der Ruhe und des Friedens. Die Größe dessen, was vor uns lag, wurde mir bewusst. Es ist eine Sache, sich zu Hause auf dem Sofa eine witzige Reise auszudenken – sie dann tatsächlich auch zu machen, eine andere. Wir würden zu Fuß eine der kältesten Wüsten dieser Erde durchqueren, und gleich anschließend auch noch das viertgrößte Land der Welt. Wir waren ziemlich fit, aber keine Ironman-Triathleten, und dann sollten wir das Ganze auch noch für einen großen Fernsehsender filmen, ohne Support-Crew oder ein Sicherheitsnetz, falls etwas schiefging. Es war leicht möglich, dass wir uns verirrten, verletzten oder mit der chinesischen Polizei Probleme bekamen.

Ich zitterte. Ich hatte früher schon bei extremer Kälte im Freien übernachtet, doch die noch relativ milden minus fünfzehn Grad Celsius kamen mir kälter vor als in meiner Erinnerung. Der berüchtigte Winter der Wüste Gobi hatte bereits begonnen. Wir würden uns schnell voranbewegen müssen, um den stark sinkenden Temperaturen zu entkommen.

Kapitel

4

Leon

*15./16. November
Entfernung von zu Hause: 4806 Kilometer*

»Wo, denkst du, geht es nach Khamari-in Khiid?«, fragte Leon.

Es war der Morgen des zweiten Tages, und wir standen in einem Gewirr von Jeep-Spuren, die in so gut wie jeder Richtung auf die weite Ebene der Wüste vor uns führten.

»Keine Ahnung«, sagte ich. »Wie sieht es auf der Karte aus?«

In Ulan-Bator hatten wir ein paar topographische Karten gekauft, aber auf denen war nur eine Handvoll dieser Pisten verzeichnet. Darüber hinaus hatten wir ein paar Google-Maps-Satellitenbilder auf unserem iPhone gespeichert. Die zeigten zwar endlos viele Spuren, doch es war unmöglich zu sagen, welche nun welche war. Sicher, es gab einige ausgefahrenere Wege, viele Jeep-Fahrer waren aber offenbar der befreienden Idee gefolgt, ihre eigenen, neuen Spuren zu legen und wie Schiffe über den Ozean zu steuern. Wir diskutierten die Sache ein paar Minuten, voller Nervosität angesichts der Möglichkeit, uns so bald schon zu verlaufen. Der weiße Kondensstreifen eines Flugzeugs zog sich stumm über den Himmel weit über uns. Ich fühlte mich sehr klein, wie ich da mit Leon mitten in der Weite stand.

Zum Glück tauchte einen Moment später ein Jeep auf, der eine riesige Staubwolke hinter sich herzog. Wir winkten ihm zu, und Leon rannte hin, um den Fahrer nach dem Weg zu fragen. Der Mann kannte Khamariin Khiid und deutete zuversichtlich auf die breite, rechte Piste. Schon röhrte er wieder davon, und wir zogen weiter. Ich hatte mich auch heute wieder als Erster vor Molly gespannt, und sie kam mir schwerer vor als am Vortag. Das lag sicher mit daran, dass die Aufregung und das Adrenalin des ersten Tages verpufft waren. Vor allem aber waren die Jeep-Spuren oft wellig und uneben, sodass Molly mit ihrer schweren Ladung ziemlich ruckte und rappelte.

Während der Vorbereitungen für unsere Reise hatten uns ein paar altgediente Entdecker die Notwendigkeit erläutert, nur die absolute Minimalausrüstung mitzunehmen, zehn Kilogramm oder weniger. Das erwies sich jedoch als unmöglich, da wir wegen des Winters eine Menge warme Campingausrüstung und Kleidung brauchten. Dazu kam die Kamera- und Filmausrüstung, und auf unserer anfänglichen Wüstenetappe brauchten wir zudem reichlich Verpflegung und Wasser. In den zwölf Tagen bis zum Grenzübergang hofften wir unsere Vorräte zumindest teilweise im Kloster Khamariin Khiid und in einem kleinen Dorf auffrischen zu können, das wir auf der Karte entdeckt hatten. Womöglich trafen wir auch noch auf ein paar Nomadenlager, aber das ließ sich nicht voraussagen. Ursprünglich hatten wir ausreichend Vorräte für fünf Tage mitnehmen wollen, uns am Ende jedoch für acht Tage entschieden:

- 30 Packungen Fertignudeln (4 pro Tag)
- 8 Dosen Fleisch (eine pro Tag)

- 4 Dosen Erbsen (jeden zweiten Tag eine)
- 8 Tüten Kekse (eine pro Tag)
- 24 Tafeln Schokolade (3 pro Tag)
- 36 1,5-Liter-Flaschen Wasser (7 Liter pro Tag, einschließlich des Wassers fürs Kochen)
- 2 Rollen Toilettenpapier (jeder eine)

Zusammen mit ein paar Luxusgegenständen für die Moral (einem iPod, einem Kindle, einem Tagebuch für jeden) hatten wir auf diesem Teil der Reise weit über einhundert Kilogramm dabei, was ungefähr so war, als schleppten wir einen übergewichtigen Leichnam durch die Wüste, den wir unterwegs nach und nach verspeisen wollten.

So viel konnten wir nicht auf dem Rücken tragen. Während der Vorbereitungen hatten wir deshalb überlegt, wie wir die Ausrüstung auf Rädern schieben oder ziehen könnten. Mein erster Gedanke war gewesen, ein paar alte Baby-Buggys zu kaufen. Als ich durch die Nullarbor-Ebene in Australien geradelt war, hatte ich einen gut gelaunten japanischen Studenten kennengelernt, der genau das getan hatte: Sein Buggy war voll mit Keksen und Wasser. Leon dagegen hatte sich Rat beim großen Wüstenerkunder Ripley Davenport geholt. Zufällig hatte Ripley die Gobi im Jahr zuvor durchquert und einen Anhänger hinter sich hergezogen. »Molly Brown« hatte er ihn getauft, nach Margaret Brown, der *Titanic*-Überlebenden, die ihr Rettungsboot gedrängt hatte, noch einmal zurückzurudern, um nach Überlebenden zu suchen. Seine Unternehmung war in Sainschand zu Ende gegangen, und dort hatte er Molly zurückgelassen. »Wenn ihr sie findet«, sagte Ripley, »könnt ihr sie haben.«

Unser Zug kam abends in Sainschand an, wo uns Ripleys Freundin Nassa auf dem Bahnsteig erwartete. Mit dem Taxi brachte sie uns zu ihrem kleinen Haus, und wir gingen durchs Dunkel zu einem Schuppen hinten im Garten. Und da, unter ein paar alten Matratzen und einem Fahrrad, wartete Molly auf uns. Sie war aus Stahl zusammengeschweißt, hatte vier robuste Räder und schien erleichtert, aus ihrer verfrühten Altersruhe befreit zu werden. Das größte Gewicht hatten die Wasserflaschen. Wir wickelten sie in wollene Strumpfhosen, packten die Bündel in Pappkartons und hofften, dass sie so nicht zu schnell einfroren. Die Kartons schnallten wir zusammen mit Vorräten und Ausrüstung auf Mollys Rahmen. Es würde nicht leicht sein, Molly durch die Wüste zu ziehen, aber wir brauchten sie.

Die Ereignisse, die dazu führten, dass ich meinen Expeditionspartner Leon einlud, mit mir zu kommen, reichten zwei Jahre zurück, in eine ganz andere Situation. Christine und ich waren in New York, und wenn ich auch kein regelmäßiger *tweeter* war, hatte ich doch getwittert, New York sei »eine Stadt, die in mir den Wunsch erweckt, früh aufzustehen«.

Zufällig war zu der Zeit auch Leon in New York, als Praktikant bei einem bekannten Dokumentarfilmer. Er hatte vor, mit dem Rad um die Welt zu fahren, und verfolgte meine eher unregelmäßigen Tweets, seit er mich in London bei einer Veranstaltung erlebt hatte. Als er sah, dass ich in New York war, mailte er mir, ob wir uns nicht auf einen Kaffee treffen könnten.

Es war nicht schwer, den jungen Leon in dem Café an der Park Avenue auszumachen. Wir begrüßten uns, und er erzählte mir von seiner geplanten Tour durch Amerika, Australien und Südostasien. Hongkong, das Ziel seiner Reise, wollte er ein Jahr später erreichen. Christine und ich hatten uns kurz zuvor entschlossen, zurück nach Hongkong zu ziehen, und da Leon ein netter Kerl zu sein schien, luden wir ihn ein, bei uns zu wohnen, wenn er ankam.

Ein Jahr später in Hongkong fing ich an, mit verschiedenen Fernsehstationen über meine geplante Mongolei-Unternehmung zu reden. Auf meiner Fahrradtour hatte ich mich selbst gefilmt, aber dieses Mal sollte das Material von höherer Qualität sein.

Trotzdem wollte ich autark bleiben und keine Film-Crew um mich haben. Ich brauchte also jemanden, der mit einer Kamera umzugehen wusste und fünftausend Kilometer zu Fuß gehen konnte. Gleich zu Beginn hatte ich meinen ältesten Expeditionspartner Al Humphreys gefragt, der erst zusagte, ein paar Monate später aber, als die Fernsehleute Interesse zu zeigen begannen, eine Mail schickte und sagte, er wolle nun doch nicht mitkommen. Ich wusste nicht, was ich machen sollte. Ich kannte niemanden, der ihn hätte ersetzen können.

Am selben Wochenende kam Leon in Hongkong an, und Christine und ich holten ihn im Hafen unseres Dorfes ab. Im Gegensatz zu dem jugendlich wirkenden Burschen, den wir in Manhattan kennengelernt hatten, kam da ein Mann mit einem prächtigen Robinson-Crusoe-Bart von Bord, das Fahrrad mit Gepäcktaschen behängt und fünfzehntausend Kilometer Geschichten im Kopf. Er hatte es geschafft und wollte von hier wieder nach Hause fliegen.

Abends saßen wir auf unserem Sofa, tranken ein Bier, und ich fragte Leon, warum er dieses Fahrradabenteuer unternommen habe – diese Frage war auch mir immer wieder gestellt worden, und ich war nie gut darin gewesen, sie zu beantworten.

»Nach der Uni«, sagte Leon und nahm einen Schluck aus seiner Flasche, »wurde mir klar, dass ich abenteuerliche Unternehmungen mochte und gern filme. Also habe ich mich zu dieser Tour entschlossen und eine Kamera mitgenommen. Ich denke, das ist ein toller Anfang für eine Karriere als Abenteuerfilmer.«

Meine Ohren stellten sich auf.

»Mir hat die Reise ungeheuer gefallen, und ich habe fest vor, bald was in China zu machen. In die Mongolei würde ich auch gerne, die scheint mir echt interessant zu sein.«

Ich hatte meine Pläne Leon gegenüber noch nicht erwähnt, aber während der nächsten Tage lernte ich ihn besser kennen und sah, dass er eindeutig intelligent war (sein Studium der Filmwissenschaft hatte er mit Bestnote abgeschlossen) und mehr als geeignet für abenteuerliche Unternehmungen (seine Fahrradtour war Beweis genug dafür). Zudem schienen wir ein ähnlich entspanntes Temperament zu haben. Ich hatte das Gefühl, dass wir uns gut verstehen würden.

Also fragte ich Leon am Tag seiner Abreise aus Hongkong, ob er als Kameramann mit mir kommen wolle. Ich war nicht sicher, wie seine Antwort am Ende lauten würde, aber nachdem er zu Hause mit seiner leidgeprüften Freundin Clare konferiert hatte, mailte er mir, er sei dabei.

Die nächsten zwei Tage bewegten wir uns mit unserer Höchstgeschwindigkeit von dreieinhalb Stundenkilometern über die Ebene, und nach und nach rückte ein weiterer Grat in den Blick. Kurz bevor wir ihn erreichten, füllte sich der Weg mit großen Dunghaufen. Sie wirkten noch frisch, und ein paar hundert Meter später sahen wir, wer sie hinterlassen hatte: Trampeltiere. Die riesigen braunen Tiere mit ihren zwei Höckern und den ungläubigen Gesichtern drängten sich um eine Art Brunnen. Als wir näher kamen, drehte sich eines von ihnen, wahrscheinlich das Leittier, zu uns um. Es war etwa drei Meter groß.

Wir legten eine Pause ein, und Leon baute das Stativ auf, um sie zu filmen. »Wusstest du, dass George Lucas den Planeten Tatooine der Mongolei nachempfunden hat?«, sagte er. »Ich muss immer wieder an ihn denken, wenn ich in die Wüste hinausblicke, und wie sehr Luke Skywalkers Haus den Jurten hier gleicht. Und sieh dir die Trampeltiere an, die reinsten Aliens.«

»Stimmt, die haben tatsächlich was von Aliens«, sagte ich und spähte zu dem Leittier hin, das meinen Blick erwiderte. »Sollen wir zwischen ihnen durchgehen? Das könnte ein paar schöne Bilder geben.«

»Ich glaube nicht, dass das eine gute Idee wäre.«

In diesem Moment setzte sich das Leittier in Bewegung und stampfte in unsere Richtung, die mächtigen Schultern vorgebeugt wie ein Gladiator. Die Trampeltiere waren nicht völlig wild, aber sie lebten frei, und es würde nicht gerade lustig sein, sich von ihnen niederwerfen und die Köpfe zertrampeln zu lassen. Die übrigen Tiere reckten jetzt ebenfalls die Hälse, um zu sehen, ob wir es wagen würden, uns ihrem Anführer entgegenzustellen. Wir wagten es nicht, sondern wandten uns scharf zur Seite, und ich versuchte nicht zu nervös zu klingen, als ich in Leons Kamera blickte und etwas über das näher kommende Ungetüm sagte, bevor wir uns eilig von seinem Terrain entfernten.

Eine Stunde später, mit Leon im Geschirr, begannen wir den Aufstieg zum nächsten Grat. Die Erde wurde weich, stieg steil an, und wir wanden uns durch eine Hügellandschaft, umgeben von wellenartigen, rot und braun melierten Felsen. Als wir uns dem Gipfel einer breiteren Erhebung näherten, kamen zwei kurze, stämmige Säulen aus Stein und Beton in den Blick, zwischen denen eine Leine blauer Gebetsflaggen im Wind wehte. Ein Hund mit einem toten Vogel im Maul trottete vorbei. Unser Blick folgte ihm den Pfad hinunter, bis wir plötzlich mitten zwischen den runden Hügelspitzen eine große weiße Kuppel mit einer goldenen Spitze aus der Erde aufwachsen sahen. Dahinter standen ein paar Hütten und einige Dutzend Jurten in sauberen Reihen. Wir hatten das Kloster Khamariin Khiid erreicht.

Kapitel

5

Das Wüstenkloster von Khamariin Khiid

16./17. November
Entfernung von zu Hause: 4759 Kilometer

*»Gibt es Wein? Dann trinke! Gibt es Lieder? Dann singe!
Gibt es Gedanken? Dann rede!
Gibt es Branntwein? Dann trinke!«*

So schrieb Dulduityn Rawdschaa, der exzentrische buddhistische Heilige der Wüste Gobi, vor fast zweihundert Jahren. Am Tag vor unserem Aufbruch hatten wir seine Statue in Sainschand gesehen, eine graue, im Lotussitz schwebende Gestalt mit einem unterwürfigen Skorpion auf der Schulter. Sein mittelaltes, bartloses Gesicht wirkte gelassen, und er trug einen großen, spitzen Hut mit einem kleinen Schädel auf der Spitze. Dieser Mongole war es, der Khamariin Khiid zu einem der bedeutendsten spirituellen Zentren des Landes gemacht hatte.

Wir rollten auf das klösterliche Terrain zu. Nach zwei Tagen im Nichts starrten wir die große weiße Kuppel mit ihrer goldenen Spitze an. Wir waren froh, es hierher geschafft zu haben, weil wir unsere Wasserflaschen auffüllen mussten, und der Gedanke, die Nacht in einer der bequemen und, wie wir gehört hatten, mietbaren Pilgerjurten verbringen zu können, erfüllte uns mit Vorfreude. Es wurde bereits Abend, und so mussten wir die Besichtigung des Klosters auf den nächsten Tag verschieben.

Ein mittelaltes Paar erschien und zeigte uns nach kurzem Hin und Her unsere *Ger*. Wir breiteten unsere Sachen auf den vier Betten aus und warteten darauf, dass der Kameldung-Ofen warm wurde. Es gab sogar ein paar Steckdosen, die Leon nutzte, um die Kamera-Akkus aufzuladen. Er holte den Laptop heraus. Leon war nicht nur unser Kameramann und musste die Hälfte der Ausrüstung schleppen, er hatte die technische Leitung unter sich, wozu die Überprüfung und Sicherung des Materials gehörte, das wir aufgenommen hatten. Ich lehnte mich auf mein Bett zurück und dachte darüber nach, dass er einen weitaus härteren Job hatte als ich. Was es ihm darüber hinaus nicht gerade leicht machte, war der Umstand, dass kaum Zeit gewesen war, sich vor unserem Aufbruch mit der Filmausrüstung vertraut zu machen. Nachdem wir Monate auf einige versprochene Kameras von einem unserer wichtigsten Sponsoren gewartet hatten, machte der plötzlich in letzter Minute einen Rückzieher, und so mussten wir uns Tage vor unserer Abreise eine eigene Ausrüstung anschaffen.

Wir aßen unsere Nudeln und unser »Hundefutter«, starrten gebannt auf den kleinen Laptopschirm und sahen uns an, was wir bisher aufgenommen hatten. Wir waren einigermaßen glücklich mit den Aufnahmen, obwohl ich persönlich manchmal leicht angespannt wirkte und Leon etwas Staub auf der Linse entdeckte, den er am nächsten Morgen würde abwischen müssen.

Nach dem Essen zog Leon einen kleinen silbernen Flachmann heraus.

»Wir haben unser erstes bekanntes Ziel erreicht. Ich denke, da haben wir einen kleinen Schluck verdient«, sagte er.

Er hielt sich die geöffnete Flasche einen Moment lang unter die Nase, schloss die Augen und hob sie für den Bruchteil einer Sekunde an.

»Wird Zeit, dass du ein richtiger Mann wirst, Rob.« Er gab sie mir.

Wie sich herausstellte, war der Flachmann mit Whisky Leons einziger kleiner Luxus auf Expeditionen. Ich war nie ein großer Whiskytrinker gewesen, aber als Leon mir erklärte, wie die dunkle, ambrosische Flüssigkeit über Jahrzehnte in Sherry-Eichenfässern gereift war, folgte ich seinem Beispiel und nahm einen kurzen Schluck.

»Nur einen?«, fragte ich und hustete ein wenig, als die Flüssigkeit angenehm in den Körper herunterbrannte.

»Ja, einer bei kleineren Anlässen. Doppelte müssen wir uns für größere Feierlichkeiten aufbewahren und für die wirklich schlimmen Momente.«

»Klingt vernünftig«, sagte ich und gab ihm die Flasche zurück.

Trotz des Whiskys, mit dem ich das Essen heruntergespült hatte, fühlte sich mein Magen nicht gerade gut an. Unser Speiseplan – Nudeln, Rindfleisch, Schokolade und Kekse – enthielt bisher wenig Ballaststoffe. Mein Verdauungsapparat arbeitete nicht richtig. Also nahm ich vor dem Schlafengehen eine Abführpille und hoffte, dass die Wirkung nicht schon vor dem Morgen einsetzte – die Temperatur draußen bewegte sich auf minus zwanzig Grad zu.

Kurz nach sieben Uhr wachte ich mit einem gurgelnden Magen auf und stolperte eilig nach draußen. Ich kletterte hinter einen gefrorenen Grat, hockte mich hin und genoss den Sonnenaufgang in völliger Einsamkeit, bis eine laute, befriedigende Explosion in der Leere um mich herum widerhallte. Als ich zurück in die Jurte kam, war Leon bereits auf und machte Frühstück. Er sah den erleichterten Ausdruck auf meinem Gesicht und bat mich ebenfalls um eine Pille.

Wir gingen zurück zum Kloster, um es zu besichtigen, und sahen jetzt zahlreiche goldene, in der Morgensonne glitzernde Buddha-Statuen auf den Hängen. Die Mongolei war seit Jahrhunderten ein vornehmlich buddhistisches Land, das der besonderen tibetischen Form des Buddhismus folgte. Der Lama-Buddhismus pflegt den Glauben, dass seine Gottheiten regelmäßig in Lamas wiedergeboren werden – zum Beispiel in der berühmten tibetischen Reihe der Dalai Lamas. Die bekanntesten Lamas der Mongolei sind die Noyon Khutagts. Dulduityn Rawdschaa, der mongolische Heilige, dessen Statue wir in Sainschand gesehen hatten und der Khamariin Khiid zu einem wichtigen Ort gemacht hatte, war die fünfte Reinkarnation des Noyon Khutagt.

Leon und ich erreichten das kuppelförmige Gebäude, traten durch den weiten Eingang und fanden uns in einer makellos sauberen, großen, weißen Höhle wieder, geschmückt mit buddhistischen Gemälden und glänzenden Artefakten. Es war ein merkwürdiges Gefühl, mitten in der wilden Wüste Gobi ein so friedliches, ruhiges Heiligtum zu betreten. Wir flüsterten nur noch und fühlten uns in unserer staubigen Expeditionskleidung ziemlich fehl am Platz. Und als wollte sie unser Gefühl bestätigen, erschien eine mittelalte Frau, so etwas wie eine Hausmeisterin, und schickte uns, noch bevor wir uns näher umsehen konnten, zurück nach draußen.

Dort stiegen wir über breite Stufen hinauf aufs Dach, wo sich eine Gruppe örtlicher Kinder versammelt hatte, wettergegerbt, aber lächelnd. Einige von ihnen hatten Skateboards dabei, und sie schossen um uns herum, lachten und rutschten über die steilen Brüstungen, als handelte es sich um einen Spielplatz, ohne darauf zu achten, dass es auf der anderen Seite zehn Meter in die Tiefe ging.

Dulduityn Rawdschaa hatte seine frühe Kindheit in Armut verbracht, in der Wüste Gobi, doch die örtlichen Mönche hatten die göttlichen Eigenschaften des kleinen Jungen erkannt. Bald schon wurde er als der neue Noyon Lama begrüßt und zur Ausbildung in ein Kloster geschickt. Mit zunehmendem Alter bewies er Geist und Schalkhaftigkeit, und diese Züge verstärkten sich mit der Zeit noch. Als Erwachsener war er weniger für seine Disziplin und Hingabe bekannt, sondern machte sich als brillanter Stückeschreiber und Dichter einen Namen, als trinkfreudiger Frauenheld und etwas bizarrer Wunderwirker.

Für einen Heiligen mögen das seltsame Eigenschaften sein, aber er wurde geliebt und war seiner Zeit in vieler Hinsicht voraus: Er wollte mehr Rechte für die Frauen und eine gute Ausbildung der Kinder. In den steinigen Senken um das Kloster lagen die Überbleibsel eines dreistöckigen Theaters, das er hatte erbauen lassen. Tausende Nomaden strömten herbei, um seine Stücke zu sehen. Die Vorstellungen dienten dabei nicht allein der Unterhaltung, sondern waren voller satirischer Kommentare zu den repressiven Kräften im Land. Es heißt, dass Dulduityn Rawdschaa bei einer der Aufführungen eines seiner eher exzentrischen Wunder wirkte: Er soll sich auf eine Hütte gestellt und seinen Urin in der Luft schweben lassen haben, was ausreichte, um die lärmende Menge zur Ruhe zu bringen. Wie viele gequälte Künstlerseelen hatte er ein hitziges Gemüt, und mit seiner mangelnden Neigung zur Selbstbeherrschung machte er sich auch Feinde. Berichte über die letzten Jahre seines Lebens erwecken den Eindruck eines eher bedauernswerten Alkoholikers von schlechter Gesundheit. Man nimmt an, dass er am Ende vergiftet wurde, womöglich von einer verschmähten Geliebten.

Nach seinem Tod Mitte des 19. Jahrhunderts blieben seine Schüler in Khamariin Khiid, bis Stalins Marionettenregierung den Buddhismus im Land zu eliminieren versuchte. Hunderte Klöster wurden zerstört, Zehntausende Mönche hingerichtet oder in Arbeitslager verschleppt. Aber bevor die Armee in Khamariin Khiid auftauchte, gelang es einigen treuen Mönchen, über fünfzig Kisten mit Artefakten und Arbeiten Dulduityn Rawdschaas zu vergraben.

Jahrzehnte verstrichen, und da sämtliche Spuren Dulduityn Rawdschaas verwischt waren, gab es Stimmen, die sagten, der spaßige Lama der Gobi sei nichts als eine Legende. Das Wissen um das Versteck der Kisten wurde währenddessen von Vätern an Söhne weitergegeben, und als die Sowjetunion Anfang der 1990er zusammenbrach, gewann auch die Mongolei ihre Unabhängigkeit zurück, und der im Verborgenen weiterpraktizierte Buddhismus kehrte an die Oberfläche zurück. Ein Mann namens Zundoi Altangerel, ein Nachfahre des Mannes, der die Kisten ursprünglich vergraben hatte, grub sie aus und brachte so Rawdschaas Gedichte und Stücke, aber auch seine Kleidung und sein Mobiliar zurück ans Licht. Nicht lange danach wurde Khamariin Khiid wieder aufgebaut und zu einem beliebten Ziel für fromme Pilger und ausländische Touristen.

Während wir noch dastanden und den Blick über Rawdschaas altes Revier schweifen ließen, röhrten vier Jeeps heran, blieben neben dem Kuppelbau stehen und ein halbes Dutzend mongolischer Touristen stieg aus ihnen aus. Sie trugen grelle Kleider und hielten Handys und Kameras in den Händen. Ein Mönch erschien und führte sie nach drinnen. Minuten später schon kamen sie wieder heraus, fotografierten so gut wie alles, was fotografierbar war, sprangen zurück in ihre Fahrzeuge und verschwanden in einer mächtigen Staubwolke. Sie hatten von Sainschand aus wahrscheinlich eine Stunde gebraucht, zwanzig Minuten lang fotografiert und in noch mal einer Stunde würden sie wieder an ihrem Ausgangsort sein. Eine ganze Pilgerreise in weniger als zweieinhalb Stunden. Nicht schlecht.

Molly, Leon und ich marschierten weiter in die Wildnis, und die Kuppel und die Hütten des Klosters lösten sich nach und nach im Schotter hinter uns auf, als hätten sie sowieso nur in unserer Einbildung existiert. Ich dachte über die Pilger mit ihren Jeeps nach und fragte mich, was sie sich von ihrem Besuch erhofft hatten. Vielleicht war es nur eine witzige Entschuldigung für eine Spritztour durch die Wüste gewesen, aber vielleicht hatten sie auch nach etwas anderem gesucht.

Das Konzept einer Pilgerreise war nur schwer zu definieren, selbst einschlägige Lexikoneinträge bleiben ausgesprochen vage. Vielleicht ist der Begriff während der letzten Jahrzehnte entwertet worden, da Flugzeuge und Luxusarrangements das Reisen zunehmend mühelos gemacht haben. Für mich braucht eine Pilgerreise ein bedeutungsvolles Ziel, ob religiöser oder persönlicher Natur, und dazu kommt etwas, das dem Pilger und seinem Wunsch, den Ort zu erreichen, etwas abverlangt. Meine Unternehmungen in diesem Sinn als Pilgerreise zu sehen bot mir mitunter einen hilfreichen Rahmen, um meine oft undurchsichtigen Motive für ein neues Abenteuer zu durchschauen.

Auf dieser Unternehmung bestand mein Ziel darin, nach Hause zu gelangen, was fraglos ein bedeutungsvoller Ort ist, und auf dem Weg zu diesem bedeutungsvollen Ort hoffte ich mich zu unterhalten, etwas über das Land zu lernen, durch das ich kam, und Blicke auf die Schönheit und Heiligkeit zu erhaschen, von denen die Welt erfüllt ist. Aber auch der Wunsch, mich den Herausforderungen des Weges zu stellen, war ein vielleicht merkwürdiger, aber doch wichtiger Bestandteil meines Antriebs.

Zweifellos würde ich mich angesichts millionenfacher schwerer Schritte körperlich beweisen müssen, dazu kam die professionelle Herausforderung, unsere Reise filmisch zu dokumentieren. Und am Ende war es auch ein Test von Charakter und Mut: Wer war ich tatsächlich und zu wem entwickelte ich mich? Ein Scheitern der Unternehmung wäre eine große Enttäuschung und eine finanzielle Katastrophe, wenn auch nicht das Ende der Welt. Wirklich und ernsthaft scheitern würde ich persönlich nur, wenn sich Bitternis in mein Herz schlich und es am Ende gar versteinerte. Was mir immer Kraft und meinem Leben Sinn gegeben hat, ist der christliche Glaube, in dem ich erzogen wurde, und ich hoffte, dass er mir bei den bevorstehenden Erprobungen von Charakter und Seele helfen würde. Manchmal stellte ich mir mein Leben gern insgesamt als Pilgerreise vor, auf der Suche nach einem geheimnisvollen christlichen Gott, ob es nun auch äußerlich eine Reise war oder nicht.

Und so betete ich denn, während ich weiter voranschritt, mit den Pilgern der Alten, dass der König mit den vernarbten Händen und Füßen neben mir ging, mein Herz weich erhielt und verhinderte, dass diese Reise zu einer bloßen Eitelkeit wurde. Wie die Kelten zu sagen pflegten:

»Nach Rom zu gehen,
Bedeutet viel Mühe und wenig Nutzen!
Den König, den du suchst,
Wirst du dort nicht finden,
So du ihn nicht mitbringst.«

Meine spirituellen Grübeleien wurden unversehens von etwas unterbrochen, das vielen Pilgern durch die Jahrhunderte, wie ich mir vorstellte, widerfahren sein musste. Leon und Molly blieben abrupt vor mir stehen.

»Ist alles in Ordnung?«, rief ich meinem Pilgerbruder zu.

Leon befreite sich hektisch von seinem Rucksack, öffnete ihn und wühlte darin herum, um endlich triumphierend seine Klorolle hervorzuziehen.

»Ich glaube, die Abführpille fängt an zu wirken«, rief er mir über die Schulter zu und rannte in die Wüste hinaus. »Geh du weiter, ich komme nach.«

Kapitel

6

Der Winter kommt

*18. November
Entfernung von zu Hause: 4735 Kilometer*

Als wir am nächsten Morgen aus unseren Zelten krochen, hatte sich eine graue Wolkendecke über den Himmel gelegt. Die Temperatur fiel Richtung minus zwanzig Grad Celsius, und kaum dass wir uns auf den Weg gemacht hatten, begann es zu schneien. Schnell bedeckte eine weiße Schicht die Erde, und die Sichtweite sank auf ein paar Hundert Meter. Die Sonne zeigte sich nur als ein blasser weißer Kreis, und im Süden konnte ich den dunklen Schatten eines Berges hinter den wirbelnden Flocken aufragen sehen. Ich zog den Schal fester um den Hals, damit mir der Schnee nicht in den Kragen wehte, und wir bewegten uns so schnell wie möglich voran, um warm zu bleiben.

Später am Vormittag trieb das Geräusch eines Motors durch das Halbweiß hinter uns: ein Motorrad. Darauf saß ein Mann in einem hellroten Overall, der anhielt, als er uns erreichte.

»Hallo«, rief er mit einem Lächeln.

»Hallo«, riefen wir zurück. Er hatte ein junges, gut rasiertes Gesicht, und sein Anzug wirkte wie Blut im Weiß der Landschaft.

»Mein Name ist Tagwar«, sagte er auf Englisch. »Und wie heißt ihr?«

»Rob und Leon«, stellten wir uns vor. »Schön, Sie kennenzulernen.«

»Was?«

»Schön, Sie kennenzulernen.«

»Was?«

»Ach, schon gut. Wir wollen nach Zamyn-Üüd. Ist das der richtige Weg?« Ich deutete die Piste entlang. Wir gingen in östlicher Richtung und hofften auf die nach Süden führende Hauptstrecke zur Grenzstadt zu stoßen.

»Ja, ja, ja. Nächstes?«, sagte Tagwar.

»Was?«

»Nächstes?«

»Oh, äh. Erlian.« Die erste Stadt hinter der chinesischen Grenze.

»Nächstes?«

»China.«

»Nächstes?«

»Hongkong.«

»Okay, okay, okay«, sagte er, lächelte und deutete in unsere Marschrichtung, um uns zu bestätigen, dass wir auf dem richtigen Weg waren. Dann begann er begeistert mit den Händen zu rudern und rief: »*ROAD, ROAD ... LET'S GO ... LET'S GO ... LET'S GO ROAD!*«

»Ah, eine ›Let's Go Road‹.« Wir nickten. Leon meinte vielleicht eine Asphaltstraße. Jemand in Ulan-Bator hatte uns von einem Gerücht erzählt, dass hier unten eine Straße gebaut worden sei, aber die musste dann schon sehr neu sein, da sie auf den ein Jahr alten Satellitenfotos von Google nicht zu sehen war.

Tagwar klopfte auf den Rücksitz seines Motorrads und bot mir an, mich mitzunehmen.

»Oh, tut mir leid, wir dürfen uns nicht mitnehmen lassen«, sagte ich, »und ich würde wahrscheinlich herunterfallen, weil Molly an mir dranhängt.«

»Okay, okay!«, rief Tagwar, bevor er ein letztes fröhliches »*Let's go!*« hören ließ und davonröhrte, wahrscheinlich zwanzig Mal schneller, als wir unterwegs waren.

Kurz darauf tauchte eine Jurte aus dem Weiß auf. Davor standen ein halbes Dutzend Kamele, eine kleine Ziegenherde, ein Lastwagen und Tagwars Motorrad. Wir hörten, dass ein paar Hunde zu bellen begannen, und hofften, sie uns mit unseren Stöcken vom Leib halten zu können. Als wir uns der Jurte näherten, kamen Tagwar und ein älterer Mann heraus, beruhigten die Hunde und luden uns mit einem breiten Lächeln nach drinnen ein.

Aus dem Gobi-Schneesturm in eine *Ger* zu treten glich dem Überqueren einer magischen Schwelle. Der beißend kalte Wind und der wirbelnde Schnee blieben hinter uns, und wir tauchten ein in eine verzauberte Welt voller Farben und Wärme. Ich setzte mich neben Tagwar auf eines der Betten und sah mich um. Die Aufteilung der Jurte glich der Sahanas, einzelne Schneeflocken trieben sanft durch die Stelle in der Decke, wo der Filz zur Lüftung etwas zur Seite geschlagen war. Zwei kleine Mädchen, etwa zwei und sechs Jahre alt, saßen auf dem gemusterten Boden und sahen uns mit großen Augen an, den Mund staunend geöffnet. Eine Frau in den Dreißigern mit einem rosa Schal um den Kopf lächelte uns zu und richtete ein paar sanfte, knappe Worte an den älteren Mann, der etwas milchigen Tee in zwei kleine Porzellanschalen goss und uns reichte.

»Kamelmilch«, sagte Tagwar.

»Vielen Dank«, sagten wir strahlend und tranken die heiße Flüssigkeit. Die Frau bot uns eine Schüssel frische Teigballen an, und ich spürte, wie die Wärme in meine ausgekühlten Knochen zurückkehrte. Tagwar erklärte uns, diese Leute seien seine Freunde und er befinde sich auf dem Weg nach Urgan, einer Stadt in der Nähe von Sainschand.

»Ich«, sagte er und deutete auf sich, »Ringkampf. Lehrer.«

Er zog sein Handy aus der Tasche und zeigte uns ein Foto von sich auf einer Ringermatte – zumindest nahmen wir an, dass er es war. Der Mann befand sich in einer verdrehten, halb kopfstehenden Position und hielt jemand anders im Schwitzkasten gepackt. Seit uralten Zeiten, lange vor Dschingis Khan, gab es drei Hauptsportarten in der Mongolei: Bogenschießen, Pferderennen und Ringen. Eine frühe Quelle berichtet von einem Ringkampf zwischen zwei Meistern, zu dessen Ende Dschingis Khan verlangte, dass der Gewinner dem unterlegenen Meister das Genick brach. Zwar werden bei den jährlichen Sommerspielen in Ulan-Bator auch heute noch Bogenschießwettbewerbe und Pferderennen abgehalten, am besten jedoch sind die Mongolen im Ringen. Ringerwettkämpfe ziehen mitunter über sechstausend Bewerber an. Die Mongolen haben sogar mit dem japanischen Sumo-Ringen angefangen und in den letzten Jahren mehrfach den Weltmeister gestellt.

Die beiden Mädchen starrten uns auch weiterhin an, und das ältere holte ein Übungsheft hervor und zeigte uns stolz die ordentlich geschriebenen englischen Zeilen darin. Irgendwie schienen sie hier draußen, buchstäblich mitten im Nirgendwo, eine Schulausbildung zu bekommen. Leon hatte die Kamera herausgeholt und drehte den LCD-Schirm zu ihnen hin. Sie waren wie verzaubert von den Bildern von sich selbst. Die Sechsjährige posierte aufgeregt und reckte die Hand zum Victory-Zeichen. Die Zweijährige betrachtete sich und sagte »Mama«, bevor sie plötzlich erschrak und in Tränen ausbrach. Ihre große Schwester nahm sie und drückte sie an sich. Wir holten eine Tüte Bonbons hervor, und das ältere Mädchen nahm sich schüchtern eines. Ihre kleine Schwester konnte sich nicht entscheiden, welches sie wählen sollte, nahm kurzentschlossen die ganze Tüte und trug sie zu ihrer Mutter, die leise lachte.

»Sonnenbrille?«, fragte Tagwar und deutete auf meinen Kopf. Er sah sehr stolz aus, als er sie aufprobierte. Ich nahm an, er dachte, wie perfekt sie wäre, um ihn auf dem Motorrad vor dem Schnee zu schützen. Ich hatte noch eine Ersatzbrille, und so sagte ich ihm, er könne sie behalten.

Nach einer Stunde hatte uns die Wärme schläfrig und zufrieden gemacht, aber wir mussten weiter, der Winter war uns auf den Fersen, und das Leben würde nicht einfacher werden, wenn wir anfingen, zu lange Teepausen einzulegen. Zurück in der Kälte draußen, winkte uns der alte Mann zu seinen Kamelen und lud mich ein, mich auf eines zu setzen. Ich schwang ein Bein über den Rücken und spürte die immense Kraft der Muskeln, als das Tier mit den Hinterbeinen zuerst aufstand. Drei Meter über dem Boden, fühlte ich mich einen Moment lang wie ein König – das wäre eine Art, die Wüste stilvoll zu durchqueren.

Wir verabschiedeten uns und sahen im Davongehen einen kleinen blauen Mantel in der riesigen Ziegenherde herumhüpfen. Es sah ganz so aus, als lernte die Sechsjährige nicht nur Schreiben und bemutterte ihre kleine Schwester in der Jurte, sondern als hätte sie sich im Wüstenwinter auch noch um zweihundert Ziegen zu kümmern.

Mit Molly im Schlepp trottete ich durch das Weiß und fiel hinter Leon zurück. Ich versuchte ihn trotz der geringen Sichtweite im Auge zu behalten. Manchmal erkannte ich nur noch seine Fußstapfen im Schnee vor mir. Gegen fünf Uhr wurde der Himmel dunkler, und die Temperatur sank stark ab, sodass mir selbst mit Molly im Schlepp kalt wurde. Ich sah Leons Silhouette vor mir, der neben einer kleinen Böschung stand und mit den Füßen auf den Boden stampfte. Plötzlich brauste ein Lastwagen aus dem Nichts in den Blick, flog hinter der Böschung entlang und entschwand in die Hügellandschaft im Süden.

»He, das ist die Let's Go Road«, rief Leon, »und sie ist definitiv asphaltiert.«

Kapitel

7

Die »Let's Go Road«

19. November
Entfernung von zu Hause: 4711 Kilometer

»**W**ie hast du geschlafen?«, fragte Leon, als wir uns am nächsten Morgen daranmachten, die Let's Go Road hinunterzueilen. Die Wolken waren verschwunden und der Himmel in ein tiefes, kaltes Blau getaucht.

»Nicht schlecht, aber auch nicht toll«, sagte ich. »Die Seite, mit der ich auf der Luftmatratze lag, wurde immer wieder ganz taub vor Kälte.«

»Tut mir leid. Ich habe Wochen gebraucht, um die Dinger von dem Sponsor zu bekommen.«

Wir hatten im Windschatten der Let's Go Road kampiert, und die Temperatur war zum ersten Mal unter minus zwanzig Grad gefallen. Bequem in extremer Kälte zu kampieren hängt zur Hälfte von einer guten Isolation des Körpers vom gefrorenen Boden ab, woran wir bei unseren Vorbereitungen offenbar nicht ausreichend gedacht hatten, und jetzt lagen wir auf nichts als einer dünnen Luftmatratze. In meiner Verzweiflung hatte ich am Abend noch ein paar von unseren sich auflösenden Kartons zerrissen und unter den Schlafsack gepackt.

Aber die Kälte beeinträchtigte nicht nur unseren Schlaf. Beim Kochen hatte ich feststellen müssen, dass die Dosen mit unserem sogenannten Rindfleisch völlig eingefroren waren, und ich musste sie zu den kochenden Nudeln geben, um sie aufzutauen und öffnen zu können. Über Nacht dann war mein Atem zu Eiskristallen innen auf der Zeltwand gefroren, und ich wurde am Morgen von einem Schauer kleiner Eiszapfen begrüßt, die mir auf den Nacken herabregneten. Als ich aus dem Zelt kroch, waren meine Füße taub, bevor ich die Stiefel anbekam, und beim Zusammenpacken sahen wir, dass das Wasser in unseren verbliebenen Flaschen zu drei Vierteln gefroren war. Es war erst unser sechster Tag, und der Winter hatte uns unwiderruflich im Griff.

Die Let's Go Road entrollte ihr tiefschwarzes Asphaltband vor uns und zeichnete eine scharfe Linie durch das helle, verschneite Land. Ihre glatte Oberfläche erlaubte es uns, beträchtlich schneller als bisher zu gehen, so schafften wir womöglich sogar fünf Kilometer in der Stunde. Aber nicht nur wir kamen schneller voran: Die von Zeit zu Zeit an uns vorbeirasenden Autos und Lastwagen schienen allesamt außer Kontrolle. Die holprigen Wüstenpisten stellten so etwas wie eine natürliche Geschwindigkeitsbegrenzung dar, und diese neue, zudem jetzt noch an manchen Stellen leicht vereiste Straße schien in Verbindung mit hier und da ein, zwei Tropfen Dschingis-Khan-Wodka das perfekte Rezept für schreckliche Unfälle.

Währenddessen glich die weiße Weite um uns herum eher einer Tundra als einer Wüste. Grasbüschel durchbrachen die dünne Schneedecke, und am Vormittag sahen wir einige Kamele, Kühe und wunderschöne schwarze Pferde auf den Hängen grasen. Obwohl sie frei herumliefen, gehörten die Tiere Nomaden, deren Jurten in der Weiße nicht auszumachen waren oder sich hinter einem Hügel verbargen.

In einer kurzen Pause stopften wir uns Kekse in den Mund und tranken von unserem halb gefrorenen Wasser. »Lass uns versuchen, heute Nacht in einer Jurte unterzukommen«, sagten wir zitternd. »Wenn wir denn eine finden.«

Der Abend näherte sich, und wir waren erleichtert, als wir etwa einen Kilometer abseits der Straße zwei *Gers* entdeckten. Wir gingen hin und trafen auf zwei mittelalte Ziegenhirten, die gerade ihre Tiere in einen Pferch sperrten. Sie sprachen kein Englisch, aber wir zeigten ihnen unseren magischen Brief, und sie sagten gleich, wir könnten in ihrer zweiten Jurte übernachten. Der Ofen brannte, und nachdem Leon und ich unsere eingefrorenen Wasserflaschen hereingeholt hatten, ließen wir uns benommen und erleichtert niedersinken und zogen unsere Stiefel aus. Gastfreundschaft in der Wüste war etwas Wunderbares.

Eine Stunde später wurden wir in die Hauptjurte gerufen und mit einem erstaunlichen Festmahl verwöhnt, einem fetten Eintopf mit Ziegenfleisch und Tagliatelle-artiger Pasta. Das war eine willkommene Abwechslung von unserem gewohnten Speiseplan, wobei es interessanterweise kein Gemüse gab. Wir grinsten den beiden Männern mit ihren wettergegerbten Gesichtern zu, aßen und fragten uns, wie sie ohne Abführpillen zurechtkamen. Sie grinsten zurück. Nein, es sah nicht so aus, als hätten sie Verdauungsschwierigkeiten.

Das war jetzt die dritte nomadische Jurte, in der wir zu Besuch waren, und es war frustrierend, dass wir nicht besser mit ihren Bewohnern kommunizieren konnten. Ich fragte mich, wie ihr Leben aussah. Wie oft zogen sie weiter? Wie sahen sie die Welt da draußen? Was alles hatten sie in der Wüste schon erlebt? Es war so leicht, das nomadische Dasein zu romantisieren, dabei war es wahrscheinlich ungeheuer hart.

Traditionell lebten die Nomaden weitgehend von ihren Tieren. Fast alles bekamen sie von ihnen: Fleisch, Milchprodukte, Stuhlbezüge und Kleider, und die Tiere transportierten auch ihre Habe. Nur einige Grundnahrungsmittel wie Weizen oder Reis, oder auch Holz für die Gerüste ihrer Jurten, mussten die Nomaden kaufen oder eintauschen. Trotzdem sah man, dass sich das Leben änderte. Selbst hier draußen in dieser Jurte stand ein Fernseher auf dem Tisch, und ein paar Handys steckten hinter den hölzernen Deckenverstrebungen. Draußen hatten wir einige Sonnenkollektoren und eine rudimentäre Satellitenschüssel entdeckt. Heute Abend allerdings funktionierte der Fernseher offenbar nicht, und der ältere der beiden Männer schien seine Lieblingssendung zu verpassen, da er ständig an den Knöpfen herumdrehte und wieder und wieder hinauslief, um die Schüssel neu auszurichten.

Obwohl die Nomaden die Wüste noch zu Zehntausenden als gemeinsamen Weidegrund für ihre Herden benutzen, ist ihre Existenz doch zunehmend bedroht. Im letzten Jahrhundert hat sich die Bevölkerung der Mongolei versechsfacht, was zu ernster Besorgnis wegen eines möglichen Übergrasens des Landes führt. So sind Hunderttausende Nomaden nach Ulan-Bator gezogen, um nach einer sesshaften Arbeit zu suchen und weil die extrem harten Winter der letzten Jahre die Viehbestände dezimiert haben.

Leon und ich hatten den Jurtenring um die Außenbezirke der Stadt gesehen, zu Zehntausenden stehen die *Gers* da. Dass die Nomaden ihre Öfen da mit Müll und billiger Kohle beheizen (statt mit Kameldung), führt zu einer der übelsten städtischen Luftverunreinigungen der Erde. Aber trotz der heftigen Armut und der schlimmen Luftverschmutzung siedeln sich in der Stadtmitte Ulan-Bators immer noch mehr glitzernde Designerläden neben funkelnden Büros und neuen Wohnblöcken an.

Wir waren in ein Land gekommen, das mitten in einem gewaltigen Wandel begriffen war. Die gigantische Ojuu-Tolgoi-Mine, nur ein paar Hundert Kilometer von unserer Route entfernt, sollte bald schon ihren Betrieb aufnehmen. In dem Terrain dort werden die größten unausgebeuteten Kupfer-, Silber- und Goldvorkommen der Welt vermutet, und den Prognosen nach soll die Mine dreißig Prozent des Bruttosozialprodukts der Mongolei erwirtschaften, acht Milliarden Dollar jährlich, die nächsten fünfzig Jahre lang. Die Ojuu Tolgoi und andere Ressourcen hatten die ausländischen Investitionen in die Höhe getrieben, und die mongolische Wirtschaft wuchs zuletzt weltweit schneller als alle anderen.

»Dieses Land ist so reich an Bodenschätzen, und die Bevölkerung ist so klein«, hatte uns ein im Land lebender Ausländer gesagt, »dass das hier in ein, zwei Jahrzehnten das nächste Dubai werden könnte.« Von der Größe auf Platz neunzehn der Welt und mit nur drei Millionen Einwohnern hat die Mongolei die niedrigste Bevölkerungsdichte der Welt.

Und durch die Wüste Gobi zog sich die neue »Let's Go Road«. Wenn sie ganz fertiggestellt war, würde sie die Mongolei mit China verbinden, dem alten Feind und heute sehr stark an Rohstoffen interessierten Kunden. In Millionen würden die Tonnen gezählt werden, die man nach China exportierte. In der warmen, gastlichen Jurte sitzend, während draußen die Temperatur wieder auf weit unter minus zwanzig Grad sank, musste ich an die beiden Mädchen denken, die wir tags zuvor getroffen hatten. Es ließ sich nur schwer ermessen, wie sehr sich ihre Leben einmal von denen ihrer Eltern unterscheiden würden.

Kapitel

8

Die verlorenen Stöcke

*20. November
Entfernung von zu Hause: 4682 Kilometer*

Die beiden Nomaden servierten uns zum Frühstück einen wunderbar warmen Tagliatelle-Eintopf und lehnten hartnäckig alles Geld ab, das wir ihnen geben wollten. »Wir können von solchen Menschen einiges lernen«, sagten Leon und ich, als wir durch den bitterkalten Morgen zurück zur Let's Go Road gingen. Kurz bevor wir sie erreichten, beschloss Leon, zurückzubleiben und mich aus der Ferne zu filmen. Ich marschierte weiter. Eine halbe Stunde später hörte ich jemanden rufen, drehte mich um und sah die einsam aus dem trüben Weiß mir zuwinkende Gestalt Leons. Ich blieb stehen, und als er zu mir aufschloss, wirkte er nicht gerade glücklich.

»Warum hast du nicht gewartet?«, sagte er. »Ich komme mit dem Stativ kaum voran. Es ist fürchterlich unangenehm zu tragen.«

»Entschuldige, ich dachte, du würdest mich leicht wieder einholen.«

Leon sah auf Molly. »Wo sind meine Stöcke?« Er hatte sie auf die Taschen gelegt, als er zum Filmen zurückgeblieben war, und jetzt waren sie nicht mehr da.

»Sie müssen heruntergefallen sein, hast du sie nicht gesehen?«

»Nein, ich habe ein Stück abgekürzt.«

Einen Moment lang standen wir uns gegenüber, dann schnaufte Leon und sagte, er gehe zurück, um sie zu suchen. Er stellte Rucksack und Kamera neben der Straße ab, machte kehrt und gab damit hart erarbeitetes Terrain wieder auf. Ich stampfte auf und ab, um mich warmzuhalten, und schimpfte innerlich auf Leon. Vor allem sein anklagender Ton war mir quer gegangen. Ich nahm die Kamera und machte einen Videotagebuch-Eintrag zum gerade Geschehenen.

Obwohl wir uns die meiste Zeit gut verstanden, hätte es keine Überraschung sein sollen, dass wir anfingen, uns auf die Nerven zu gehen. Von Beginn an vermischen sich bei einer Unternehmung wie unserer schwierige Entscheidungen mit langen, intensiven Phasen voller Erschöpfung und Angst, Anspannung, Stress und Langeweile. Rechnen Sie dazu noch mit ein, dass Abenteurer normalerweise eigenwillige, sture Kerle mit aufgeblasenen Egos sind, und schon haben Sie ein herrliches Szenario für ein Beziehungsdrama. Aus diesem Grund beschreibt der Pate moderner Expeditionen, Ranulph Fiennes, von welch grundlegender Bedeutung es ist, »sich sorgfältig auf die Zusammenstellung eines Expeditionsteams vorzubereiten und eine umsichtige Auswahl zu treffen. Die Leute müssen körperlich robust sein, aber man muss sie auch mental und charakterlich äußerst achtsam prüfen.«

Ich dagegen hatte Leon, statt ihn sorgfältig auf seine Fähigkeiten und sein Wesen hin zu prüfen, rein intuitiv eingeladen mitzukommen, nachdem wir uns erst ein paar Tage zuvor kennengelernt hatten, und während unserer viermonatigen intensiven

Vorbereitungen hatten wir bloß über Skype kommuniziert. Wir hatten gehofft, von Hongkong aus eine zweitägige Probeexpedition unternehmen zu können, um die Ausrüstung zu testen, dann jedoch die Kontrolle verloren und einfach nicht mehr die Zeit dafür gehabt.

Eine halbe Stunde später kam Leon mit den Stöcken zurück, und wir setzten uns erneut in Bewegung, Seite an Seite, ohne ein Wort. Erst fühlte sich das Schweigen unangenehm an, aber es war gut, dass wir die Zeit hatten, uns zu beruhigen. Ich begriff jedoch, dass wir reden *mussten*, es ging nicht anders. Wir konnten es uns nicht leisten, Verstimmungen wie diese ungelöst zu lassen, sonst wurden sie zu Groll und führten unweigerlich in eine böse Abwärtsspirale. Es war nicht so, dass wir kurz davor gestanden hätten, uns zu schlagen oder getrennte Wege zu gehen, wobei wir angesichts der Länge unserer Reise kein Risiko ausschließen konnten. Im Übrigen wollten wir die Unternehmung nicht nur gemeinsam beenden, sondern sie auch gemeinsam filmen, und um das gut zu machen, mussten wir Freunde bleiben. Ein Kameramann, der den Gefilmten nicht mochte, oder ein Präsentator, der den Mann hinter der Kamera nicht mochte – das würde kaum eine zündende Sache werden.

Plötzlich, bevor ich die Initiative ergreifen konnte, sagte Leon: »Rob, es tut mir leid, dass ich dich angeblafft habe. Es war wirklich schwer, dich mit dem Stativ wieder einzuholen.«

Es beeindruckte mich, dass Leon das Gespräch angefangen hatte und sich als Erster entschuldigte. Ein leichtes Schamgefühl beschlich mich. Sollte ich nicht der Ältere und damit Reifere sein?

»Und mir tut es leid, dass ich weitergelaufen bin«, sagte ich. »Ich dachte, du wolltest noch ein paar zusätzliche Aufnahmen machen und dass du das Stativ in deinen Rucksack packen könntest.«

Wir besprachen den »Vorfall der verlorenen Stöcke«, machten unsere Sichtweisen klar und erkannten an, dass wir beide Grund hatten, verstimmt zu sein, wobei es in diesem Fall letztlich um ein Kommunikationsproblem ging. Wir durften nicht länger annehmen, dass der andere alles genauso sah wie wir selbst, sondern mussten alles immer bis ins Einzelne besprechen. Wenn Leon wollte, dass ich wartete und auf seine Stöcke aufpasste, musste er es mir sagen, und wenn ich dachte, Leon könnte das Stativ wegpacken und mich einholen, während ich mit Molly vorauslief, musste ich mich dessen vorher versichern. Wir redeten darüber, dass wir uns wahrscheinlich regelmäßig auf die Nerven gehen würden. Gespräche wie diese, um die Atmosphäre zu klären, würden da von entscheidender Bedeutung sein.

Unsere Vorräte wurden knapp, da sich herausstellte, dass uns die Let's Go Road an dem kleinen Ort vorbeigeführt hatte, in dem wir uns neu hatten versorgen wollen. Aber unsere Gastgeber, die beiden Nomaden, hatten angedeutet, dass wir an der Straße bald schon auf ein *Ger*-Restaurant stoßen würden, und wir waren erleichtert, als wir es zur Mittagszeit des nächsten Tages endlich erreichten. Das Ehepaar, dem die Jurte gehörte, servierte uns Schalen mit herrlich heißen Nudeln, während ihr kleiner Sohn auf dem Boden saß und spielte. Die neue Straße und der zunehmende Verkehr würden dem Geschäft gut tun, und die beiden konnten sich mit ihrer Jurte den besten Platz aussuchen.

Am nächsten Tisch saßen zwei Lastwagenfahrer, einer dicklich, der andere dünn, die beide zerschlissene, abgelegte Armeekleidung trugen. Ich sah eine Pistole auf ihrem Tisch liegen. »Wow, das ist hier wirklich der wilde Osten«, staunte ich und nahm an, dass die Straße auch von Banditen genutzt wurde.

Leon war damit beschäftigt, seine Sonnenbrille zu reparieren. Sie war in der Kälte gerissen, und wir hatten keinen Ersatz mehr. Als er endlich damit fertig war, setzte er sie auf und fragte mich, was ich davon hielt.

»Du sieht aus wie ein dementer Wüstenpirat«, lachte ich und erklärte ihm, dass ich eines seiner Augen kaum sehen könne, da er so viel Klebeband um das Gestell gewickelt hatte.

DIE VERLORENEN STÖCKE

Der dickliche Lastwagenfahrer mit der Pistole sah zu uns herüber, nickte grunzend und gab Leon seine eigene Sonnenbrille. Er sah genau zu, wie Leon sie nervös aufprobierte, und bestand dann darauf, dass er sie behielt. Leon bedankte sich besonders höflich.

»Cool«, dachte ich. »Leon bekommt von einem bewaffneten Trucker eine Sonnenbrille geschenkt.«

Die beiden Lastwagenfahrer standen auf und gingen hinaus, die Pistole blieb auf dem Tisch liegen. Ich beugte mich hinüber, um mir die todbringende Waffe näher anzusehen.

Sie war sehr leicht und aus Plastik und gehörte dem kleinen Jungen.

Kapitel

9

Dschingis

21. November
Entfernung von zu Hause: 4657 Kilometer

Die Let's Go Road war noch nicht fertig. Sie löste sich bald schon wieder in der Wüste auf und zwang uns zurück auf eine Schotterpiste. Es kamen dennoch den ganzen Tag über regelmäßig Lastwagen vorbei, die fertige Waren aus China brachten und Rohstoffe in die andere Richtung transportierten. Obwohl wir mitten in der Wüste Gobi waren, befanden wir uns im Grunde auf einem Highway nach Peking. Die Route wurde seit uralten Zeiten genutzt. Furchtlose Händler hatten sie genommen, fromme Pilger, versprochene Prinzessinnen und grausame Plünderer – und natürlich Dschingis Khan mit seinen Armeen, um die Welt zur Hölle zu machen.

Ich konnte immer noch kaum glauben, dass die Geschichten über Dschingis Khan, sein Leben und seine Taten tatsächlich wahr waren. Selbst seine Kindheit hatte Hollywood-Qualität. Vor etwa achthundert Jahren war er in den Grassteppen nördlich von Ulan-Bator geboren worden und hatte ursprünglich Temüdschin geheißen. Damals bestand das mongolische Volk noch aus einer Reihe verstreuter, miteinander konkurrierender Nomadenstämme: zäh, wild und oft in Kämpfe verwickelt. Temüdschins Vater, ein bedeutender Häuptling, starb einige Jahre nach der Geburt seines Sohnes. Die Mutter blieb mittellos zurück und musste sich mit ihrer Familie allein durchschlagen.

Temüdschin und seine Geschwister wuchsen in einer gefährlichen Welt auf, und auch zwischen ihnen selbst gab es heftige Rivalitäten, die böse eskalierten, als Temüdschin im Alter von dreizehn Jahren in einen Streit mit seinem älteren Halbbruder geriet. Es ging um eine Lerche und einen Fisch, den sie gefangen hatten. An diesem Tag ermordete Temüdschin seinen Bruder. Nicht lange danach wurde er von einem benachbarten Stamm als Geisel genommen, schaffte es aber zu fliehen, versteckte sich in einem eisigen Fluss, um nicht wieder gefasst zu werden, und freundete sich mit einem seiner Häscher an, damit der ihm half, sicher zurück nach Hause zu gelangen.

Als er erwachsen wurde, übernahm Temüdschin die Führung seines Stammes, und nach zwei Jahrzehnten voller Kämpfe und Verhandlungen gelang es ihm, auch alle anderen Stämme hinter sich zu bringen. Jetzt nahm er den Namen Dschingis Khan an, der Herrscher von allen, und führte das treueste und bestorgansierte Nomadenheer an, das die Welt je gesehen hatte.

Und was für eine Macht das war! Länger als ein Jahrhundert fegte sie wie ein perfekter Sturm mit Zehntausenden Kämpfern nach Süden und vernichtete alles, was sich ihr in den Weg stellte. Uneinnehmbare Städte fielen, und zehn oder zwanzig Mal größere Heere wurden problemlos geschlagen. Unter Führung von Dschingis Khans Söhnen und Enkeln breiteten sich die Angriffsstürme immer weiter aus. Von Korea bis nach Indonesien, von Persien bis nach Polen – alle gingen vor ihnen in die Knie.

Die Opfer der Mongolen in fernen Ländern wussten kaum, was da über sie hereinbrach. Als die Christenheit zum ersten Mal von einer Reiterarmee hörte, die die muslimischen Völker des Mittleren und Nahen Ostens vernichtete, dachte sie zunächst, es handelte sich um den legendären Priesterkönig Johannes, der gekommen war, um ihnen bei ihren schrecklichen Kreuzzügen zu helfen. Aber die Mongolen fielen metzelnd und plündernd nach Europa ein, und als die christlichen Ritter Polens und Ungarns ihre Gebete sprachen und sich ihnen entgegenstellten, erging es ihnen wie allen anderen – am Ende waren ihre gesamten Streitkräfte vernichtet und Prinzen und Bischöfe gleich mit.

Die Chinesen dagegen kannten ihre brandschatzenden Nachbarn gut. Seit Tausenden von Jahren hatten sie Kämpfe mit ihnen ausgetragen und die Nomaden mit einer Mischung aus Verteidigungsanstrengungen (die Große Mauer wurde zum Teil aus diesem Grund errichtet), Bestechungen, Eheallianzen, Einmischungen in die Stammespolitik und gelegentlich auch unter Aufbietung riesiger Armeen in Schach gehalten. Niemals hätten sie gedacht, dass die nomadischen Plünderer in der Lage sein könnten, das gesamte chinesische Reich einzunehmen. Unter der Führung von Kublai Khan jedoch, einem Enkel Dschingis Khans, geschah das Undenkbare: Die Mongolen unterwarfen China und gründeten die kaiserliche Yuan-Dynastie, die das Reich der Mitte fast hundert Jahre lang regieren sollte.

Wie sah es aus, wenn die Mongolen in ein Land einfielen? Nun, eines der großen Geheimnisse ihres Erfolgs war die Angst, die sie verbreiteten, dazu kam die große Geschicklichkeit und Schnelligkeit, mit der sie aus dem Sattel heraus ihre Pfeile abschossen, ihre Strategie, bei Schwierigkeiten zu fliehen, aber gleich wieder zuzuschlagen, und ihr Wille, von den Unterworfenen in ganz Eurasien zu lernen und sie für sich zu rekrutieren. Hatte man Glück, gaben sie einer Stadt die Wahl, »aufzugeben oder zu sterben«. Wer sich nicht ergab, geriet in den Wirbelwind eines Massakers, wie man es sich in seinen fürchterlichsten Alpträumen nicht hatte vorstellen können.

Als ich einige Jahre zuvor mit dem Fahrrad durch Zentralasien gefahren war, kam ich durch viele Städte (und ehemalige Städte), die von den Mongolenarmeen in Schutt und Asche gelegt worden waren: In Termiz wurden im Jahr 1220 nach zweitägiger Belagerung alle Einwohner hingemetzelt, in Merw an einem einzigen Tag siebenhunderttausend Menschen hingerichtet. Um die scheinbar unbezwingbare Festung von Buxoro einzunehmen, zwang Dschingis Khan Gefangene, in den Festungsgraben zu marschieren, und eroberte die Stadt über ihre zerstampften, zerfleischten Körper hinweg. Der Blutzoll der mongolischen Eroberungen, die Toten durch anschließende Hungersnöte und Belagerungen mit eingerechnet, wird auf dreißig bis sechzig Millionen geschätzt: Stellt man diese Zahl in ein Verhältnis zur damaligen Weltbevölkerung, die unter einer halben Milliarde lag, wird die Zahl noch schwindelerregender. Fast zehn Prozent der Weltbevölkerung wurden ausgelöscht.

Selbst der Mongolische Friede, der es möglich machte, die Landverbindungen zwischen Asien und Europa in relativer Sicherheit zu bereisen, hatte eine dunkle Seite, denn mit den Reisenden vermochte auch die Beulenpest leichter aus Asien nach Europa zu gelangen. Andererseits konnte in dieser Zeit etwas leichteren Reisens auch eine Familie venezianischer Händler nach China und zurück fahren, und Marco Polos nachfolgender Bericht war einer der Mosaiksteine, die zu Kolumbus' Entdeckung der Neuen Welt und damit zu einer völlig neuen Epoche der Weltgeschichte führten.

Kapitel

10

Totales White-Out

22./23. November
Entfernung von zu Hause: 4633 Kilometer

Der Lärm der wütend im Wind schlagenden Zeltwände weckte mich in der Nacht immer wieder auf. In der finsteren Kälte draußen fegte ein Sturm das Tal hinunter wie vor achthundert Jahren eine von Dschingis Khans Armeen, und auch als der Tag heraufdämmerte, schlug das Zelt weiter heftig im Wind. In meinem Schlafsack hockend, erschien mir der Gedanke, hinaus in diesen Wahnsinn zu gehen, ganz und gar nicht verlockend. In den letzten paar Tagen hatten mich das ständige Gehen und die erbarmungslose Kälte zunehmend erschöpft. Aber unsere Vorräte wurden knapp, unsere Thermosflaschen waren geplatzt und das Wasser in unseren Flaschen komplett eingefroren. Wir mussten weiter, um dem Winter zu entfliehen, der uns immer härter zusetzte.

»Bist du okay, Leon?«, rief ich in das Getöse und fragte mich, ob er wach war.

»Alles in Ordnung, danke, und du?«, rief er zurück.

»Okay. Bisschen windig draußen.«

»Ja. Ich habe gerade mal hinausgesehen, es ist ein totales White-Out.«

Ich folgte Leons Beispiel und öffnete das Zelt etwas, um hinausspähen zu können. Verschwunden war das karge, offene Tal vom Vorabend, stattdessen steckten wir in einem Gefängnis aus kreischendem Weiß. Eine Hochgeschwindigkeitsschicht Schnee tanzte über den kümmerlichen Wüstenboden. Die Piste, der wir gefolgt waren, war nicht mehr zu erkennen.

Leon und ich packten unsere Rucksäcke im Zelt und platzten dann wie Irre schreiend hinaus in den Sturm. Sofort versuchten unsere Zelte davonzufliegen. Leon legte sich auf seins, während ich meinen Rucksack in meines warf. Plötzlich erinnerte ich mich daran, wie wichtig es war zu filmen, wenn die Lage besonders verzweifelt wurde. Ich packte die Kamera, rannte zehn Meter in den Wind und schaltete sie ein.

Leon und ich rangen mit unseren Zelten, während der Wind keinen Deut nachließ. Die größte Kälte, die ich je erlebt hatte, waren minus vierzig Grad Celsius in Sibirien gewesen – mit dem Wind fühlte sich das jetzt fast genauso schlimm an.

»Wie geht es deinen Händen und Füßen?«, schrie ich. Erfrierungen und Auskühlung waren echte Risiken.

»Die sind völlig taub«, rief Leon.

Wir mussten uns schnell aufwärmen, ließen unser Gepäck fallen, rannten in wilden Kreisen umher und ließen die Arme wie Windmühlenflügel herumwirbeln. Dazu vollführten wir Kung-Fu-Tritte in die Luft und sangen sehr laut »*I feel good*«. Nach ein paar Minuten kehrte das Blut in Finger und Zehen zurück. Schnell packten wir zusammen, und ich folgte dem Kompass durch das Weiß zurück zur Lastwagenpiste.

Der Morgen nahm seinen Lauf, doch obwohl wir mit voller Geschwindigkeit unterwegs waren, wurden wir in dem eisigen

Wind nicht richtig warm. Um die Gesichter zu schützen, zogen wir unsere schwarzen Sturmhauben an. Sie waren von der klassischen Terroristensorte, mit Löchern nur für Augen und Mund.

Leon drehte sich zu mir hin und fragte: »Wie sehe ich aus?«

Ich lachte laut auf. »Wie ein IRA-Mann, der falsch abgebogen und in der Wüste Gobi gelandet ist.«

Leons Augen verzogen sich zu einem verlegenen Lächeln, was ihn noch fremdartiger aussehen ließ.

Die nächsten paar Lastwagenfahrer gingen vom Gas, als sie uns entdeckten, traten aber, sobald sie unsere maskierten Gesichter sahen, wieder aufs Gas und fuhren weiter. Wir bekamen langsam Durst, und so zogen wir unsere Hauben wieder aus und winkten dem nächsten Lastwagen zu. Der Fahrer bot uns freundlicherweise an, uns mitzunehmen, was wir aber ablehnten. Stattdessen baten wir ihn um Wasser. Er gab uns eine wunderbar lauwarme Flasche, die wir tranken, bevor sie einfror. Dafür gaben wir ihm eine unserer gefrorenen Flaschen, die in seiner warmen Kabine auf dem Weg zur Grenze auftauen würde.

Als das White-Out langsam nachließ, stellten wir fest, dass es gar nicht schneite, sondern der Sturm den Schnee von der Erde aufwirbelte und horizontal über das Land trieb. Ich hatte Molly als Erster gezogen, und als wir uns abwechselten, joggte ich ein Stück voraus, um das Blut zurück in meine Füße zu pumpen. Was für ein verrückter Tag das bisher gewesen war, aber ich dachte, dass wir gut damit zurechtgekommen waren. Ganz besonders froh war ich darüber, dass wir so viel davon hatten filmen können.

Die Filmerei lief sowieso ganz gut. Im Durchschnitt nahmen wir jeden Tag etwa eine Stunde Material auf, was bei dieser Kälte ziemlich zeitaufwendig und manchmal auch unangenehm war, aber wir hatten uns nun einmal darauf eingelassen. Ich wurde nach und nach lockerer, wenn ich in die Kamera sprach, und Leon kam immer besser mit der Ausrüstung zurecht, sosehr er, seit die Temperatur an Tag fünf unter die Minus-zwanzig-Grad-Marke gefallen war, jedes Mal das Gesicht verzog, wenn er sie hervorholte.

»Es ist, als hielte ich einen Eisblock in der Hand«, sagte er. »Das Plastik und das Metall leiten die Kälte direkt in meine Finger, die völlig taub werden und eine Stunde zum Aufwärmen brauchen.« Unsere Handschuhe hielten unsere Hände gut warm, während wir liefen, aber sie waren nicht dafür gemacht, Eisblöcke zu halten.

An der Grenze, die wir in ein paar Tagen erreichen würden, wollten wir eine Festplatte mit Material nach Hongkong schicken. Der Fernsehsender, der die einzelnen Episoden ausstrahlen sollte, hatte das Management und den Zusammenschnitt der Folgen in letzter Minute noch an eine kleine örtliche Produktionsgesellschaft ausgelagert, Tiberius Productions, die damit unser Hauptansprechpartner war. Wir waren gespannt, was sie zu unseren Wüstenaufnahmen sagen würden.

Wir hatten die Leute von Tiberius kurz vor unserem Aufbruch kennengelernt. Es war ein junges, dynamisches Team, und bei unseren Besprechungen gab es jede Menge kreativer Ideen. Sie liehen uns ein drahtloses Mikro und eine zweite Kamera, wir besprachen unsere Testaufnahmen mit ihnen, und sie gingen mit uns zusätzliche Ausrüstung einkaufen. Dabei wurde allerdings klar, dass sie als Produktionsgesellschaft andere Prioritäten verfolgten als wir. Ihr Job bestand darin, sich um die technischen Aspekte der Produktion zu kümmern, während es für Leon und mich weit mehr darum ging, wie wir unsere Unternehmung als solche realisieren wollten.

Leon und ich hatten Bedenken, ob Tiberius unsere begrenzten Möglichkeiten verstehen würde. Sie waren nicht vor Ort, und es mochte schwer für sie sein, zu begreifen, dass wir angesichts der täglich zu überwindenden dreißig Kilometer mit all unserem Gepäck sowie sämtlicher logistischer und versorgungstechnischer Schwierigkeiten nicht immer in der Lage sein würden, Material zu liefern, wie es hochbudgetierte Projekte mit ganzen Konvois von Aufnahmewagen und Technikern konnten.

Andererseits war Tiberius nicht sicher, ob wir tatsächlich die hohen Standards begriffen und für notwendig erachteten, die von uns verlangt wurden. Die Hauptsorge galt wohl Leons Jugendlichkeit: Es war ungewöhnlich, jemanden seines Alters als einzigen Kameramann für eine ganze Serie zu verpflichten. Seine Erfahrung bestand lediglich in seinem Filmstudium an der Universität, mehreren Praktika und Freelancer-Jobs sowie der Dokumentation seiner Fahrradunternehmung im Jahr zuvor. Aber Tiberius wusste, dass es keine Alternative gab. »Wir werden sicher keinen Kameramann finden, der bereit ist, mit euch quer durch China zu pilgern«, scherzten sie.

Da wir in den letzten beiden Wochen vor dem Aufbruch noch sehr mit allen möglichen Vorbereitungen beschäftigt gewesen waren, hatten die Spannungen zwischen Produktions- und Expeditionserfordernissen bis zu unserem Aufbruch nicht ganz gelöst werden können. Der Erwartungsdruck lastete spürbar auf uns, und Leon schien leicht verunsichert. Aber ich dachte: Solange er die Kamera in die richtige Richtung hält und nicht vergisst, den Deckel vom Objektiv zu nehmen, wird schon alles in Ordnung gehen.

Während der letzten beiden Tage vor der Grenze verflachte das Land zu einer sanften Hügellandschaft, und die Piste wurde hundert Meter breit. Mehr und mehr Lastwagenkonvois zogen vorbei, und die Fahrer winkten und hupten. Einer der Lastwagen kam zu schnell über einen Hügel gefahren und hatte ganz offenbar nicht mit uns gerechnet. Vom eigenen Schwung außer Kontrolle geraten, schoss er direkt auf mich zu, und ich hastete zur Seite, um ihm auszuweichen. Die mahlenden Reifen verpassten Molly um weniger als einen Meter, und mir wurde klar: Wäre sie erfasst worden, hätte ich mich nicht losmachen können und wäre mit ihr unter den Wagen gerissen worden. Mein Herz raste und wollte sich eine halbe Stunde lang nicht beruhigen.

Am Abend vor Erreichen der Grenzstadt fragte Leon nach einer weiteren Abführpille. Nachts wachte ich auf und hörte ihn mehrere hektische Ausflüge unternehmen. Als ich ihn am nächsten Morgen darauf ansprach, lachte er. Er sagte, er habe sich gerade an einen Traum aus der letzten Nacht erinnert.

»Ich war auf der Flucht«, sagte er, »gejagt von einem Mann mit Anzug und dunkler Brille, wie Mr Smith in *The Matrix*. Irgendwie habe ich es geschafft, mich hinter ein paar Bäumen zu verstecken, und als ich vorsichtig zurückblickte, sah ich ihn in meine Richtung laufen. Er trug ein Namensschild, und als ich genauer hinsah, konnte ich es lesen. Er hieß ›Mr Lax‹!«

Leon und ich entwickelten nach und nach unsere eigenen Ausdrücke für die verschiedenen Aspekte und Prozeduren unserer Unternehmung, und von diesem Punkt an nannten wir unsere Ausflüge hinter die Büsche einen »Besuch bei Mr Lax«.

Der erste Hinweis auf die Grenze, der uns in den Blick kam, bestand in der transmongolischen Eisenbahn mit ihren absurd langen Zügen, die romantisch in Richtung Osten über die Ebene zogen. Es war ungeheuerlich, sich vorzustellen, dass diese Züge den ganzen Weg von Moskau hinter sich hatten. Kurz darauf wuchsen ein paar große, eckige Gebäude fern am Horizont auf. Nach all der Leere wirkten sie befremdlich. Die Zivilisation so nahe vor uns, fühlten sich meine Erschöpfung und mein Hunger plötzlich weit dringlicher an. Ich freute mich auf eine heiße Dusche, Gemüse und die Möglichkeit, mit Christine zu sprechen.

Langsam, langsam rückten die Gebäude näher, und als sie anfingen, klarere Konturen anzunehmen, kamen wir zu einem großen Steinhaufen, der mit Wodkaflaschen und Bierdosen übersät war und aus dem ein Holzpflock herausragte. Es war ein *Obo*, ein von den alten schamanistischen Religionen der Mongolei inspirierter Ort, an dem die Menschen auf ihrer Reise durch die Leere um die Gewogenheit der Götter beteten. Während wir filmten, hielt ein Auto, und zwei Männer stiegen aus. Sie tranken eine Dose Bier, umrundeten den Steinhaufen, stiegen zurück in ihren Wagen und verschwanden in die Wüste.

Für uns war das Obo das Zeichen, dass wir die erste Etappe unseres langen Marsches nach Hause fast hinter uns gebracht hatten. Was die Entfernung anging, hatten wir erst etwa fünf Prozent des Weges geschafft. Aber die Wüste Gobi der Äußeren Mongolei zu durchqueren war sicher kein leichter Beginn, und wir waren angesichts der äußeren Umstände ziemlich gut damit fertiggeworden. Es hatte bisher ein, zwei Streitpunkte zwischen uns gegeben, aber die hatten sich ohne bitteren Nachgeschmack lösen lassen, und wir wurden mehr und mehr zu Freunden. Was unseren körperlichen Zustand anging, waren wir müde und hungrig, aber ohne bleibenden Schaden, was äußerst befriedigend war, wenn man in Betracht zog, dass wir schon bei unserem Aufbruch alles andere als ausgeruht gewesen waren. Und es war schon jetzt ein schönes Abenteuer: Wir hatten einige Herausforderungen meistern müssen und ein paar wundervolle Begegnungen mit den zähen, gastfreundlichen Bewohnern der Wüste gehabt. Ich wandte den Blick ein weiteres Mal dem Obo zu und schickte ein Dankgebet an meinen eigenen Gott. Dann übernahm ich Molly ein letztes Mal, und wir gingen auf die Häuser am näher kommenden Horizont zu.

Kapitel

11

Mos Eisley

*24.-26. November
Entfernung von zu Hause: 4554 Kilometer*

Die Sonne ging unter, als wir die Außenbezirke von Zamyn-Üüd erreichten. Die Straßen waren verdreckt und wurden von kleinen Betonbauten und schmutzigen Jurten gesäumt. Ein großer Schlot spuckte Rauch in die eisige Luft, und Autos manövrierten röhrend die schmale Straße entlang. Willkommen zurück in der Zivilisation! Wir brauchten eine Stunde, um ins Zentrum der Grenzstadt vorzudringen, und nach und nach bevölkerten sich die Straßen zunehmend mit Menschen, die alle sehr verschiedenen Welten entstammten: Ein Vater schob einen kleinen Jungen in einem Buggy vorbei und lächelte uns zu, zwei ruppig wirkende Dschingisse schlurften rauchend die Straße hinunter, und ein junges Mädchen mit bemalten Lippen und einer schicken Handtasche überholte uns, während sie auf ihrem Handy eine SMS schrieb. In der Gosse kläfften ein paar kleine Chihuahua-artige Straßenköter, zu kümmerlich, um als Wachhund zu taugen, zu mager, um im Kochtopf zu enden – und so pflanzten sie sich fort und lebten vom Abfall.

Das Stadtzentrum war ins trübe Licht einiger weniger, zur Hälfte funktionierender Straßenlaternen getaucht. »Nirgends wirst du mehr Abschaum und Verkommenheit finden als hier«, zitierte Leon Obi-Wan Kenobis Beschreibung des Raumhafens Mos Eisley.

Wir versteckten Molly unter einer Treppe, checkten in einem billigen Hotel ein und suchten das beste Restaurant in der Stadt, das zufällig ein bisschen von der Atmosphäre der Kneipe hatte, in der Obi-Wan Hon Solo trifft, allerdings ohne die coole Band. Wir setzten uns, und die ungewohnte Sicherheit und Wärme des festen Hauses überwältigte mich fast. Einen Moment lang fühlte ich mich ganz schwindelig vor Hochstimmung, und ich sah, dass auch Leon grinste. Wir bestellten ein wahres Festmahl, mit Steak, Hähnchen, Gemüse und Bier.

»Prost«, sagte ich. »So weit, so gut.« Ich nahm den ersten Schluck und spürte, wie meine Wangen rot anliefen.

»Wir haben uns ein paar Tage Erholung verdient, das ist mal sicher«, sagte Leon.

Wir sahen aus dem Fenster. Draußen war es dunkel, und das iPhone sagte, dass die Temperatur in dieser Nacht wieder weit unter minus zwanzig Grad Celsius fallen würde.

»Wie schön, mal wieder drinnen zu schlafen.« Die einfachen Dinge waren unser größter Luxus geworden.

Im Hotel gönnte ich mir, wovon ich so oft geträumt hatte: eine ausgedehnte heiße Dusche. Als ich aus dem Bad kam, sagte Leon, er habe gerade zwei Anrufe von Christine bekommen. Sie war, kurz bevor Leon und ich Hongkong verlassen hatten, beruflich nach London geflogen und immer noch dort. Ein paar Minuten später rief sie wieder an. Es bewegte mich sehr, ihre Stimme zu hören. Sie sagte, bisher sei alles okay gewesen, doch jetzt fürchtete sie sich davor, in der nächsten Woche zurück in unsere leere Wohnung in Hongkong zu kommen. Ich fühlte mich schuldig und sagte, dass es in China mit seiner besseren Handynetz-Versorgung hoffentlich leichter sein werde, miteinander zu sprechen. Und in weniger als einem Monat, zu Weihnachten, würden wir uns treffen.

Bei Tageslicht wirkte Zamyn-Üüd weniger hässlich, war aber dennoch kein Ort, an dem man länger als notwendig blieb. Abgesehen von ein paar kleinen Supermärkten waren die Läden eher dürftig bestückt, und die meisten Ladenbesitzer wirkten etwas mürrisch. Wir beschlossen, den großen Einkauf in China zu machen, doch bevor wir die Grenze überschritten, galt es ein paar Dinge zu organisieren, vor allem aber sahen wir uns zwei Entscheidungen von möglicherweise großer Tragweite gegenüber.

Die erste betraf Molly. Obwohl sie uns gute Dienste geleistet hatte und der Gedanke durchaus verlockend war, sie mit auf den vor uns liegenden chinesischen Wüstenteil zu nehmen, wollten wir in China die Freiheit haben, Straßen und Wege zu verlassen. Im Übrigen wollten wir nicht zu viel Aufmerksamkeit der chinesischen Behörden auf uns ziehen. Und schließlich machte Molly uns langsam: Mit dem bisherigen Tempo würden wir drei Jahre brauchen, um nach Hause zu kommen. Dazu kam, dass es in China mehr Ortschaften gab und wir längst nicht so viel Wasser und Proviant mitnehmen mussten. Also beschlossen wir, etwas traurig, Molly in Zamyn-Üüd zurückzulassen.

Die zweite Entscheidung war mit der ersten verbunden: Was von der Ausrüstung sollten wir nach Hause schicken? Selbst ohne Proviant und Wasser riskierten wir, uns zu verletzen oder zu verausgaben, weil wir zu viel mitschleppten. Alles, was nicht unbedingt notwendig war, musste weg. Wir wickelten unsere zweite Kamera, den Kocher, die Batterien und etliche Kleidungsstücke in eine rosafarbene mongolische Decke und packten das Ganze zusammen mit der Festplatte für Tiberius in einen Karton und schickten ihn nach Hongkong.

Leon ging in ein Internetcafé, und ich zog mich ins Hotel zurück, um mich an meinen wöchentlichen Artikel für eine Zeitung in Hongkong zu setzen. Das war eine tolle Sache und würde helfen, die Miete zu bezahlen, während ich unterwegs war. Aber mir fielen die Augen zu, als ich vor dem Laptop saß und in meinem Gedächtnis nach ein paar tauglichen Geschichten suchte. Alles, was ich wirklich wollte, war mich hinlegen.

Unsere letzte Aufgabe bestand darin, Molly loszuwerden. Wir zogen sie zum Parkplatz beim Bahnhof. Ein junger Mann saß in einem auf Hochglanz polierten SUV und hatte die Fenster heruntergedreht. Westliche Rockmusik schallte aus der Stereoanlage, und vorn auf dem Armaturenbrett lagen bündelweise chinesische Banknoten. Alle paar Minuten trat jemand zu ihm ans Fenster und verschwand kurze Zeit später wieder.

»Hallo«, rief er uns zu. »Kommt und setzt euch zu mir herein. Wir können Englisch reden und Musik hören.«

Wir stellten Molly vor dem Wagen ab und stiegen ein. Der Mann hieß Urult, und wie sich herausstellte, war er trotz seiner Erscheinung kein Drogendealer, sondern ein Geldwechsler.

»Ich liebe Oasis und Coldplay«, sagte er und spielte uns seine Lieblingsmusik vor, wobei er die Songs immer schon kurz vor der Hälfte wechselte. Offenbar teilten hier nicht viele Leute seinen Musikgeschmack, und er war froh, ein unfreiwilliges Publikum gefunden zu haben. Urult erklärte, sein Bruder sei ein wichtiger Mann in der Stadt. »Er ist Billionär«, sagte er, aber wir dachten, er meinte »Millionär«, und dass er eine Art örtlicher Mafia-Boss sein müsse, was erklären würde, warum sich die Polizei nicht für Urults unverhohlenes Schwarzmarktgeschäft interessierte und offenbar auch keine Gefahr bestand, dass ihn jemand überfiel. Urult versprach, sich um Molly zu kümmern und sie dem nächsten Wüstenforscher zu geben, der hier durchkäme.

Wir hätten es niemals gedacht, aber diese Wüstenforscher würden Leon und ich selbst sein, die wir drei Monate später unter völlig unvorhergesehenen Umständen in die Mongolei zurückkehren sollten.

Teil 2

NACH CHINA HINEIN

不怕慢就怕站

*Es ist nicht besorgniserregend, wenn er langsamer wird –
nur wenn er zum Stehen kommt.*

Kapitel

12

Willkommen in China

*27. November
Entfernung nach Hause: 4554 Kilometer*

Wir setzten uns in den Jeep, und der Fahrer steigerte sich in einen Dschingis-artigen Anfall und donnerte die Tür so oft zu, bis sie endlich geschlossen blieb. Dann sprang er hinters Steuer und schoss mit aufheulendem Motor auf die Straße.

Jede Expedition braucht »Regeln«, und unsere oberste Grundregel bestand von Beginn an darin, jeden Meter zu Fuß zu gehen – es sei denn, die Bürokratie oder die Polizei zwang uns dazu, uns ein Stück »mitnehmen« zu lassen. Unglücklicherweise hatten wir jetzt so einen Punkt erreicht, da es nur mit »motorisierten Fahrzeugen« erlaubt war, den drei Kilometer breiten Grenzstreifen zu durchqueren. Daher der Jeep.

Wir fuhren ins Niemandsland und hängten uns an einen Stau anderer schwer mitgenommener russischer Jeeps, die sämtlich von kettenrauchenden Dschingissen gefahren wurden, die sich ständig gegenseitig zu überholen versuchten, sodass wir uns vorkamen wie in einem Autoscooter. Unser Dschingis ließ den Motor aufheulen, lachte, zündete sich die nächste Zigarette an und drängte sich weiter nach vorn in die Reihe. Etwas schien über unsere Seite zu kratzen, Dschingis sprang auf die Straße und sah, dass ein Teil der Stoßstange heruntergefallen war, was ihn aber nicht weiter störte. Er kletterte zurück in den Wagen, grummelte etwas in sich hinein, beugte sich vor und attackierte den nächsten Jeep. Der Kampf geht weiter!

Schließlich gelangten wir zu dem noch aus Sowjetzeiten stammenden Einwanderungskomplex. Ohne große Umschweife wurden wir aus der Mongolei hinausgestempelt und betraten mit steigendem Adrenalinspiegel das nächste Gebäude, auf dem in Rot geschrieben stand:

中国 二 连	ᠡᠷᠢᠶᠡᠨ	Erlian[1], China
(chinesisch)	(mongolisch)	(englisch)

Ich hielt meinen Pass fest in den Händen. Ich war schon mehrfach nach China eingereist, mit dem Fahrrad und aus beruflichen Gründen, und hatte nie ernsthafte Probleme mit der Polizei oder der Bürokratie bekommen. Dieses Mal jedoch war ich nervös, weil wir gehört hatten, dass kürzlich genau unser Kameramodell an der chinesischen Grenze konfisziert worden war, und damit würde unsere gesamte Unternehmung scheitern. Leon hatte die Kamera deshalb tief in seinem Rucksack verstaut, und wir hofften darauf, dass uns niemand durchsuchte. Wir hatten auch keine Journalisten-Visa oder Filmgenehmigungen beantragt, da uns

---

1 Erlian ist der verkürzte chinesische Name der Grenzstadt. Der ältere mongolische Name ist Erenhot. Die beiden scheinen austauschbar.

beides, wie wir es verstanden hatten, so gut wie sicher verweigert worden wäre. Zudem wären wir als Journalisten regelmäßig von der Polizei vernommen worden. Die einzig praktikable Lösung bestand darin, mit Touristen-Visa einzureisen, und da wir Visa brauchten, die nicht nur einen Monat gültig waren (was bei normalen Touristen-Visa der Fall war), hatten wir einen teuren Agenten in Hongkong dafür bezahlt, unsere Pässe nach Los Angeles und wieder zurück zu fliegen. Das chinesische Konsulat in L.A. gab mehrfach gültige Visa aus, die jeweils drei Monate gültig waren. Das war weitaus besser als die Ein-Monats-Lösung, bedeutete aber dennoch, dass wir auf halbem Weg das Land irgendwie verlassen und neu einreisen mussten.

»Viel Glück«, sagte ich zu Leon, als wir uns an der Schlange anstellten.

»Dir auch.« Er schien ebenfalls nervös.

Am Schalter gab ich dem Beamten meinen Pass.

Beamter (mit ausdrucksloser Miene): »Wohin wollen Sie?«

Ich (mit breitem Lächeln): »Nach Hongkong.«

Beamter (die Stirn kraus ziehend): »Sie haben ein Visum aus Los Angeles?«

Ich (noch breiter lächelnd): »Ja.«

Der Beamte zögerte einen Moment, bevor er aufsah und mir meinen Pass zurückgab.

»Willkommen in China«, sagte er und zwang sich ein kurzes Lächeln ab. Ich nickte und trat ins Reich der Mitte.

Kapitel

13

Dinos

27. November
Entfernung von zu Hause: 4544 Kilometer

Nachdem die Chinesen im 17. Jahrhundert das Land der Mongolen eingenommen hatten, teilten sie den Großteil davon aus administrativen Gründen in die Äußere und die Innere Mongolei auf. Erlian, ein winziger Wüstenposten des transmongolischen, mit Pferdekurieren betriebenen Postsystems, lag an der Grenze zwischen den Provinzen. Im 20. Jahrhundert dann sollten die beiden Mongoleien, die wie Schrimps zwischen den mächtigen Walfischen Russland und China gefangen waren, sehr unterschiedliche Schicksale erleiden. Die Äußere Mongolei erlangte mit sowjetischer Hilfe die Unabhängigkeit von China und wurde 1924 zur Mongolischen Volksrepublik. 1990 bekam sie die völlige Eigenständigkeit, und 1992 wurde das Land zu einer parlamentarischen Demokratie.

Die Innere Mongolei dagegen blieb trotz einiger flüchtiger Versuche in den 1920ern und 1930ern, sich mit der unabhängigen Äußeren Mongolei zu vereinen, auch durch die Wirren der Kuomintang-Zeit, der japanischen Invasion und des Bürgerkriegs Teil des chinesischen Territoriums. Als die Kommunistische Partei 1949 den Bürgerkrieg gewann, weitete ihr Vorsitzender Mao das Gebiet der Inneren Mongolei aus, um sie einen Großteil der chinesischen Nordgrenze bilden zu lassen, und Erlian wurde ein internationaler Grenzposten. In den frühen 1990ern war aus der ehemaligen Poststation eine kleine Stadt mit achttausend Einwohnern geworden, und als sich das Land 1992 dem internationalen Handel öffnete, zogen viele Han-Chinesen dorthin. Die Einwohnerzahl Erlians liegt heute bei rund achtzigtausend.

Auf unserem Weg ins Stadtzentrum bestaunten wir die zehnstöckigen Gebäude und gläsernen Ladenfassaden. Es gab Handys, Fast-Food, Sportausrüstung, Sonnenbrillen und Computer. Die Straßen waren sauber, kalt und voller Verkehr. Leute liefen herum, wirkten gut gelaunt und redeten laut miteinander. Viele starrten uns an und machten sich offenbar über uns lustig. Ich wusste, dass eine größere Anzahl Rucksacktouristen mit dem Zug durch Erlian kam, wir konnten also keinen allzu außergewöhnlichen Anblick bieten. Aber vielleicht fielen wir mit unseren mongolischen Pelzmützen und den metallenen Wanderstöcken eben doch auf.

Während die jungen Leute Jeans und Jacken mit Mode-Logos trugen, steckten die älteren Männer zum großen Teil in den grünen Mänteln der Volksbefreiungsarmee (VBA) samt der dazugehörigen Mützen mit ihren Ohrenklappen aus Kaninchenfell. Sie sahen noch wärmer aus als unsere mongolischen Mützen, und wir betrachteten sie nicht ohne Neid. Die meisten Passanten waren Han-Chinesen, aber einige sahen auch mongolisch aus, mit höheren Wangenknochen und einer rosigeren Gesichtsfarbe.

Wir mieteten uns in einem billigen Hotel ein und zogen mit unserer Einkaufsliste los, die wir in der Wüste zusammengestellt hatten. Auf der Suche nach neuen Thermosflaschen betraten wir einen Kramladen in einer Seitenstraße. Eine junge Frau mit einem Baby auf dem Schoß, erschrak, als sie uns sah – offenbar kamen für gewöhnlich keine Rucksacktouristen in ihr Geschäft. Sie rief etwas, und ihr Mann erschien, der ebenfalls leicht alarmiert wirkte. Aber nachdem ich in meinem besten Mandarin »*Nǐ hǎo, wǒmen shì yīngguò rén* – Hallo, wir sind Engländer«, gesagt hatte, beruhigten sich ihre Mienen. Außerhalb der großen Städte wird in China sehr wenig Englisch gesprochen, und bei meinen letzten Besuchen hatte ich mich allein auf meinen magischen Brief und meine pantomimischen Fähigkeiten verlassen, um zu kommunizieren. Vor dieser Reise hatte ich jedoch etwas Mandarin gelernt, und es freute mich, dass meine ersten zögerlichen Versuche verstanden wurden. Hinter der Ladentheke hing ein Bild des Vorsitzenden Mao, und die Regale waren vollgestopft mit Töpfen, Pfannen, Kabeln, Reiskochern, Wasserkesseln und Decken. Thermosflaschen waren jedoch nicht zu entdecken. Jetzt kam die Herausforderung zu erklären, was wir suchten.

Tief in meinem Gedächtnis grabend, stieß ich auf *rè shuǐ* (heißes Wasser), sagte es und begleitete meinen Versuch mit komplizierten, Wasserdampf symbolisierenden Gesten und kleinen Geräuschen. Der Mann sah mir andächtig zu und lächelte plötzlich. Er führte mich zu einem Regal weiter hinten im Laden, auf dem ein ganzes Sortiment silberner Thermosflaschen aufgereiht stand. Wir handelten ein wenig und einigten uns schließlich auf 100 RMB pro Stück, etwa 10 englische Pfund. Nach vollzogenem Handel verabschiedeten wir uns freundlich von dem Ladenbesitzer und seiner Frau und traten zurück auf die Straße, um unsere Einkaufstour fortzusetzen.

Wir freuten uns, als wir es nach zwei Stunden lebhaften, gut gelaunten Gestikulierens und Handelns mit anderen hilfreichen Ladenbesitzern geschafft hatten, neue Prepaid-SIM-Cards (eine für unser iPhone und eine für ein einfaches Reservehandy), leichte Decken (zur Isolation gegen die Bodenkälte statt der Pappe), Sonnenbrillen, Eiscreme, einen USB-Splitter und VBA-Schafswollhandschuhe zu erstehen. Für Jungs wie uns, denen es beim Einkaufen um Schnelligkeit und wenig Umstände ging, war China ideal. Als wir jedoch ins Hotel zurückkehrten und die Thermosflaschen ausprobierten, war meine nicht ganz dicht. Ich ging also noch einmal los, um sie dem freundlichen Ladenbesitzer zurückzugeben. Der Mann blieb auch jetzt freundlich, schien allerdings nicht geneigt, die Flasche zurückzunehmen. Stattdessen setzte er Wasser auf, füllte die Flasche, drehte den Deckel fest zu und zeigte mir, dass da nichts herausleckte. Man sagt, dass die chinesischen Verkäufer die resolutesten der Welt sind. Ich gab jedenfalls klein bei und ging mit meiner Flasche zurück ins Hotel.

Während Erlians offensichtliche Bedeutung heute aus seinem Status als Chinas Grenzstadt zwischen der Inneren und der Äußeren Mongolei herrührte, besaß es noch eine andere, wohl größere Bedeutung, die auf das Jahr 1922 zurückging. Das war das Jahr, in dem der amerikanische Naturforscher Roy Chapman Andrews von Peking aus in die Wüste Gobi aufbrach, mit einer Pistole im Gürtel und in Begleitung einiger Wissenschaftler. Niemand hatte bis dahin in der Gobi nach Fossilien gegraben, und die Hoffnung war, Hinweise auf den Ursprung der Menschen in Asien zu finden.

Sie übernachteten in dem winzigen Außenposten Erlian, und ein paar von Andrews Kollegen zogen los, um erste Versuchsgrabungen zu machen. Bevor die Sonne wieder unterging, stolperten sie zu ihrem Erstaunen über einige Fossilien, die offen auf der Oberfläche eines ausgetrockneten Salzsees lagen. Die Versteinerungen stammten allerdings nicht von frühen Menschen, sondern von weit älteren Wesen, einschließlich der unbekannten Spezies eines asiatischen Nashorns und, was am aufregendsten war, von

Dinosauriern. Wie elektrisiert von seinem Fund, wechselte das Team in die Äußere Mongolei und fuhr tief in die Wüste, wo eine Entdeckung auf die andere folgte. Weitere Dinosaurierarten wurden gefunden und die überhaupt ersten Dinosauriernester, komplett mit Eiern. Andrews Fossilien wurden sämtlich nach Amerika verschifft, aber seitdem sind Tausende neue Funde in der Gobi gemacht worden.

»Wow, sieh dir das an!«, sagte Leon, als wir den riesigen Dinosaurier-Museumspark betraten. Ich hatte kurz vorher erst erfahren, dass Leon, wie er selbst zugab, dinosaurierverrückt war, und ihn noch nie so begeistert erlebt. Der Weg, den wir hinuntergingen (Leon sprang eher), wurde von langen Reihen lebensgroßer Dinosauriermodelle gesäumt. Der Park befand sich ganz nahe an Andrews ursprünglichen Fundstellen, und wir schienen ihn ganz für uns allein zu haben.

Als wir das erste Gebäude betraten, schwenkten die Dinosaurier in der Eingangshalle brüllend die Köpfe in unsere Richtung.

»Himmel, ist das toll«, rief Leon.

Ich bemerkte, dass eines der Modelle einige weiblich wirkende Federn trug.

»Oh ja, es sind immer mehr Fossilien mit Federn gefunden worden«, schwärmte Leon, »und einige Leute glauben heute, dass viele, vielleicht alle Dinosaurier Federn hatten. Wie irre ist das denn!« Die Federn bestätigten die Verbindung zwischen Vögeln und Dinosauriern, die ursprünglich aufgrund anatomischer Ähnlichkeiten gesehen worden war. Tatsächlich gibt es Leute, die meinen, dass es zu kurz greift, die Vögel als bloße Nachfahren der Dinosaurier zu sehen: Vögel sind Dinosaurier, sagen sie.

Wir gingen durch die große Halle, die einen Glasboden hatte, unter dem eine Ausgrabungsstelle voller Dinosaurierknochen und Fossilien zu sehen war. Im zweiten Raum war es das Gleiche, wobei wir hier ein Loch im Glas entdeckten. Da sonst niemand zu sehen war, knieten wir uns abwechselnd hin und streckten den

Arm hindurch, um ein paar magische Sekunden lang einen großen Knochen berühren zu können. Es schien, als könnte man ihn problemlos mitgehen lassen, aber niemand von uns wollte sein sowieso schon überreichliches Gepäck auch noch mit einem Dinosaurierknochen beladen.[1]

---

[1] Im Jahr 2012 wurde ein Amerikaner verhaftet, weil er ein beeindruckendes Tyrannosaurus-Skelett aus der Mongolei hinausgeschmuggelt hatte. Es wurde in einer Auktion für mehr als eine Million US-Dollar verkauft. Der Mann musste mit siebzehn Jahren Gefängnis rechnen.

Kapitel
14

Polizei

28./29. November
Entfernung von zu Hause: 4544 Kilometer

»ier links ...«
»Über die Straße und dann rechts ...«
Es war ein bedeutsamer Tag. Unser erster Fußmarsch in China, und das ohne Molly. Ich war etwas nervös – wie würde es gehen? Unsere Rucksäcke wogen jeweils etwa fünfundzwanzig Kilo – etwas zu viel, um sie normal an einem Flughafen einchecken zu können. Ich hatte meinen Hüftgurt festgezurrt, um siebzig Prozent des Gewichts von meinem Rücken auf die Hüften zu verlagern, trotzdem spürte ich den Druck, der auf meinem Körper lastete. Und es waren noch mehr als viertausendfünfhundert Kilometer zu gehen.
»Noch mal links ...«
Leon sah auf das iPhone und gab die Richtung vor, in der wir uns durch das Straßengewirr aus der Stadt bewegten. Mit unse-

ren chinesischen SIM-Cards konnten wir die Satellitenbilder von Google Maps heranzoomen, und ein kleiner blauer Punkt zeigte genau, wo wir uns befanden. Da wir jedoch nicht immer 3G-Empfang haben würden, hatten wir uns als »BackUp« einige Seiten aus einem chinesischen Straßenatlas gerissen. Topographische Karten wären weit besser gewesen, aber die gab es für den Großteil von China nicht – was keine Überraschung war angesichts seiner paranoiden Sicherheitspolitik.

Tatsächlich wurden nach der Machtübernahme durch die Kommunisten von 1949 bis in die 1980er keine Ausländer ins Land gelassen. Als Colin Thubron 1986 nach China kam, wunderte er sich über die unerwartete Plötzlichkeit, mit der sich das Land öffnete. Für einen weitgereisten Mann wie ihn war es »wie die Entdeckung eines neuen Zimmers in einem Haus, in dem man sein ganzes Leben verbracht hat«. In den 1990ern dann strömten die Touristen in Massen ins Land, und heute, 2011, ging nur noch das Gerücht von einer Handvoll »verbotener Zonen«, die immer noch nicht für ausländische Touristen geöffnet waren. Das Problem mit diesen Zonen war, dass ihre Lage ebenfalls mehr oder minder geheim war. Leon und ich konnten nur hoffen, nicht aus Versehen in eine zu geraten.

»Über diese Straße und dann links ...«

Wir ließen die letzten Fabriken am Rand der Stadt hinter uns.

»Okay, von hier aus sollte es immer geradeaus weitergehen.«

Leon übertrieb nicht. Wir hatten den National Highway 208 erreicht, eine ebene vierspurige Schnellstraße, die nach Süden führte, schnurgerade auf einen leeren Horizont zu, eine endlose Rollbahn ins Herz Chinas. Wir würden dieser Straße mehr oder weniger folgen, bis wir in gut sechshundert Kilometern das Ende der Wüste erreichten. Hier, jenseits der chinesischen Grenze, herrschte bereits weit mehr Verkehr als in der Äußeren Mongolei, alle paar Minuten kam ein Auto oder Lastwagen vorbei. Einen knappen Kilometer entfernt, parallel zum Highway, verliefen die

Gleise der transmongolischen Eisenbahn, und einmal oder zweimal in der Stunde ratterte einer der unglaublich langen Züge vorbei, mit Passagieren oder Kohle beladen.

Wir waren noch nicht lange unterwegs, als wir uns in einem Wald aus Windrädern wiederfanden. Dreißig Meter ragten sie über uns auf in den großen blauen Himmel. Der Wind ging sanft, und so drehte sich nur eine Handvoll von ihnen. Zu ihren Füßen standen die schon vertrauten lebensgroßen Dinosauriermodelle. Tyrannosaurus, Triceratops, Diplodoken und Pterodactylen präsentierten sich in starrer Kampf- oder Fluchthaltung.

Ich sah weiter geradeaus, und mein Lächeln wurde breiter. Da vor uns war etwas zu sehen, das wir wahrscheinlich eher in einer exzentrischen Ecke der USA erwartet hätten als an der nordchinesischen Grenze: Zwei Sauropoden (Leon identifizierte sie für mich) reckten die Hälse über die vierspurige Straße und vereinten ihre Lippen zu einem zärtlichen Kuss. So schufen sie einen zehn Meter hohen und dreißig Meter weiten Bogen, unter dem die Autos durchfuhren. Leon stellte das Stativ auf, und wir filmten uns, wie wir aufs Neue in die Wüste Gobi eintraten, umrahmt von den beiden Turteltauben.

Wegen der Windparks und der guten Straße hatte es zunächst den Anschein gehabt, als sei die chinesische Wüste anders als die in der Mongolei. Wenig später sahen wir aber, dass wir von der gleichen kargen Wüstenei aus Schotter, Schnee und kleinen zähen Büschen umgeben waren. Die Satellitenbilder zeigten jedoch, dass die Wüste, je weiter wir nach Süden kamen, immer entwickelter und bevölkerter wurde. Zahlreiche grauschwarze Flecken, wie schlimme Bombenkrater, markierten die Orte des Tagebaus, für den die Innere Mongolei langsam berühmt wurde, und alle dreißig, fünfzig Kilometer konnte man Gebäudegruppen und Siedlungen sehen. Die erste davon hofften wir bis Sonnenuntergang zu erreichen. Auch wenn wir uns langsam an die niedrigen Temperaturen gewöhnten, würde es doch gut sein, einen Ort zum

Übernachten zu finden, besonders heute, da die Temperatur bis auf minus vierundzwanzig Grad fallen sollte. Gleichzeitig fühlte ich mich jedoch in einem nervösen Zwiespalt, was das Drinnen-Übernachten anging, weil ich nicht wusste, was die Polizei von uns halten würde. Wir fielen sicher auf und wirkten verdächtig mit unseren Rucksäcken, unseren Kameras und unserer Entschlossenheit, nur zu Fuß zu gehen. Ich konnte es nicht erwarten, China richtig zu erleben, doch in meinem Kopf spulten sich immer wieder Worst-Case-Szenarios ab, in denen uns die Kameras weggenommen und wir eingesperrt und deportiert wurden.

»Was würdest du lieber erleben«, fragte ich, »einen Dinosaurier oder einen Alien?«

»Einen Dinosaurier«, sagte Leon, ohne zu zögern.

Ich sagte, obwohl mich Leons Enthusiasmus und die Möglichkeit, einen echten Saurierknochen anzufassen, auch selbst zu einem Dino-Besessenen werden lassen könnte, würde ich doch, alles in allem, lieber einen Alien sehen.

»Wirklich?«, fragte Leon staunend. Aber dann geriet er ins Schwanken und fing an zu überlegen, ob ihm nicht auch selbst ein Alien lieber wäre. Er war hin- und hergerissen, und wir diskutierten den Fall eine Weile, wobei wir am Ende beschlossen, das Wichtigste wäre in beiden Fällen, die Kamera schussbereit zu haben.

Die Sonne stand kurz vorm Untergehen, und wir wurden durch eine links von der Straße in den Blick kommende Siedlung aus unserem Gespräch gerissen. Als wir näher kamen, sahen wir jedoch keine dörflichen Häuser, sondern einen Komplex gesichtsloser grauer Gebäude, die von einer großen grauen Mauer umgeben waren. Auf der Mauer flatterte eine rote chinesische Flagge.

»Uuh, sind das Militärkasernen?«, sagte Leon.

Wir blieben stehen. Es wäre keine gute Idee, in einer militärischen Siedlung schlafen zu wollen, wenn unser Ziel doch war, der Aufmerksamkeit der Behörden zu entgehen. Wir sahen nach rechts und bemerkten erst jetzt, was uns bis dahin gar nicht aufgefallen war: Die ganze Landschaft wurde von einem Zaun versperrt, hinter dem in regelmäßigen Abständen »Nicht betreten«-Schilder standen. Die Wüste hinter den Schildern war wiederum mit alten Panzern und großen Zielobjekten übersät.

»Ich glaube, das ist ein Schießplatz«, sagte ich.

Wir sahen einander an. Der Himmel wurde dunkel, und eine schwere, dumpfe Kälte senkte sich herab. Ich stieß ein paar Atemwolken aus, während Leon das iPhone konsultierte. »Der Flughafen liegt nur sechseinhalb Kilometer entfernt«, sagte er. »Vielleicht sollten wir versuchen, da zu übernachten.«

Auch wenn es nicht ideal schien, in einem Flughafen so nahe bei einer Kaserne zu schlafen, war die Aussicht, auf einem Terminalboden zu liegen, angesichts des Windes, der unsere Gesichter taub werden ließ, doch erheblich verlockender, als im Freien zu kampieren. Wir schritten stramm voran und erreichten nach einer Stunde eine Abzweigung zu einem kleinen, modernen Flughafengebäude, das wie ein himmlischer Gasthof in der Dunkelheit leuchtete. Wir gingen an einigen Taxis vorbei und traten hinein in Licht und Wärme. Alles war makellos sauber, und eine Handvoll Leute wartete auf den nächsten Flug.

Wir hockten uns neben sie und überlegten, was wir tun sollten. Plötzlich schien klar, dass ein so winziger Flughafen nicht über Nacht geöffnet bleiben würde. Zwei Flughafenpolizisten kamen bereits in unsere Richtung, und mein Herz begann schneller zu schlagen. Ich hatte das Gefühl, das ganze Terminal starrte uns an.

»*Wǒmen yào kàn nǐmen de hùzhào?*«, sagten sie auf Mandarin mit unbewegten Gesichtern.

»Ähm.« Mein Vokabular verließ mich, und ich saß da und grinste sie dümmlich an. Es war eine Sache, mit ein paar Brocken Mandarin Thermosflaschen zu kaufen, aber eine ganz andere, zu verstehen, was Polizisten einem sagten, wenn man sich in einen kleinen Flughafen geflüchtet hatte.

»*Wŏmen yào kàn nĭmen de hùzhào?*«, wiederholten sie.

»Ah«, sagte ich, nachdem ich ein wichtiges Wort verstanden hatte, und übersetzte für Leon: »Sie wollen unsere Pässe sehen.«

Wir gaben sie ihnen. Die Polizisten studierten sie eine Minute lang und gaben sie uns zu unserer Erleichterung zurück. Ich erklärte, dass wir auf der Suche nach einem Platz zum Schlafen seien, und sie erwiderten etwas anderes, das ich nicht verstand. Kurz darauf gingen sie weg. Unsicher, was hier vorging, setzten Leon und ich uns in einen kleinen Imbiss in der Ecke des Flughafens. Es gab kein gekochtes Essen, und so kauften wir für 4 RMB (40 Pence) jeder ein paar Fertignudeln in einer Pappschüssel und eine Industriewurst zu 1 RMB (10 Pence). Zu den Nudeln gab es ein Tütchen mit Gewürz, mit dem sich der Geschmack heben ließ, und als wir uns zum Essen bereit machten, sah ich, wie Leon das Tütchen komplett in seine Schüssel leerte.

»Bist du sicher, dass du das willst? Das Zeugs ist ganz schön scharf«, sagte ich.

»Ja, richtige Männer essen das ganz scharfe Pulver«, antwortete Leon, rührte mit den Einmal-Stäbchen um und lächelte. Ich lächelte zurück.

Während wir aßen, kamen wir überein, dass die chinesische Industriewurst einen willkommenen Fortschritt gegenüber den mongolischen Hundefutterkonserven darstellte, obwohl Leons hastiges Herunterschlürfen der Nudeln schnell langsamer wurde, als die Gewürze ihre Wirkung entfalteten. Mit halbvollen Mündern hoben wir den Blick und sahen die Polizisten erneut auf uns zukommen, diesmal begleitet von einem älteren Mann mit einer Polizeichef-Kappe.

»*Hùzhào* – die Pässe«, sagten sie im Chor, als sie unseren Tisch erreichten.

Wir holten sie hervor, und ich sah zu Leon hinüber. Er wirkte sehr ernst, was an der Kombination von Schärfe und Polizei liegen musste. Der Chef sagte: »Der Flughafen schließt bald, Sie können hier nicht schlafen. Aber Erlian liegt nur fünfundzwanzig Kilometer entfernt, und da gibt es viele Hotels. Draußen stehen Taxis.«

Wir ließen einen leisen Seufzer hören und dankten den Männern. Nachdem wir unsere Thermosflaschen an einem Heißwasserspender gefüllt hatten, traten wir zurück in die Kälte. Der plötzliche Wechsel aus dem so angenehmen Terminal in den bitteren Frost war wie ein Schlag ins Gesicht, doch ich war erleichtert, dass uns die Polizei nicht weiter ausgefragt hatte. Die Männer standen am Fenster und sahen uns hinterher. Ich war mir nicht sicher, ob ihnen auffiel, dass wir die Taxis links liegen ließen und einfach zurück in die Nacht gingen. Vielleicht waren sie auch einfach nur froh, dass sie uns losgeworden und wir nicht mehr ihr Problem waren.

Wir entdeckten eine kleine Baumgruppe am Rand des Schießplatzes, liefen hinüber und bauten dazwischen unsere Zelte auf. In China war es Ausländern verboten, wild zu campen, doch ich folgte meinem gewohnten Motto, was das Kampieren an seltsamen Orten anging: Solange uns niemand sah oder hier vermutete, würde wahrscheinlich alles gut gehen.

Es wurde unsere frostigste Nacht bisher: Ich wachte irgendwann auf und mir war so kalt, dass ich kurz davorstand, wie Espenlaub zu zittern. Ich zog mehr Kleidung an, bis ich am Ende fast alles trug, was ich dabeihatte. An den Füßen: zwei Paar Strümpfe. An den Beinen: zwei Strumpfhosen, eine Trekkinghose und eine Gore-Tex-Hose. Um den Oberkörper: zwei Thermo-Unterhemden, einen Fleece-Pullover, eine winddichte Jacke und darüber noch eine dick gefütterte Jacke. An den Händen: dünne Handschuhe und Wollfäustlinge. Um den Hals: einen gestrickten Halswärmer und einen Schal. Auf/um den Kopf: eine Schalmütze, eine Wollmütze, eine mongolische Fellmütze und mein Ersatzpaar Boxershorts. Hätte uns die Armee in dieser Nacht aufgegriffen, hätte sie der Aufzug britischer Spione vielleicht etwas überrascht.

Wir wurden von lautem Kanonenfeuer geweckt, gefolgt von herzhaftem Männergesang. Er kam von der Kaserne ein Stück die Straße hinauf, wo die Soldaten zum Appell antraten. Wir packten schnell zusammen und eilten zurück auf die Straße, bevor uns jemand entdeckte.

Wir marschierten den ganzen Tag, stramm und schnell, bis eine Stunde vor Sonnenuntergang das nächste Dorf auftauchte. Wir hofften, dort würde es ein einfaches Hotel geben, und als wir einen alten Hirten mit seiner Herde durch die Wüste ziehen sahen, liefen wir zu ihm hinüber.

»Entschuldigung«, sagte ich auf Mandarin, »wir sind Engländer und suchen ein Hotel.«

Der Hirte blieb stehen, sah uns einen Moment lang an und deutete dann mit seiner wettergegerbten Hand in den Himmel über den Lehmhäusern. Es war schwer zu verstehen, worauf er da deutete, aber wir sagten Danke und gingen in die grobe Richtung. Das Dorf schien verlassen, doch dann kamen wir zu einem kleinen hölzernen Laden. Ich ging hinein, und die drei Männer in ihm hielten in ihrem Gespräch inne und sahen mich an. Die Regale waren voller Fertignudeln, Würste, Süßigkeiten und Limonade, auf einer hölzernen Theke gab es Eier und Gemüse, und ich freute mich, dass die gemüselose Zeit ein Ende hatte.

»Entschuldigung, wir sind Engländer. Wir suchen ein Hotel.«

Ein Mann führte mich nach draußen und deutete ähnlich wie der Hirte mit der Hand in die Luft. »Chinesisches Deuten«, wie Leon und ich es bald schon nennen würden, war immer so: halb zum Himmel gerichtet und vage. Als wir weiterzogen, rief der Mann uns noch einmal an und vollführte eine Art Kletterpantomime, die noch kryptischer war als sein Deuten.

Wir kamen an weiteren leeren Häusern vorbei, und ein angeketteter Hund bellte uns hinterher. Zwei mittelalte Frauen tauchten auf und bedeuteten uns auf die »chinesische Art«, weiterzugehen, wobei auch sie die merkwürdigen Kletterbewegungen vollführten. Wir kamen an die Bahnlinie, stiegen darüber und grätschten über einen Zaun. »Ah, das Klettern«, sagten wir.

Ein weiterer Mann führte uns zu einer Häusergruppe und in einen warmen Raum voller Tische, wo eine mittelalte Frau sagte, ja, das hier sei ein Hotel (wenn auch offenbar ein sehr einfaches). Wir strahlten, nahmen die Rucksäcke ab und setzten uns hin. Die Frau brachte uns einen kleinen Imbiss, und während wir darauf warteten, dass uns unser Zimmer gezeigt wurde, legte Leon seine Kamera auf dem Tisch ab. Die Frau verschwand in die Küche. Einen Augenblick später erschienen einige dunkle Umrisse vorm Fenster, und ein halbes Dutzend gut gekleideter Polizisten kam herein.

Ich stöhnte und sah Leons Kamera auf dem Tisch liegen.

Wir standen auf und begrüßten die Beamten mit einem Lächeln, wenn sie auch keine Miene verzogen. Sie waren fast alle unter dreißig.

»Die Pässe bitte«, sagte einer von ihnen auf Chinesisch.

Wir gaben sie ihnen, ein weiteres Mal. Während einer der Beamten die Einzelheiten auf ein Formblatt übertrug, trat ein anderer an den Tisch und betrachtete die Kamera. Das hatte ich befürchtet. Leon nahm sie beiläufig hoch und zeigte ihm ein paar Sequenzen von der Memory-Card. Glücklicherweise war darin nur zu sehen, wie wir die Straße entlanggingen. Auf der Memory-Card davor hätte er uns neben der Schießanlage kampieren sehen.

Nach einer Weile entspannten sich die Polizisten, und wir scherzten mit ihnen darüber, wie schön China doch sei, aber sehr, sehr kalt. Mit Händen und Füßen versinnbildlichten wir die frostigen Temperaturen in der riesigen Wüste. Einer der Polizisten forderte einen Kollegen auf, Leons Rucksack aufzuprobieren. Der Mann griff danach, vermochte ihn aber im ersten Anlauf nicht vom Boden zu heben. Was Leon und mir das Gefühl gab, uns wegen unserer schmerzenden Rücken nicht ganz so schwächlich fühlen zu müssen. Beim zweiten Versuch hockte er sich darunter und erhob sich wankend auf die Beine. Alle applaudierten, und es tat gut, ein paar von ihnen lächeln zu sehen. Nachdem sie unsere Personalien aufgenommen hatten, gaben uns die Männer die Pässe zurück, wünschten uns Glück und verabschiedeten sich wieder.

Wir waren noch keine sechzig Stunden in China und bereits zweimal von der Polizei kontrolliert worden. Aber wir hatten beide Begegnungen unbeschadet überstanden, und niemanden schien die Kamera zu stören. Dennoch hoffte ich, nicht jeden Abend mit den Herren zu tun zu bekommen auf unserem langen Nachhauseweg.

Kapitel

15

Innere Mongolen

30. November
Entfernung von zu Hause: 4488 Kilometer

Am nächsten Tag ging es weiter über den glatten Asphalt. Stundenlang veränderte sich die verschneite, sanft hügelige Ebene kaum, auch wenn wir von Zeit zu Zeit wieder Windparks und ferne Bauernhäuser sahen. Auffälligerweise bekamen wir nicht eine einzige *Ger* zu Gesicht, obwohl die Innere Mongolei historisch doch ebenfalls ein Land nomadischer Hirten war. Diese Lebensart hatte sich auch nach Einzug der Chinesen vor vierhundert Jahren hier fortgesetzt, ungeachtet des langsamen Zuflusses von Han-Migranten, die sich in bestimmten Teilen der Region niederließen. Erst in jüngerer Zeit, unter den chinesischen Kommunisten, waren die meisten Mongolen dazu gezwungen worden, ihre unsesshafte Lebensweise aufzugeben, und während Leon und ich durch den Spätnachmittag wanderten, fragten wir uns, ob die alle sieben, acht Kilometer vorm Horizont zu erkennenden einsamen Steinhäuser wohl von ehemaligen Nomaden bewohnt wurden. Kurz vor dem Dunkelwerden, als die Temperatur erneut absackte, sahen wir eines einen guten Kilometer von der Straße entfernt und wollten probieren, dort zu übernachten.

Wir ließen die Straße hinter uns und gingen auf das Haus zu. Neben der Veranda lief ein großer, nicht angeketteter Hund hin und her. Er fing an zu bellen. Leon holte ihn mit der Kamera heran, und wir sahen seinen Atem in der Luft zu Nebel werden. Das Haus war aus Ziegeln und Beton gebaut, hatte eine verglaste Veranda und ein Wellblechdach. Ein rotes Motorrad parkte davor und deutete darauf hin, dass jemand zu Hause war. Wir riefen ein paar Mal »Hallo«, bis ein Junge erschien, den Hund beruhigte und zu uns herüberkam. Er hatte dicke schwarze, schlampig rundgeschnittene Haare und war eindeutig mongolischer Herkunft und kein Han-Chinese. Er lächelte, sagte auf Mandarin »Hallo« und führte uns am Hund vorbei ins Haus.

Wir betraten einen düster erleuchteten Raum mit einem einsamen Motorrad-Poster auf den nackten Wänden. Ein glatzköpfiger Mann mit rosigen Wangen, wahrscheinlich der Vater des Jungen, saß auf einem Sofa und sah fern. Er hob den Blick, sagte leise »Hallo« und dann etwas auf Mongolisch zu dem Jungen. Wir sollten uns auf das andere Sofa setzen. Wir lächelten, nickten und versuchten auf Mandarin, unserem einzigen Verständigungsmittel, ein Gespräch zu beginnen. Wir sprachen sowohl den Jungen als auch den Mann an, aber der sah nur gelegentlich vom Fernseher auf und sagte sehr wenig. Leon und ich wechselten uns mit unserem gewohnten Partytrick ab, das Wandern durch die Kälte vorzuführen und zu erklären. Der Mann lachte etwas und wandte sich wieder dem Fernsehapparat zu. Gezeigt wurde eine Art chinesischer Hinderniskurs-Show.

Schließlich murmelte der Mann etwas auf Mongolisch in Richtung des Jungen, der uns auf Mandarin erklärte, er müsse weg, um etwas zu erledigen, wobei wir nicht verstanden, was. Einen Augenblick später hörten wir ihn auf seinem Motorrad davonbrausen. Leon und ich sahen uns an und fragten uns, was wir tun sollten. Waren wir hier willkommen? Wir fühlten uns etwas unbehaglich. Vielleicht war der Junge unterwegs zur Polizei, und es erging uns wie am vorigen Abend. Ich war nicht wirklich in der Stimmung, mich schon wieder mit der Polizei auseinanderzusetzen. Vielleicht sollten wir den Schaden begrenzen und irgendwo draußen ein Lager aufschlagen? Aber draußen war es so unglaublich kalt und hier drinnen so schön warm. Der Mann sah auch weiter fern. Es war anstrengend, eine Unterhaltung mit ihm zu versuchen – vielleicht war er schüchtern, aber vielleicht wollte er uns auch nicht in seinem Haus haben? Oder er sprach kein gutes Mandarin, was allerdings unwahrscheinlich schien, war das Mongolische doch während des Großteils der kommunistischen Zeit verboten gewesen. Er musste also etwas Mandarin verstehen.[1]

Wir wussten nicht, was wir tun sollten, und so saßen wir nur da, von der Wärme wie gelähmt, und warteten. Eine halbe Stunde später hörten wir das Motorrad wieder, und der Junge kam lächelnd herein. Er hatte nicht die Polizei, sondern ein großes Stück Fleisch geholt, stocherte im Herd und fing an zu kochen. Ich ging hinaus, um mich zu erleichtern. Die Kälte war brutal, und die Sonne senkte sich fast purpurn auf den leeren Horizont. Ich sah, dass der bei unserer Ankunft noch leere Pferch jetzt voller Schafe und Ziegen war. Der Junge hatte die Tiere hereingetrieben und etwas zu essen besorgt.

Der Junge stand glücklich kochend am Herd, und der Mann lächelte und sagte zu Leon und mir, wir könnten gern mitessen

---

1 Ihm den magischen mongolischen Brief zu zeigen hatte keinen Sinn, denn die Leute in der Äußeren Mongolei lesen und schreiben die moderne kyrillische Version des Mongolischen, während die Mongolen in der Inneren Mongolei immer noch die traditionelle uigurische Schrift aus Dschingis Khans Zeiten verwenden.

und die Nacht im Haus verbringen. Wir gaben unserer großen Dankbarkeit Ausdruck, und kurz darauf servierte uns der Junge eine leckere Suppe mit Hammelfleisch und dazu teigiges Brot zum Einstippen. Ich versuchte mich erneut an einer kleinen Unterhaltung, kam aber selbst mit Hilfe des Jungen nicht weit. Und so lächelten wir uns alle an, ließen wohlgefällige Geräusche in Bezug auf das Essen hören und sahen weiter fern.

Ich dachte über das Leben unserer freundlichen Gastgeber nach. Wo war die Frau des Hauses?, fragte ich mich. Hatten sie, bevor sie in dieses kleine Bauernhaus gezogen waren, in einer Jurte gelebt und neben Schafen und Ziegen auch Kühe, Pferde und Kamele besessen? Und was hielten sie von ihren chinesischen Herrschern? Während der Kulturrevolution in den 1960ern, Maos größenwahnsinnigem Versuch, sich seiner Macht zu versichern und das Land zentral zu kontrollieren, musste der Mann ein Kind gewesen sein. Die äußeren Provinzen, Tibet, Xinjiang und die Innere Mongolei, hatten am meisten gelitten. In der Inneren Mongolei lag der Fokus des Terrors hauptsächlich darauf, eine eingebildete mongolische Unabhängigkeitsbewegung auszumerzen. Selbst offizielle Schätzungen gehen von Zehntausenden getöteten ethnischen Mongolen aus. Hunderttausende wurden eingesperrt, verstümmelt oder verletzt. Dr. Kerry Brown, ein Experte, was die Geschehnisse in der Inneren Mongolei während der Kulturrevolution angeht, zitiert Berichte, nach denen »die Menschen mit Brenneisen gezeichnet wurden, Zungen und Augen wurden ihnen herausgerissen, und sie wurden bei lebendigem Leib verbrannt«. Das Ausmaß des Terrors war so groß, dass »ein zu Besuch kommender Soldat beschreibt, wie die Leute, als er mit einem Armee-Jeep in eines der Dörfer um die Provinzhauptstadt Hohhot herum kam, buchstäblich um ihr Leben rannten, da sie ihn für eine weitere der ständigen ›Säuberungs‹-Patrouillen hielten, die kam, um noch mehr Opfer zu fangen.«

Die Kultur litt ebenfalls, buddhistische Klöster wurden zerstört, die mongolische Sprache und Bilder Dschingis Khans verboten. Niemand, der die Kulturrevolution miterlebte, blieb von ihr verschont, und sogar Mao gab am Ende zu, dass es »Exzesse« gegeben habe.

In den 1970ern fand der Terror Gott sei Dank ein Ende, und eine gezieltere Politik der Umsiedlung von Han-Chinesen in die Innere Mongolei setzte ein. In den 1980ern kamen die Han-Chinesen zu Hunderttausenden, und die Mongolen, die vor hundert Jahren noch in der Mehrheit gewesen waren, machten nur noch ein Fünftel der Bevölkerung aus.[2] Gleichzeitig trieb die Regierung die Ausweitung der Industriegebiete und die Ausbeutung der reichen Bodenschätze voran. In den letzten Jahren war die Innere Mongolei zur am schnellsten wachsenden Wirtschaftsregion Chinas geworden.

Für die Mongolen hatte sich die Situation etwas verbessert, da ihre Kultur jetzt akzeptiert wurde, zumindest innerhalb der offiziell gesteckten Grenzen. Ihre Sprache war nicht mehr verboten, und selbst die Straßenschilder mussten heute zweisprachig beschriftet werden – wir hatten die für uns unentzifferbaren Zeichen überall entlang der Straße gesehen. Auch Dschingis Khan stand nicht länger auf der schwarzen Liste. Es war nicht nur wieder erlaubt, sein Bild aufzuhängen, sondern auf etlichen zentralen Plätzen der innermongolischen Städte waren Statuen von ihm errichtet worden. Eine unglaubliche Volte vollführend, verkündete die chinesische Regierung jetzt, Dschingis Khan sei ein chinesischer und kein mongolischer Held. Hatte denn nicht Kublai Khan, sein Enkel, eine chinesische Dynastie begründet? Also musste er doch Chinese sein.

Aber trotz des Wirtschaftsbooms und der neuen kulturellen Akzeptanz war die chinesische Herrschaft immer noch keine wirk-

---

2   Auch die Neufestlegung der Grenzen der Inneren Mongolei trug zu einem proportionalen Anstieg des Han-Chinesen-Anteils bei.

lich gute Sache für die Inneren Mongolen. Viele waren gezwungen worden, sesshaft zu werden und ihren nomadischen Lebensstil für immer aufzugeben. Der Großteil des neuen Wohlstands landete jedoch bei den Han-Chinesen, und die agrarwirtschaftlichen und industriellen Entwicklungen sowie die Ausbeutung der Bodenschätze fügten dem Ökosystem schweren Schaden zu.

Ich sah zu unserem Gastgeber hinüber. Seine Gastfreundschaft fühlte sich noch kostbarer an, wenn ich darüber nachdachte, was für Schrecken er wohl erlebt haben mochte. Obwohl er sicher allen Grund hatte, Fremden zu misstrauen, hatte er uns großzügig die Tür geöffnet und teilte sein Essen mit uns.

Es war Zeit, schlafen zu gehen, und wie um ihrer Gastfreundschaft noch eins draufzusetzen, führte uns der Junge durch eine Tür und zeigte uns ein erhöhtes Bett, das den ganzen Raum füllte. Es war ein *Kang*, ein spezielles, jahrhundertealtes nordchinesisches Bett. Mit dem Herd verbundene Rohre liefen darunter her und hielten es warm. Dieses *Kang* war mit einer dünnen Matratze bedeckt, und zu viert kletterten wir hinauf und fielen Seite an Seite in Schlaf.

Kapitel 16

Dr. Leon

1.-3. Dezember
Entfernung von zu Hause: 4454 Kilometer

Wir wandern weiter den Highway hinunter, Tag für Tag, von Sonnenaufgang bis Sonnenuntergang, so schnell wir können. Die Landschaft um uns herum wechselt von einem leeren Panorama zum nächsten. Obwohl wir täglich dreißig, vierzig Kilometer machen, ist unser Fortschritt auf unserer großen Chinakarte kaum zu erkennen, und dem Winter entkommen wir eindeutig nicht. Es ist jetzt Dezember, die Nachttemperaturen liegen in den unteren Minus-Zwanzigern, und es ist unwahrscheinlich, dass es vor Februar viel wärmer wird.

Aber wir kommen in einen guten Rhythmus, stehen pflichtbewusst mit der Sonne auf – ob wir drinnen schlafen oder im Zelt – und stapfen zurück auf die Straße. Wir schnappen nach Luft, wenn uns die Kälte entgegenschlägt, und stöhnen unter dem Gewicht der Rucksäcke, aber wenn wir uns erst durch die frische Wüstenlandschaft voller Stille und Erhabenheit bewegen, könnten wir singen.

Die Zeit vergeht langsam, während wir einen Fuß vor den anderen setzen. Die ersten paar Stunden gehen wir normalerweise Seite an Seite und unterhalten uns. Nachmittags treiben wir in Gedanken versunken auseinander. Leon ist etwas schneller als ich, beim Zusammenpacken und beim Gehen, aber wir entfernen uns nie weiter als ein paar Hundert Meter voneinander, da wir beim Filmen zusammenarbeiten müssen. Wir haben die Kamera in einer Außentasche seines Rucksacks, und das Stativ ist seitlich an meinen gebunden, sodass wir die Rucksäcke nicht absetzen müssen, wenn wir filmen wollen. Wir helfen uns gegenseitig und sind innerhalb von Sekunden zur Aufnahme bereit.

Wir müssen sehr unterschiedliche Dinge filmen. Meist bin ich im Bild, während Leon filmt, doch manchmal tauschen wir auch die Rollen. Wir machen Panoramaaufnahmen, sprechen in die Kamera, interviewen uns und nehmen kleine Details groß ins Bild, um der Szenerie mehr Leben zu geben. Dazu kommen Kumpelszenen und Videotagebuch-Einträge. Darüber hinaus habe ich unsere kleine GoPro-Sportkamera vor die Brust gebunden und kann mit einem einzigen Knopfdruck filmen, was ich vor mir sehe. Wenn alles gut geht, werden wir eine Unmenge Material haben, das von Tiberius zu einer vierteiligen Serie verarbeitet wird, sobald wir zurück in Hongkong sind – aber das kommt uns unglaublich weit entfernt vor.

Leon gibt beim Filmen Anweisungen. Manchmal muss ich mehrmals vor der Kamera hin und her laufen, und gelegentlich sind seine Anweisungen unklar, oder ich missverstehe sie. Ich laufe zu weit oder nicht weit genug, und wir müssen das Ganze noch mal wiederholen, was uns beiden auf die Nerven geht.

Aber auch wenn wir uns ein- oder zweimal in der Woche angiften, kommen wir alles in allem gut miteinander aus. Da wir beide Filme lieben, unterhalten wir uns viel über unsere Lieblingsfilme (und welche wir hassen), über einzelne Szenen und Stars, und manchmal werden wir sogar so anspruchsvoll, dass wir darüber diskutieren, wer von zwei Schauspielern nun besser ist, zum Beispiel Orlando Bloom oder Jason Statham. Wir kommen überein, dass Orlando Bloom als Elf die Kunst des »In-die-mitt-

lere-Ferne-Starrens« perfektioniert hat, während Jason Statham (oder »Jase«, wie wir ihn nennen), Englands glatzköpfiger Schlägertyp in Hollywood, seinen Erfolg mit drei entscheidenden Gesichtsausdrücken festigt: der wütenden, der verwirrten und der »Ich bin bereit«-Miene.

Leon nutzt diese Einsichten für seine Regieanweisungen.

»Gib uns einen Orlando«, befiehlt er, als er mich am Straßenrand filmt. Sofort hebe ich den Blick zum Horizont, mit einem leicht selbstgefälligen Ausdruck, und stelle mir Orks vor.

»Gib uns einen Jase«, sagt Leon und richtet die Kamera frontal auf mich.

»Welchen?«

»Den ›Ich bin bereit‹-Jase.«

Ich verziehe das Gesicht, erwarte einen Angriff und Kopfstöße.

Ein weiterer Teil unserer täglichen Routine besteht in kleinen Pausen alle ein bis zwei Stunden. Die beiden neuen chinesischen Thermosflaschen schließen schon nicht mehr richtig, sodass unsere lauen Portionen Fertignudeln mit Industriewurst längst nicht so verlockend sind, wie sie es sein könnten. Wenn das heiße Wasser verbraucht ist, stopfen wir nur noch reichlich billige Kekse und Erdnüsse in uns hinein. Leons Lust auf Erdnüsse scheint nicht zu stillen zu sein. Unsere Pausen sind auch Gelegenheiten für die Dehnübungen, die uns unser Sport-Physiotherapeut gezeigt hat, um Verletzungen vorzubeugen. Mein Therapeut in Hongkong hat mir einen kleinen, stacheligen Gummiball mitgegeben, mit dem ich die Muskeln bearbeiten soll. Es tut höllisch weh, und ich nenne ihn meinen Folterball.

Obwohl es uns körperlich alles in allem gut geht, werden die kleinen Beschwerden und Verspannungen schlimmer. Als ich mich eines Tages über eine leicht schmerzende Schulter beklage, sagt Leon, das sei nur ein verspannter Muskel, und ich solle eine Ibuprofen nehmen und mich mit dem Folterball massieren.

»Du klingst wie ein Radio-Doktor«, sage ich, beherzige seinen Rat und reibe mir die Schulter.

»Das bin ich auch«, sagte Leon. »Du kannst Dr. Leon zu mir sagen ...«

Während der kommenden Monate wird Dr. Leon noch viele Diagnosen stellen und Behandlungsvorschläge machen. Normalerweise läuft sein Rat darauf hinaus, dass sich das Problem wahrscheinlich von selbst löst und es das Beste ist, sich keine Sorgen zu machen. In der Hinsicht werfe ich Dr. Leon vor, nicht einfach nur ein Optimist zu sein, sondern frommen Hoffnungen zu frönen, ganz nach dem Motto: »Ich habe zwar keinerlei Grundlage dafür zu sagen, dass alles in Ordnung kommt, aber ich hoffe es natürlich.«

Kapitel

17

Tonhöhen

3.-4. Dezember
Entfernung von zu Hause: 4403 Kilometer

Mandarin ist für Engländer keine leichte Sprache. Zunächst einmal weist es keinerlei linguistische Verbindungen zu unseren europäischen Sprachen auf, was bedeutet, dass alle Wörter völlig neu gelernt werden müssen. Dann arbeitet es nicht mit einem Alphabet, sondern mit Tausenden von unterschiedlichen Zeichen. Es gibt zwar auch die Möglichkeit, das Chinesische romanisiert, also mit unserem Alphabet zu schreiben und zu lesen, aber »Pinyin«, wie man es nennt, hat seine Begrenztheiten. Drittens ist es eine tonale Sprache, mit vier Tönen. Man muss also nicht nur lernen, wie ein Wort ausgesprochen wird, sondern auch, in welchem Ton. Zum Beispiel bedeutet *ma* im »ersten« hohen Ton »Mutter«, im »dritten« Ton, hinab und dann hinauf, »Pferd«. »Ich liebe mein(e) *ma*«, besagt also im ersten und dritten Ton etwas ganz anderes, je nachdem, ob man seine Zuneigung zu seiner Mutter oder seinem Pferd ausdrücken möchte.

Aber davon wollte ich mich nicht abschrecken lassen, und mein Motto war, »durch Fehler zu lernen«. Ich wollte so viel wie möglich reden und mir keine Gedanken über mögliche Peinlichkeiten machen. Erst fünf Monate vorher hatte ich angefangen, mir Mandarin beizubringen, und seit unserer Ankunft in China täglich ein, zwei Stunden Sprachkurs auf meinem iPod gehört. Leon bemühte sich ebenfalls, besser zu werden, doch er hatte bisher weniger Zeit fürs Lernen aufgewendet, und so übernahm ich für gewöhnlich die Kommunikatorrolle, während er filmte.

Bis jetzt waren die Chinesen äußerst nachsichtig mit uns und bereit, alles noch einmal zu wiederholen, obwohl sie dabei zur gleichen Methode neigten, die auch die Engländer im Ausland anzuwenden pflegen: Sie schienen anzunehmen, je lauter sie etwas sagten, desto verständlicher würde es. Grundsätzlich hörten sie meinen Sprechversuchen aufmerksam zu und bewiesen große Kreativität im Interpretieren meiner exzentrischen, geräuschbegleiteten Zeichensprache, wenn mir wieder einmal die Worte fehlten.

Mein Speisevokabular war besonders schwach ausgebildet. In Restaurants wurde ich deshalb oft in die Küche geholt, wo mir ein Überfluss an Reis, Fleisch und Gemüse gezeigt wurde und ich auf das deuten musste, was wir wollten, begleitet von wiederholtem *»Hěn hǎo, hěn hǎo«*, sehr gut, sehr gut, wenn sie vorschlugen, alles zusammen in einen Wok zu werfen und zu braten.

Aber es waren nicht nur wir, die Unterhaltungen anfingen, die Chinesen wollten meist genau wissen, was wir vorhatten, und stellten uns fast immer die gleichen Fragen.

Woher seid ihr?
Was macht ihr hier?
Wo kommt ihr her?
Wohin wollt ihr?

TONHÖHEN

Seid ihr verheiratet?
Sprecht ihr Mandarin?
Habt ihr Kinder?
Was ist euer Beruf?
Wie findet ihr China?
Was ist besser, China oder England (oder Amerika)?
Warum fahrt ihr nicht mit dem Rad?
Warum nehmt ihr nicht den Bus?

In seinem Buch über einen Fußmarsch durch China in den späten 1990ern führt der kanadische Reiseschriftsteller Bill Purves fast die gleiche Liste mit Fragen auf. Das täglich mehrfache Antworten auf sie nannte er »meinen Katechismus rezitieren«. Leon und ich gewöhnten uns daran, ebenfalls immer wieder unseren Katechismus rezitieren zu müssen.

Zusätzlich zu meinem Selbststudium hatte die fließend Mandarin sprechende Christine vor unserer Abreise mit mir geübt. Das war für sie allerdings oftmals frustrierend gewesen, da meine Aussprache schrecklich war und ich brummig wurde, wenn sie mir nicht so half, wie ich es wollte.

»Gib mir bitte die Milch«, bat mich Christine beim Frühstück auf Englisch.

»Was heißt ‚Milch' auf Mandarin?«, fragte ich.

»*Niúnǎi*.«

»Wie sagt man ‚gib mir'?«

»*Gěi wǒ*.«

»Was heißt noch mal ‚Milch', ich hab's vergessen.«

»*Niúnǎi*.«

»Und ‚gib mir'?«

»Schatz, gib mir einfach die Milch.«

In unserer zweiten Woche in der Inneren Mongolei war Christine aus England nach Hongkong zurückgekehrt. Sie erzählte mir, wie verlassen sich alles angefühlt habe, als sie ihr Gepäck die Treppe hinauf und durch die Tür in die leere Wohnung geschleppt hatte. Da erst sei ihr richtig zu Bewusstsein gekommen, dass ich noch etliche Monate weg sein würde.

Aber wenigstens war es jetzt einfacher für uns, miteinander zu telefonieren: Wir befanden uns in derselben Zeitzone, und das Handysignal war fast überall in China gut, selbst in der Wüste. Manchmal waren unsere Gespräche tröstlich und ermutigend, dann wieder erinnerten sie uns daran, wie weit wir voneinander entfernt waren und wie lange noch. Christine half mir mit meinem Mandarin auch am Telefon. Wenn ich jemanden traf, hörte sie am anderen Ende zu und korrigierte mich hinterher.

Es war nicht ungewöhnlich, dass uns Autos überholten, abbremsten und zurücksetzten, um uns genauer in Augenschein zu nehmen, und manchmal stellten die Leute auch Fragen, auf die wir mit unserem immer besser ausformulierten Katechismus antworteten.

»Was macht ihr hier?«, fragte ein Mann, und wir sagten: »*Wŏmen zuò qù Datong* – wir gehen nach Datong«. Dabei benutzten wir das Wort *zuò*, das unserer Meinung nach »gehen« bedeutete.

Der Mann schien verwirrt, winkte uns jedoch zu seinem Wagen und bot uns an, uns zumindest einen Teil des Weges mitzunehmen.

»*Bú yòng le, wŏmen zuò qù Datong* – nein, danke, wir gehen zu Fuß nach Datong«, sagten wir.

Er versuchte es noch ein paar Mal, gab dann aber auf und ließ die beiden verrückten Ausländer mit einem Hupen hinter sich.

Christine hörte mich am Telefon und brach in Lachen aus. Sie erklärte mir, so wie ich »gehen« sage – *zuò* statt *zŏu* –, heiße es »sich hinsetzen«. Leon und ich hatten also immer wieder gesagt: »Wir setzen uns hin nach Datong.« Um weitere Verwirrung zu vermeiden, sagte Christine, wir sollten für »gehen« lieber die Worte *bù xíng* benutzen.

Aber auch darauf gab es verwirrte Reaktionen, und als Christine das nächste Mal mithörte, lachte sie wieder und sagte, wir benutzten die falschen Töne, und es klänge eher wie »können nicht«.

Wenn also jemand gefragt hatte: »Was macht ihr hier?«, hatten Leon und ich mit unseren Stöcken nach Süden gezeigt und geantwortet: »Wir können nicht nach Datong.«

Zu Fuß durch China zu reisen mochte anstrengend sein und brachte uns nur langsam voran, half uns aber ganz sicher, Teile des Landes zu erleben, in die sonst kaum ein Ausländer kam. Und selbst an diesen abgelegenen Orten fanden wir für die Nacht meist ein Dach über dem Kopf, um der Kälte zu entgehen. Etwa einmal in der Woche kamen wir durch eine richtige Stadt, in der es kleine Hotels gab, sogenannte *bīnguǎn* – »Gastorte«. *Bīnguǎns* kosteten etwa 100 RMB, also 10 englische Pfund, pro Nacht und hatten saubere Zimmer und heiße Duschen. Wenn wir einen Tag Auszeit nahmen, versuchten wir in einem von ihnen unterzukommen.

Aber es gab auch noch kleinere Gasthäuser, die *Lùdiàn* hießen, »Straßenläden«. In Dörfern und kleineren Städten boten sie die einzige Übernachtungsmöglichkeit. Sie kosteten nur halb so viel oder ein Viertel des Preises für ein Zimmer in einem *Bīnguǎn*. Lastwagenfahrer stiegen dort ab, arme Migranten – und wir. *Lùdiàn*-Unterkünfte, das waren oft zusätzliche Räume hinter Restaurants, typischerweise mit mehreren Betten (ein Stapel Decken auf jedem), einem alten Fernseher und, wenn wir Glück hatten, einem Kohleofen (in der Hitze Südchinas gab es einen Ventilator statt des Ofens). Offiziell hatten die meisten *Lùdiàns* keine Lizenz, Ausländer zu beherbergen, aber wir wurden selten zurückgewiesen – vielleicht, weil die meisten Siedlungen, durch die wir kamen, nie (oder kaum) von Ausländern besucht wurden und deshalb niemand die Regeln kannte.

Trotzdem muss nicht extra gesagt werden, dass Leon und ich auch in den größeren Orten einen ungewöhnlichen Anblick boten, wobei unsere Fremdheit durch die riesigen Rucksäcke, die merkwürdigen Wanderstöcke und unsere zerzausten Bärte noch unterstrichen wurde. Wir wurden praktisch von allen, denen wir begegneten, angestarrt: von Straßenkehrern, Ladenbesitzern, Einkaufenden, Motorradfahrern, Kindern und Müttern. Einmal kam uns ein junger Mann entgegen, der uns so gebannt ansah, dass er gegen eine Laterne lief. Wir wussten, dass dieses Anstarren in der chinesischen Kultur nicht als Ungehörigkeit galt, und hätten wir im Westen mit einem derartigen Grad von Fremdheit womöglich Argwohn erregt, so wurden wir hier in der chinesischen Provinz oft mit Großzügigkeit bedacht.[1]

An unserem ersten wöchentlichen freien Tag in der Inneren Mongolei, in der alten Festungsstadt der Qing-Dynastie Sonid Youqui, gingen wir in ein Internetcafé. Der junge Manager fragte uns nach unseren Pässen: Alle, die in China in ein Internetcafé gingen, mussten ihren chinesischen Ausweis oder eine Passnummer vorweisen. Als wir erklärten, wir hätten unsere Pässe im Hotel gelassen, zog der Mann eine Schublade auf, holte zwei Ausweise hervor und loggte uns ohne weiteres Aufhebens unter anderen Namen ein. Und am Ende, als wir fertig waren und zahlen wollten, sagte er: »Ist umsonst, geht aufs Haus.«

Abends im Restaurant unterhielten wir uns mit den chinesischen Männern am Nachbartisch, während wir auf unsere Dumplings warteten. Als wir uns später verabschiedeten und zahlen wollten, erklärte uns der Restaurantbesitzer, es gebe keine Rechnung, die Männer hätten bereits für uns bezahlt.

Aber es war nicht immer so angenehm. Eines Abends in einem Fernfahrernest gingen wir in eine etwas wilde Truckerkneipe, um zu essen, und vergaßen den ältesten Leitspruch in der Bibel

---

1 Auch auf früheren Unternehmungen war ich überall in der Welt meist gut behandelt worden, trotz meiner oft etwas bizarren, nomadischen Erscheinung. Nachdem ich auf meiner dreijährigen Fahrradtour durch zwanzig asiatische Länder gefahren war, kam es erst in Westeuropa, also gleichsam auf der Zielgeraden, vor, dass man mir an Tankstellen oder in Cafés Trinkwasser versagte, weil ich so verlottert aussah.

des Reisenden: Frage nach dem Preis, bevor du etwas zu essen bestellst. Die Frau servierte uns ein paar wohlschmeckende Fleischspieße – und dann kam die Rechnung: Sie war etwa fünfmal so hoch wie normal, und wir fingen an zu handeln, völlig unsicher, ob sie uns das Teuerste von der Karte gebracht oder einfach den Preis für uns heraufgesetzt hatte. Die Lastwagenfahrer an den anderen Tischen drehten sich zu uns hin, um die Diskussion zu verfolgen, und wir spürten, wie sich eine unheilvolle Stimmung im Raum aufbaute. Ein paar Minuten später war der Preis etwas heruntergesetzt, wir zahlten, alle hatten ihr Gesicht gewahrt, und das Restaurant war wieder ein einziges Lächeln.

Kapitel 18

Báijiŭ

5.-8. Dezember
Entfernung von zu Hause: 4352 Kilometer

In unserer zweiten Woche in China begannen wir die Teerstraße mit immer stärkerem Verkehr zu teilen und hielten uns ganz am Rand, während neue und alte Autos, Mopeds, Traktoren und Lastwagen an uns vorbeirauschten. Wenn die chinesische Fahrweise nach westlichen Maßstäben auch ziemlich verrückt wirken mochte, schienen die Leute doch ständig damit zu rechnen, dass ein Hindernis vor ihnen auftauchte, sei es ein Esel, ein mit großen Metallrohren beladenes Fahrrad oder ein westlicher Fußgänger mit klackenden Wanderstäben. Eines Tages sahen wir allerdings eine tote Kuh am Fahrbahnrand liegen, die totenstarren Beine von sich gestreckt, gefrorenes Blut um die Mundwinkel. Das war eine eindrückliche Erinnerung daran, dass die größte Gefahr auf unserer Reise nicht von der Kälte, der Polizei oder von Wegelagerern ausging, sondern von achtlosen Fahrern.

Leon, der uns auch weiterhin vorannavigierte, suchte mit dem iPhone nach alternativen Routen und führte uns eines Morgens von der Hauptstraße weg einen verschneiten Weg hinunter zu den Bahngleisen.

»Da soll es eine Jeep-Piste parallel zu den Gleisen geben«, sagte er.

Er hatte recht. Zwar kamen wir auf der verschneiten, unbefestigten Oberfläche etwas langsamer voran, dafür genossen wir den Anblick der langen Züge, die ein-, zweimal in der Stunde an uns vorbeiratterten. Ein paar Eisenbahnarbeiter liefen auf dem Gleis entlang, einer hielt eine riesige Zange in der Hand. Je länger wir sie beobachteten, desto mehr verfestigte sich in uns der Gedanke, dass es eigentlich eine gute Idee war, da oben entlangzulaufen. Das Gleis schnitt sich durch die kleinen verschneiten Hügel und war damit weit ebener als unser Pfad. Und so kletterten wir, nachdem wir die beiden Eisenbahnarbeiter überholt hatten, ebenfalls auf den Damm und marschierten über das Gleis. Der Abstand der hölzernen Schwellen sorgte für eine etwas missliche Schrittlänge, aber alles in allem wurden wir schneller. Nach einer halben Stunde hörten wir ein rhythmisches Schnauben und einen schrillen Pfiff – ein Zug. Leon wollte seine Annäherung filmen, und so blieben wir nervös auf dem Gleis stehen, bis das eiserne Ungetüm um die Biegung kam. Gut zehn Sekunden, bevor er uns erreichte, sprangen wir vom Gleis und sahen zu, wie er wütend an uns vorbeistampfte.

Als es dunkel wurde, erreichten wir eine Ansammlung kleiner grauer Behausungen neben dem Gleis. Sie sahen aus wie eine Art Kontrollstation. Auf unser Klopfen bekamen wir keine Antwort, stellten fest, dass die Tür unverschlossen war, und schoben uns nach drinnen. Ein kahler Korridor führte uns zu einer weiteren offenen Tür, hinter der wir zwei uniformierte Männer entdeckten. Einer lag auf einem Sofa, der andere starrte auf eine Wand mit alten Computerbildschirmen. Er merkte gar nicht, dass wir in der Tür standen.

»*Nǐ hǎo, wǒmen shì yingguò rén!* – Hallo, wir sind Engländer!«, sagte ich.

Der Mann an den Bildschirmen sah zu uns herüber und sperrte den Mund auf. Der andere auf dem Sofa wachte auf und ließ einen leisen Schrei vernehmen. Um die beiden zu beruhigen, begannen wir unseren Katechismus herunterzubeten, bevor sie noch die erste Frage stellten. Wir gingen nach Datong (oder konnten es nicht), wir mochten China, es war sehr schön, aber kalt draußen.

»Sie arbeiten also mit Zügen?« Ich endete mit einer Frage.

Die beiden Männer erholten sich langsam von ihrem Schreck und sagten, ja, das täten sie. Nach und nach wurden sie lockerer und stellten uns mehr Fragen, vor allem der Mann, der geschlafen hatte, wurde immer aufgekratzter. Er war etwa fünfzig, hatte eine Glatze, ein pausbäckiges Gesicht und ein ansteckendes Lachen, das in seiner Lunge rasselte und seinen ganzen Körper erbeben ließ.

Mr Cheerful, Herr Fröhlich, wie wir ihn nannten, führte uns in ein Büro, wo ein weiterer Mann an einem hölzernen Tisch saß. Ein kleiner Hund sprang auf die Füße und kam zu uns gerannt. Mr Cheerful erklärte, wer wir waren und was wir machten, und nachdem sie eine Weile konferiert hatten, sagte großzügig der Mann am Tisch, der Chef, wir seien zum Essen eingeladen und könnten gerne hier übernachten.

Wir setzten uns in die Küche, wo Mr Cheerful und eine mittelalte Frau zu kochen begannen. Die Luft füllte sich mit hungrig machenden Düften, und bald schon stand der Tisch voll mit Spiegeleiern, Gemüse, Nudeln, Reis, Krabben und einer Flasche Gemüseöl. Aber als Mr Cheerful uns beiden ein Glas davon einschenkte, sahen wir, dass es gar kein Öl war.

»*Báijiǔ*«, sagte Mr Cheerful mit einem lauten Glucksen.

Báijiǔ heißt wörtlich »weißer Alkohol« und ist das Getränk der Wahl in weiten Teilen Chinas. Normalerweise wird er aus Hirse oder Klebreis hergestellt, ist sehr billig und – unnötig, das zu sagen – mit vierzig bis sechzig Prozent Alkohol ungeheuer stark. Wir saßen um den Tisch, der Chef kam dazu, und der Báijiǔ begann zu fließen. Mr Cheerfuls Enthusiasmus schien den Überschwang der Chinesen im Allgemeinen in sich zu sammeln. Er war laut, lustig und nachsichtig mit unserem schlechten Chinesisch, wobei nur schwer zu verfolgen war, was er tatsächlich sagte. Als der Chinesisch-Experte unserer Expedition versuchte ich für Leon zu übersetzen. Erst als ich später das Filmmaterial durchsah, wurde mir klar, wie oft ich ihn missverstanden hatte.

»Tut mir leid, das Essen ist versalzen«, sagte Mr Cheerful.

»Er fragt, ob du Eier möchtest«, sagte ich zu Leon.

»*Gānbēi*«, sagte Mr Cheerful, was »Prost!« bedeutete, oder wörtlicher »leere Tasse«. Mit anderen Worten, trink aus, nehmen wir noch einen. Ich war bereits bei meinem zweiten Glas und fing an, mich leicht schwindelig zu fühlen. Also nippte ich nur daran.

Mr Cheerful erlitt einen neuerlichen rasselnden Lachanfall und schüttelte den Kopf. Er nahm meinen kleinen Finger und rief, wie damenhaft der englische Mann doch sei. Ich verstand ihn nicht, lächelte fröhlich zurück und sagte: »*Xièxie* – danke!« Als Nächstes nahm er ein Stück Gemüse und hielt es auffordernd vor mich hin. Ich öffnete den Mund, und er steckte es hinein – wie eine Vogelmutter, die ihr Kleines fütterte, vielleicht auch ein liebestrunkener Galan. Wir lachten alle. Bevor der Abend vorbei war, hatten wir herausgefunden, dass Mr Cheerfuls Aufgabe darin bestand, die Fahrtrichtung auf der Strecke zu wechseln und die Signale zu organisieren. Er sagte, es komme nur selten zu Unfällen, aber fünf-, sechsmal im Jahr erwische es ein Pferd oder eine Kuh, und das sei jedes Mal ein ziemlicher Schlamassel. Er wohne in Jining, was für uns zu Fuß etwa eine Woche entfernt lag. Nach Feierabend lasse er sich einfach von einem der vorbeifahrenden Züge mitnehmen.

»Nach dreißig Jahren Arbeit bin ich sehr müde«, sagte er mit einem Kopfschütteln und lachte traurig in sich hinein. Er war ein kleines, erschöpftes Rädchen im riesigen Getriebe, das China in Gang hielt.

Nach und nach wuchsen höhere Erhebungen aus der Wüstenebene, und Zeichen einer anspruchsvolleren Wirtschaft wurden sichtbar. Alle gut dreißig Kilometer kamen wir an einer Tankstelle vorbei. Wilde Krater und Raupenfahrzeuge – Tagebaubergwerke – tauchten hier und da zwischen den Bergen auf. Hochspannungsmasten zogen sich in Kolonnen durchs Land, wie die Dreibeiner in *Krieg der Welten*. Fabriken mit Rohren und Schloten sprenkelten die Täler. Eines Morgens sahen wir eine massive weiße Wolkenwand auf uns zurollen, hinter der nächsten Biegung aber erkannten wir, dass es sich ganz und gar nicht um Wolken handelte, sondern um die aus einer Fabrik aufsteigenden kolossalen weißen Dämpfe. Ein Passant erklärte uns, es sei eine Pommes-frites-Fabrik, und wir sahen Unmengen dampfender Kartoffeln, über sechs-, siebenhundert Meter erstreckten sie sich hinter einem Zaun. An einem anderen Tag sahen wir ein paar Kräne, mit denen ein neues Gebäude errichtet wurde, und ein Stück weiter informierte uns ein großes Plakat darüber, was hier entstand: ein riesiges neues Industriegebiet, komplett mit Kraftwerk, Fabriken und breiten Straßen. Mitten im Nirgendwo wurde es aus dem Boden gestampft.

Daneben gab es noch einen ziemlich unerwarteten Eingriff in die Landschaft. Wir hatten uns daran gewöhnt, nur hier und da einen Baum zu sehen, der einsam und heldenhaft der Wüste die Stirn bot. Plötzlich jedoch sahen wir neben der Straße und auf den Hängen immer mehr systematisch angepflanzte Baumreihen. Sie stellten den Anfang der sogenannten »grünen Mauer Chinas« dar, eines Versuchs der Regierung, das weitere Vordringen der Wüste Gobi zu verhindern. Schätzungen nach fraß die Wüste jedes Jahr etwa fünftausend Quadratkilometer Grasland, und die Stürme, die ihren Sand bis nach Peking trugen, kamen immer häufiger vor.

Die Regierung glaubte, dass dem Problem mit einer massenhaften Baumpflanzungsaktion beizukommen war. Umweltschützer dagegen meinen, die standortfremden Baumarten richten mehr Schaden an, als sie helfen, da sie das fragile Ökosystem schädigen.

Aber was immer auch gut oder schlecht an ihr war, für uns markierte die grüne Mauer den Anfang vom Ende der Wüste Gobi.

Kapitel
19

Rivalität

9.-10. Dezember
Entfernung von zu Hause: 4247 Kilometer

Am Ende unserer zweiten Woche in China erreichten wir Chahar Youyi Houqi. Bedrohlich wirkende Fabriken säumten die Straße, und wir husteten in der kalten, verschmutzten Luft, als wir an ihnen vorbeigingen. Etliche Kilometer grauer Nebenstraßen brachten uns in ein pulsierendes Stadtzentrum voller Läden und Banken, allerdings schien auch den zäh wirkenden Einwohnern kalt zu sein. Die Hände tief in den Taschen, die Kragen weit hochgeschlagen, eilten sie durch die Straßen. Wir mieteten uns in einem Hotel ein und stellten nach dem Duschen fest, dass sich eine Menge toter, erfrorener Haut von unseren Fingern schälte. Kurz vor Erreichen der Stadt hatten wir unsere 350-Meilen-Marke überschritten, das sind gut 560 Kilometer, was bedeutete, dass wir mehr als zehn Prozent unseres Weges hinter uns gebracht hatten.

RIVALITÄT

Am nächsten Morgen, in einem warmen Bett und mit einem freien Tag vor mir, fühlte ich mich seltsam eingeengt. Der Grund, so begriff ich, bestand in Leon, der gerade mal zwei Meter entfernt in seinem Bett lag. Plötzlich hatte ich es satt, fast rund um die Uhr mit ihm zusammen zu sein. Er schlief noch, und so packte ich den Laptop ein, verließ das Hotel und suchte nach einem Café.

Die Straßen wirkten verschlafen, und alles, was ich finden konnte, war ein kleiner Nudel-Imbiss. Ein Dutzend Augen sahen zu mir herüber, als ich eintrat, und an der Wand hing ein Poster von Dschingis Khan. Ich achtete nicht weiter auf die starrenden Blicke, bestellte eine Schüssel Nudeln und öffnete mein Tagebuch.

»Das ständige Zusammensein mit Leon zerrt an den Nerven, und ich denke, ihm geht es mit mir genauso«, begann ich zu schreiben.

In den meisten Dingen kamen Leon und ich gut miteinander zurecht. Viele der langen Stunden unterwegs unterhielten wir uns bestens. Wir redeten über alles, was uns in den Kopf kam, und beleuchteten es aus jeder möglichen Perspektive, ob es um Ausrüstungsgegenstände ging, die wir nach Hause schicken sollten, neue Filmideen oder die Vor- und Nachteile der Umweltbewegung. Trotzdem kam es nach wie vor zu Irritationen. Manchmal ging es um spezielle Dinge, zum Beispiel darum, wie wir etwas filmen wollten, oder den zunehmend offensichtlichen Umstand, dass Leon schneller war als ich. Dann wieder war es ein allgemeiner Verdruss, der daraus entstand, dass wir zu viel Zeit miteinander verbrachten.

Am Vortag war es zu einer neuerlichen Verstimmung gekommen. Etwa einmal in der Woche nahmen wir mit unserem iPhone ein kurzes Video auf, das wir auf unsere Expeditions-Website stellten. Dieses Mal hatten wir uns für die Aufnahme nebeneinander auf die Bahngleise gestellt, und Leon beendete das Video mit einem Witz darüber, wie langsam ich sei. Das war ein wunder Punkt, und ich stampfte ziemlich »angefressen« davon.

Während ich voranstürmte, versank ich in meinem Ärger, meine Gedanken gerieten außer Kontrolle, und mit einem Mal sah ich Leon nicht mehr als meinen Partner, sondern als Rivalen. All meine Anstrengungen, die Fernsehdokumentation möglich zu machen, und mein Erscheinen vor der Kamera hatten mich fürchterlich eingebildet werden lassen, und es war mir ungeheuer wichtig, wie ich auf dem Filmmaterial rüberkam. Als ich jetzt sah, wie Leon sich ins Licht rückte, fühlte ich eine unerwartete Eifersucht. Hatte ich ihn nicht einfach nur als Kameramann angeheuert? Und jetzt verwandelte er sich in das zweite Gesicht der Expedition. Auf eine Weise wusste ich, dass diese Gedanken lächerlich, erbärmlich und egoistisch waren, aber sie füllten mir den Kopf und ich wurde sie nicht los.

Eine derartig kompetitive, negative Einstellung ist ein klassisches Expeditionsphänomen, und Leon und ich hatten für die bitteren Gedanken zwischen uns bereits einen Begriff gefunden: *head games* oder »Kopfspiele«.[1] Mein Spiel nach unserem kleinen iPhone-Video-Zwischenfall schien besonders übel. Ich war stocksauer auf ihn. Erst als Leon nach einer halben Stunde zu mir aufschloss, die Initiative ergriff und die Sache ansprach, konnten wir die negativen Gefühle auflösen. Er entschuldigte sich für seinen Witz und ich mich dafür, dass ich ihn ihm übelgenommen hatte. Aber obwohl wir unseren Kopfspielen damit Einhalt geboten hatten, war ich am Morgen wieder mit ihnen erwacht.

Nachdem ich ein paar Minuten an meinem Tisch gesessen hatte, kam ein Mann und setzte sich mir gegenüber. Er stieß mit

---

1 Wer den englischen Begriff googelt, stellt fest, dass er mitunter für das Aussenden verwirrender Signale und das Manipulieren der Gefühle in einer Liebesbeziehung benutzt wird. Das war nicht der Sinn, in dem Leon und ich ihn benutzten!

seinen Knien gegen meine, starrte mich an, wie ich in mein Tagebuch schrieb, und schlürfte seine Nudeln herunter. Daneben unterhielt er sich extra laut mit seinem Freund auf der anderen Seite des Raumes. »Ich bin nicht in der Stimmung für so was«, murmelte ich, stand auf und ging zur Tür. Dabei warf ich einen Blick auf Dschingis Khan. »Und warum hängen sich die Leute eigentlich ein Bild von einem Massenmörder an die Wand?«

Zurück auf der Straße, suchte ich nach einem Internetcafé und wollte mich damit ablenken, meine E-Mails zu lesen. Ich lief herum, hielt nach einem entsprechenden Schild Ausschau – und währenddessen wurde mir der andere Grund bewusst, warum ich mich heute so komisch und deprimiert fühlte: Am nächsten Tag wurde ich fünfunddreißig. Ich hatte morgens ein paar graue Haare in meinem Bart entdeckt und mich plötzlich wie ein mürrischer alter Kerl gefühlt. War ich für diese Art Abenteuer nicht zu alt? Sollte ich nicht endlich erwachsen werden und mir einen richtigen Job suchen? Mit seinen fünfundzwanzig Jahren war Leon jünger, stärker und schneller. Ein irrationales Gefühl von Neid kochte in mir hoch.

Das Internet im ersten Café funktionierte nicht, und im zweiten wollten sie mich erst nicht an einen Computer lassen, weil ich keinen chinesischen Ausweis hatte. Sie waren auch nicht sonderlich freundlich. Vielleicht vermieste meine schlechte Laune auch allen anderen die Stimmung. Ich argumentierte eine Weile, und am Ende gaben sie nach. Nicht lange danach kam eine Nachricht von Leon, wo ich denn sei, er brauche den Laptop. Mit sich weiter verdunkelnder Stimmung kehrte ich ins Hotel zurück und gab ihn ihm. Den Rest des Tages verbrachte ich in dem Internetcafé und schrieb meinen wöchentlichen Zeitungsartikel, für den ich angesichts meiner Verfassung über Gebühr lange brauchte.

Abends im Hotel wirkte Leon müde, aber nicht so sehr wie ich. Ich fühlte mich emotional, mental und körperlich ausgelaugt, weit schlimmer noch als nach einem anstrengenden Tag draußen in der Wüste. Weil ich tags darauf Geburtstag hatte und wir zuletzt gut vorangekommen waren, schlug ich einen zweiten freien Tag vor. Leon stimmte zu.

Am nächsten Tag, meinem Geburtstag, hätte ich nach dem Aufwachen in Tränen ausbrechen können. Was stimmte nicht mit mir? Hielt ich die stetige, unerbittliche Anstrengung des Unterwegsseins nicht mehr aus? Ich versuchte meinen inneren Aufruhr zu ignorieren, aber Leon spürte, dass ich unglücklich war, und lud mich zu einem Geburtstags-Chickenburger-Brunch in eine kleine KFC-Filiale ein. Da er sah, dass ich Raum brauchte, ließ er mich anschließend allein, und ich trank einen Kaffee und las *There Are Other Rivers* von meinem alten Abenteurer-Freund Al. Wie ich war Al ein halbprofessioneller Abenteurer und ein wenig eine gequälte Seele. Tatsächlich handelte sein Buch im Grunde davon, warum es gut war, sein Leben in strapaziöse, schmerzhafte Expeditionen zu investieren. Wir hatten oft darüber debattiert und einmal kurz davorgestanden, eine Unternehmung in der Mitte abzubrechen. Worauf ich ihm erklärt hatte, die Alternative bestehe darin, den ganzen Tag im Büro zu sitzen – da waren doch Schmerz, Angst, Hunger, Kälte und der mögliche finanzielle Ruin sicher die bessere Wahl? Al und ich hatten etliche Abenteuer gemeinsam bestanden, waren dabei mitunter ziemlich wütend aufeinander geworden und hatten reichlich Kopfspielchen veranstaltet. Dennoch hatte sich unsere Freundschaft immer weiter verfestigt. Ich fragte mich, ob es mit Leon am Ende genauso gehen würde.

Christine rief an, um mir einen schönen Geburtstag zu wünschen, und wir besprachen und überdachten die Situation eine Weile. Sie half mir, den nötigen Abstand zu finden, und heiterte mich auf – mein bester Fan, wie immer. Ich begriff, dass ich die Dinge aus Leons Perspektive sehen musste, und es war nichts dagegen zu sagen, dass er das Beste aus unserer Unternehmung zu machen versuchte. Er hatte seine eigenen Opfer gebracht, um mitkommen zu können, hatte sich Geld geliehen, andere Jobs abgelehnt und sich für sechs Monate von seiner Freundin Clare verabschiedet. Und tatsächlich war ich sehr beeindruckt, wie reif er mit meinen kleinen Wutanfällen umging und oft der Erste war, der zu einer Entschuldigung fand. Natürlich wurde er auch oft unleidlich, aber das war normal auf einer Unternehmung wie unserer. Ich sollte dankbar sein, dass er ein so anständiger, großzügiger Kerl war. Er hätte sich leicht auch als absoluter Albtraum erweisen können.

An diesem Abend fühlte ich mich weit besser. Ich erklärte Leon, ich sei ziemlich niedergeschlagen gewesen, und um mich aufzuheitern und weil es mein Geburtstag war, spendierte er mir einen doppelten Schluck Whisky. Die letzten achtundvierzig Stunden waren hart und düster gewesen und hatten mich heftig auf die Probe gestellt, aber irgendwie hatte ich sie überstanden. Es war beängstigend, wie schnell man in einen so negativen Gedankenstrudel geraten konnte – die internen Wege waren manchmal schwieriger zu meistern als die draußen. Und ohne dass wir es geahnt hätten, lag eine noch größere Herausforderung vor uns.

Kapitel
20

Mein rechter Fuß

11.-14. Dezember
Entfernung von zu Hause: 4247 Kilometer

»Wie hast du Clare eigentlich kennengelernt?«, fragte ich. Wir verließen Chahar Youyi Houqi, die Stadt meines fünfunddreißigsten Geburtstags, auf einem ruhigen, verschneiten, von Bäumen gesäumten Weg neben dem Bahngleis.

»In der Uni. Es hat ein Jahr gedauert, bis wir zusammen gegangen sind, und das ist jetzt drei Jahre her. Wobei ich zwischendurch anderthalb Jahre mit dem Rad auf Tour war, und jetzt bin ich schon wieder sechs Monate weg.« Leon sah nicht gerade glücklich aus.

»Nun, an dem halben Jahr jetzt kannst du mir die Schuld geben«, sagte ich.

»Gute Idee.«

Wir sprachen eine Weile über unser langes, geduldiges Leiden, was unsere Freundinnen anging, und kamen kurz vor Mittag in unser erstes Bauerndorf. Schweine lagen faul neben Heuhaufen, Vögel flatterten in den Bäumen, Männer schichteten Holz auf, und im Hintergrund breiteten sich die hartgefrorenen, gepflügten Äcker aus. Das Ende der Wüste kam immer näher.

Hinter dem Dorf stiegen wir in ein ausgetrocknetes Flussbett und auf der anderen Seite zurück auf die Hauptstraße. Als wir kurz darauf unsere Mittagsrast einlegten, spürte ich ein leichtes Unwohlsein im rechten Fuß. Es schien nichts Ernstes, aber Dr. Leon verschrieb ein paar zusätzliche Dehnübungen und Ibuprofen. Brav folgte ich seinen Anweisungen. Unser Ziel war, uns wenigstens zweimal am Tag zu dehnen, in den letzten Tagen waren wir jedoch nachlässig geworden. Ich hatte wohl das Gefühl, nach zehn Prozent des Weges sei das Verletzungsrisiko nicht mehr so hoch.

Nachmittags wuchs der Schmerz in meinem Fuß stetig an, abends in einem Fernfahrerdorf nahmen wir uns ein Zimmer in einem Lùdiàn. Ich inspizierte meinen Fuß. Geschwollen war er nicht, fühlte sich aber sehr empfindlich an.

»Nimm noch zwei Ibuprofen«, sagte Dr. Leon. »Hoffentlich ist es morgen früh dann besser.«

Zu meinem Entsetzen konnte ich den Fuß am nächsten Morgen nach dem Aufstehen jedoch nicht belasten. Allerdings blieb uns keine Wahl, wir mussten weiter: Ein Fernfahrerhalt war kein Ort, um einen Verletzungstag zu nehmen. Ich stützte mich heftig auf meine Stöcke und humpelte auf der Seite des Fußes zurück in die Welt. Wir kamen an immer mehr Dörfern und Feldern vorbei, und am Spätnachmittag hatten wir die Wüste praktisch hinter uns gelassen. Als der Sonnenuntergang den Himmel purpurn färbte, erreichten wir eine Anhöhe und sahen die erste richtige Stadt unserer Unternehmung vor uns liegen, Jining. Gebäude, Laternen und Kräne füllten das Bild, und ein riesiger Kamin ragte aus der Szenerie, wie eine dieser satanischen Mühlen bei Blake.[1] Ich fühlte mich plötzlich wie ein Augenzeuge der industriellen Revolution im England von vor zweihundert Jahren. Aber das hier war China, die industrielle Revolution noch in ihren besten Jahren – und sie besaß ganz andere Ausmaße.

Stunden später saß ich in unserem Bīnguǎn-Zimmer, zog die Stiefel aus und befühlte meinen Fuß. Sein Zustand hatte sich während des Tages stark verschlechtert. Dr. Leon runzelte die Stirn und sagte, wir sollten in Jining unseren ersten Verletzungstag einlegen, nach dem sich, wie wir beide hofften, der Fuß erholt haben würde.

Am nächsten Morgen ging es noch schlechter. Ich musste mich auf dem Geländer aufstützen, um die Treppe hinunterzukommen, und suchte humpelnd nach einem Internetcafé, aus dem ich eine E-Mail an Al schickte und ihn fragte, ob er eine Idee habe, was die Schmerzen bedeuten könnten. Nachmittags kam die Antwort.

»Deine Fußverletzung klingt erschreckend so wie meine, als ich mir zum ersten Mal meinen Mittelfußknochen gebrochen habe.«

Ein gebrochener Mittelfußknochen? Ich wusste nicht mal, wo genau dieses Ding saß, fand mit etwas Googelei jedoch heraus, dass sie – es gab fünf davon – direkt hinter den Zehenknochen lagen, was genau die Stelle war, wo der Fuß schmerzte. David Beckham hatte sich kurz vor der Weltmeisterschaft 2004 ebenfalls einen seiner Mittelfußknochen gebrochen, zur Verzweiflung ganz Englands. Sein Bruch ging auf einen harten Schlag zurück, mein Schmerz dagegen war langsam größer geworden, seit ich vor zwei Tagen durch das ausgetrocknete Flussbett gestiegen war. Ich las, dass es bei Mittelfußknochen nach zu großen Anstrengungen gelegentlich zu Ermüdungsbrüchen kam.

»Aus historischer Sicht spricht man auch von einer Marsch-

---

1 William Blake, *And did those feet in ancient time*, 1916.

fraktur, weil sie bei Soldaten auftrat, die über lange Zeiträume hinweg marschieren mussten«, hieß es auf einer verlässlich wirkenden Website.

Im Netz war außerdem zu lesen, dass es gewöhnlich wenigstens drei Monate dauere, sich vom Ermüdungsbruch eines Mittelfußknochens zu erholen. In Panik mailte ich meinem Fußspezialisten in Hongkong, der mir empfahl, den Fuß röntgen zu lassen. Ein weiteres Mal versank ich in Mutlosigkeit. Eine ernste Verletzung gehörte zu dem, was ich bei einer Expedition am meisten fürchtete, und plötzlich sah es ganz so aus, als seien meine Ängste wahr geworden. Wir hatten gerade mal zehn Prozent unseres Weges geschafft, und es war undenkbar, drei Monate auszusetzen: Eine Unterbrechung der Expedition war keine Option.

Leon im Hotel blieb unbeeindruckt.

»Google niemals irgendwelche Symptome«, rügte er mich, »dann denkst du unweigerlich, dass du dir etwas Schreckliches eingefangen hast.«

Der Röntgenaufnahme stimmte Dr. Leon jedoch zu – und damit einem zweiten Verletzungstag. Darüber hinaus verschrieb er einen doppelten »Wenn's dick kommt«-Schluck Whisky vor dem Schlafengehen.

Im Empfangsbereich des Krankenhauses liefen die Leute wild durcheinander, schrien, drängten und stellten sich an einem Dutzend verschiedener Theken mit unverständlichen chinesischen Zeichen an. Leon und ich stürzten uns in die Menge.

»Was denkst du?«, sagte ich.

»Keine Ahnung.« Selbst Dr. Leon wusste nicht weiter.

Ein Chinese trat auf uns zu.

»Wie kann ich Ihnen helfen?«, fragte er in perfektem Englisch.

Der Mann hieß Hugo. Er war etwas über vierzig, gepflegt und wusste sich auszudrücken. Wie sich herausstellte, unterrichtete er am örtlichen Lehrerseminar Englisch. Wir erklärten ihm unser

Problem, und er brachte uns freundlicherweise zur richtigen Theke, sprach mit der Dame dahinter und sagte, wir sollten 20 RMB für einen Terminbon zahlen.

»Folgen Sie mir«, sagte Hugo und führte uns eine Treppe hinauf. Unterwegs wurden wir vom Sicherheitschef des Krankenhauses entdeckt, der sich uns als zweite Begleitung anschloss.

Über einen weißen Korridor kamen wir in einen Raum voller Leute, und der Sicherheitschef brachte uns vor zu einem älteren Arzt in einem weißen Kittel, der gerade mit einem Patienten redete. Der Arzt hob leicht überrascht den Blick.

Ohne weiter darauf zu achten, dass mindestens zwanzig Leute in der Schlange standen, sagte mir der Sicherheitschef, ich solle mich setzen, und ich zog meinen Stiefel und Strumpf aus, während Hugo übersetzte. Der Arzt nickte und begann, an verschiedenen Stellen auf meine Zehen zu drücken, bis ich laut aufjaulte. Im Raum kam Gemurmel auf, als einige Patienten ihre Diagnose für den seltsamen Ausländer abgaben. Dr. Leon wirkte ziemlich verlegen und versteckte sich hinter der Kamera.

Der Arzt sagte, ich solle den Fuß röntgen lassen, und der Sicherheitschef führte mich durch einen wahren Irrgarten von Korridoren in einen anderen Raum, wo ich mich unter einen Röntgenapparat legte, während sich Leon und die anderen zum Techniker hinter der Scheibe stellten. Wie ich sah, rauchte der Mann fröhlich vor sich hin, trotz der überall hängenden Rauchen-verboten-Schilder.

Wir kehrten zu dem Arzt zurück, der die Aufnahmen gegen das Licht hielt.

»Ich kann keinen Bruch entdecken«, sagte er. »Ihr Fuß ist überanstrengt, weil Sie zu viel gelaufen sind. Sie sollten ihn wenigstens zehn Tage schonen, dann müsste er sich erholen.«

Ich war erleichtert, dass nichts gebrochen war, obwohl der Rat des Arztes, zehn Tage auszuruhen, schwer zu befolgen war. Wir waren nur eine Woche von Datong und unserer Weihnachtspause entfernt, und Christine hatte bereits ihr Ticket gekauft, um mich dort zu treffen. Wir beschlossen also weiterzugehen, und ich würde besonders vorsichtig mit meinem Fuß sein. Hoffentlich erholte er sich über die Weihnachtstage. Ich mailte Al die gute Nachricht und bekam kurz vor dem Schlafengehen seine Antwort.

»Gute Nachrichten, was den Fuß angeht. Aber sei vorsichtig: Als ich die ersten Schmerzen bekam und sie den Fuß röntgten, hieß es ebenfalls, es sei alles in Ordnung.«

Al erklärte weiter, dass sein Bruch genau wie meiner angefangen habe, mit immer schlimmer werdenden Schmerzen und keiner sichtbaren Fraktur auf den Röntgenaufnahmen. Nach zwei Monaten Ruhe und nachdem sein Fuß offenbar wieder okay war, hatte er am Marathon de Sables in Nordafrika teilgenommen. Mitten im Rennen fühlte er ein plötzliches Knacken an exakt der ehedem schmerzenden Stelle. Er humpelte ins Ziel, flog nach Hause, und jetzt war ein Bruch auf dem Röntgenbild zu erkennen.

»Ich nehme an, dass es da zu Anfang bereits einen Ermüdungsbruch gegeben hatte, der mehr oder weniger verheilt war, und der Marathonlauf hat dem Knochen den Rest gegeben.«

Nur wegen Als E-Mail konnten Leon und ich unseren Marsch nicht unterbrechen, aber meine anfänglichen Sorgen waren wieder da, und in dieser Nacht schlief ich alles andere als gut.

Kapitel
21

Die Mauer

18. Dezember
Entfernung von zu Hause: 4102 Kilometer

»*Qingwèn. Chángchéng zài năr?* – Entschuldigung, wo geht es zur Langen Mauer?«, fragte ich.

Der junge Mann mit dem runden Gesicht und der braunen Jacke sah mich einen Moment lang verwirrt an und sagte dann: »*Běijīng.*«

Ich dankte ihm und ging weiter. Die Sonne hob sich über Fengjie, stieß durch den verschmutzten Nebel und färbte die Luft golden. Zwei Tage hatten wir von Jining bis hierher gebraucht. Mit Hilfe stark entzündungshemmender Pillen aus unserer Bordapotheke und vorsichtigem Auftreten hatte sich mein Fuß stabil gezeigt, wenn er auch immer noch schmerzte, und heute stand ein Punkt auf dem Programm, der uns mit zusätzlicher Energie versah: Wir wollten die längste und berühmteste Barrikade der Welt überwinden, die Chinesische Mauer, die Große Mauer oder, wie sie in China genannt wird, *Chángchéng*, die Lange Mauer. Unserer Karte nach verlief sie nur ein paar Kilometer südlich der Stadt, genau entlang der Grenze zwischen der Inneren Mongolei und unserer nächsten Provinz, Shānxī. Offiziell ist die Innere Mongolei ein »autonomes Gebiet« und keine Provinz, allerdings ist der Begriff kaum mehr als Euphemismus, da es keine wirkliche Autonomie gibt.

Der Mann, den ich gefragt hatte, bezog sich auf den berühmtesten Teil der Mauer, aber der lag knapp fünfhundert Kilometer weiter westlich, etwas nördlich von Peking. Die Große Mauer dort bestand ganz aus Ziegeln, die jährlich von mehreren Millionen Touristen befühlt wurden. Hier draußen im Hinterland würde sie weniger beeindruckend sein, das wusste ich, aber ich hatte doch wenigstens angenommen, die Leute wüssten, dass sie nur ein Stück vom Rand ihrer Stadt entfernt war.

Wir gingen weiter und begegnetem einem alten Mann mit einem breiten Grinsen und einer schwarzen Kappe.

»*Chángchéng?*«, fragte ich.

Er schien verwirrt. Ich wiederholte meine Frage mehrere Male und veränderte dabei meine Töne etwas, sein unverständiger Blick vertiefte sich noch. Ich wusste, auf chinesischen Straßenkarten war das universelle Zeichen für die Mauer ⌐⌐⌐⌐⌐, und so zog ich meinen Stift hervor und malte es mir schnell auf die Hand.[1]

»*Chángchéng. Chángchéng*«, sagte ich und zeigte es ihm.

Das Gesicht des alten Mannes hellte sich auf.

»*Ah, Chur Chur*«, sagte er in seinem starken örtlichen Akzent und freute sich, dass er mich verstand. Aber wenn er jetzt auch zu wissen schien, was ich meinte, deutete er doch in die meines Erachtens völlig falsche Richtung. Wir lächelten einander einen

---

1 Zum ersten Mal war es mir in Peter Hesslers modernem Klassiker *Über Land. Begegnungen im neuen China* aufgefallen, und wir hatten es auch auf unseren Seiten aus dem Atlas gesehen.

Moment lang begeistert an, dann setzten Leon und ich unsere Suche fort.

Da die Leute offensichtlich nicht wussten, dass die Mauer nur ein paar Kilometer entfernt verlief, begann ich mich zu fragen, ob sie überhaupt zu sehen sein würde. Auf Google Maps war sie bei näherem Heranfahren nicht als Mauer zu erkennen, sondern sah eher wie eine staubige Straße aus. Das bestätigte, was ich bereits gehört hatte: dass es ein Mythos sei, dass man die chinesische Mauer aus dem All sehen könne.[2] Ein weiterer verbreiteter falscher Glaube, der von einem Mitglied der ersten britischen diplomatischen Mission nach China mitgebracht wurde, besagt, dass es sich um eine einzige fortlaufende Mauer handelt, die ganz China umspannt. Tatsächlich besteht sie aus einem Netz von Mauern, das von verschiedenen chinesischen Dynastien über die Jahrhunderte erbaut und erneuert wurde. Die Ming-Dynastie im 15. und 16. Jahrhundert hat das beeindruckendste und berühmteste Stück Mauer errichtet, zu dem der Ziegelabschnitt bei Peking gehört. Ein großer Teil der Mauer bestand, wie es bei vielen alten Mauern der Fall ist, aus Erde, nicht aus Stein, und der Teil, den wir zu finden hofften, stammte aus der Ming-Zeit und war offenbar ebenfalls aus Erde.

Mit quietschenden Reifen kam ein Auto neben uns zum Stehen, und den Fahrer störte es ganz offensichtlich überhaupt nicht, dass er eine viel befahrene Spur der Straße blockierte. Ein gut gekleideter Mann in den Zwanzigern sprang aus dem Wagen und fragte uns auf Englisch: »Kann ich euch helfen?«

Wir erklärten ihm, wohin wir wollten, und er deutete begeis-

---

2   Viele Astronauten haben bestätigt, dass sie die Mauer aus dem Weltraum nicht erkennen konnten, und in einem Artikel des *Journal of Optometry* heißt es, die Große Mauer vom Mond aus sehen zu können wäre gleichbedeutend mit dem Erkennen eines zwei Zentimeter langen Kabelstücks aus tausend Kilometern Entfernung.

tert genau in die Richtung, in die wir dachten gehen zu müssen. Das war eine gute Nachricht, und je weiter wir kamen, desto mehr Zustimmung fanden wir: Ein Paar, das einen Metallpfahl in den Boden trieb, nickte mit den Köpfen und rief, ja, wir seien auf dem richtigen Weg. Ein Trupp schroff wirkender, rauchend zusammenstehender Arbeiter bestätigte ebenfalls, wir sollten nur weitergehen, und dann hielt ein weiterer Wagen neben uns und der Fahrer sagte, dass wir auf dem richtigen Weg seien. Eine rußige Straße führte uns aus der Stadt auf ein großes Kraftwerk zu, vor dessen Tor mehrere Taxifahrer standen und erwartungsvoll zu uns herüberblickten.

»*Chángchéng?*«, fragten wir.

»Geradeaus, dann links, dann rechts«, sagten sie.

Hinter der nächsten Ecke standen ein paar gut gelaunte Straßenfeger, von der Mauer immer noch keine Spur.

»Sie ist dahinten«, sagten sie.

Das Gebiet vor uns weitete sich in eine mehrere Fußballfelder große Zone zur Kohleverarbeitung. Wir sahen Hütten, Kohlehaufen, Raupen, Bagger und rußgesichtige Arbeiter, Männer wie Frauen.

Plötzlich rief Leon: »Da ist sie!«

Durch den Dunst, hinter all der Kohle, erhob sie sich. Es war ein Erdwall, teilweise graswachsen und drei bis vier Meter hoch, der sich quer durch die Landschaft zog. Für die Straße hatten sie ein Loch hindurchgestoßen.

Wir kletterten hinauf und ließen einen Jauchzer hören, voller Freude, dieses monumentale Wahrzeichen erreicht zu haben.

Die Mauer bestand aus brauner Erde und strebte links und rechts von uns weg. Ewig schien sie sich durch die flache Landschaft zu ziehen, bis sie im Dunst der Hügel verschwand. Nach Norden hin, woher wir kamen, sahen wir Kraftwerke, Strommasten und schmutzige schwarze Kohlefelder. Der Anblick erinnerte mich an die industrielle Wüstenei außerhalb von Isengard im Roman *Herr der Ringe*. Nach Süden hin breiteten sich gepflügte Äcker aus und verschmolzen in einem Horizont aus blauem Himmel und braunen Bergen. Von unserem Aussichtspunkt mit dem ruhigen Ackerland auf der einen und der gnadenlosen Industrielandschaft auf der anderen Seite schien das alte Stereotyp vom (Nicht-Han-)Barbarenland im Norden und dem erleuchteten (Han-)Land im Süden nur zu plausibel. Wir ließen den Norden hier hinter uns und zogen weiter in Richtung Süden, ins historische Herz Chinas.

Kapitel

22

Das Konzept China

18. Dezember
Entfernung von zu Hause: 4101 Kilometer

Ich fand es immer noch schwer, eine klare Vorstellung von China zu entwickeln. In der Schule hatte ich nur ein paar isolierte Fakten darüber gelernt: dass es die Chinesische Mauer gab, Pandas, viele, viele Menschen und eine Ein-Kind-Politik. Das reichte nicht, und ich wollte mir auf meine eigene langsame, unprofessionelle Weise ein Bild davon machen, wie und was dieses »China« wirklich war.

Ich blickte in den Dunst, in dem die Mauer in der Ferne verschwand.

»Glaubst du, das Ding hat geholfen, die mongolischen Plünderer aus dem Land zu halten?« fragte ich, auf dem rechten Fuß humpelnd.

»Es war sicher nicht so leicht, hier ein Pferd herüberzubekommen«, sagte Leon.

»Aber wenn du erst drüber bist, bist du drüber, wie Hitler in Frankreich über die Maginot-Linie.«

Leon nickte.

Obwohl historische Berichte zeigten, dass Angreifer manchmal durch die Mauer hatten aufgehalten werden können, war die Verletzlichkeit des Reiches durch nur eine einzige Verteidigungslinie beträchtlich. Den Beweis dafür lieferte das Jahr 1644, als eine Streitmacht mandschurischer Stämme durch das Shanghai-Tor im Nordosten des Reiches gelassen wurde. Als sie die Mauer hinter sich gelassen hatten, schwärmten sie bis nach Peking aus und richteten ihre eigene Dynastie ein, die Qing-Dynastie, die mehr als zweieinhalb Jahrhunderte überdauerte. Als Meister der Taktik waren sich die Chinesen im Grunde darüber im Klaren, dass die riesigen Energien, die es erforderte, die Mauer zu bauen, instand zu halten und zu bemannen, keine kostengünstige Art darstellten, das Reich zu verteidigen, und während eines großen Teils der chinesischen Geschichte vermied man es deshalb, sich an der Mauer zu verausgaben.[1]

Neben ihren Verteidigungsfunktionen erfüllte die Mauer aber noch eine Reihe anderer nützlicher Aufgaben. Es war eine gigantische Arterie, an der entlang Truppen und Nachschub die Weite des Reiches umspannen konnten. Und wichtiger noch: Sie markierte den Grenzverlauf und erhob Anspruch auf alles Land innerhalb ihrer Grenzen.

Das hatte unter der Herrschaft des ersten Kaisers Qin einen besonderen symbolischen Wert gehabt. Qin hatte im Jahr 221 vor

---

1 Der Klassiker von Sunzi aus dem fünften Jahrhundert vor Christus, *Die Kunst des Krieges*, spricht nicht vom Bau teurer Mauern, sondern von geschickter Politik, die darin besteht, seine Feinde gegeneinander aufzuhetzen. Wenn es möglich war, war es besser, sie zu bezahlen oder sie mit Handelsbeziehungen abhängig zu machen, als auf dem Schlachtfeld gegen sie anzutreten.

Christus seine Rivalen besiegt, um zum ersten Mal ein vereintes chinesisches Reich zu schaffen. Er verstärkte und verband die bestehenden Mauern zu einem einigermaßen durchgängigen Festungswerk entlang der Nordgrenze und machte so klar, was sein Reich umfasste und was zum Staat Qin und damit zu China gehörte.[2]

Lange bevor Kaiser Qin das Reich einigte und geographisch mit der Mauer umfasste, hatten sich bereits die Grundlagen einer gemeinsamen chinesischen Kultur herauszubilden begonnen.

Ihre zentralen Ideen entstanden auf einem weit kleineren Territorium am Unterlauf des Gelben Flusses, das sich bereits im Jahrtausend vor Christus als *Zhōngguó* verstand, das »Reich der Mitte«. Das Gefühl, das Zentrum aller Zivilisation zu sein, war ein wichtiges erstes Fundament Chinas.

Ebenfalls grundlegend für Chinas Identität und Zukunft war der Gedanke, dass die jeweils herrschende Dynastie das Land mit göttlicher Autorität regierte, was man das »Mandat des Himmels« nannte. Wenn sie zusammenbrach oder übernommen wurde, ging das göttliche Mandat zu herrschen an die neue Dynastie über, die die Macht an sich gerissen hatte. So erschütterten die Wechsel zwischen den Dynastien das Reich nicht in seinen Grundfesten. Viertausend Jahre chinesische Geschichte sahen elf Hauptdynastien, die mit dem Mandat des Himmels regierten.

Die Lehren von Meister Kong, Konfuzius, bildeten einen dritten, ethischen Baustein der chinesischen Kultur. Vom fünften Jahrhundert vor Christus an betonte der Konfuzianismus die Notwendigkeit, dass sämtliche Mitglieder der Gesellschaft ihren Platz im Gefüge kannten und akzeptierten: Kinder mussten ihren Eltern Achtung entgegenbringen, Untertanen ihren Herrschern, die ih-

---

2 Diese Mauer lag etwa 160 Kilometer nördlich der Ming-Mauer, und laut der historischen Karte hatten wir sie bereits vor einer Woche überquert. Wir hatten sie jedoch nicht ausmachen können. Sie ist ganz offenbar weitgehend zu Staub zerfallen.

rerseits gut zu regieren hatten. Das Ritual, seinen toten Vorfahren Respekt zu erweisen, war ebenfalls von grundlegender Bedeutung.

Auf diesen (und anderen) bereits bestehenden Grundlagen vereinte Kaiser Qin die chinesische Landmasse politisch und baute die erste Mauer, um das Ausmaß des Reiches zu definieren.[3] Und er vertiefte das Zusammengehörigkeitsgefühl noch, indem er Straßen baute und die Schrift, Gesetzbücher, Gewichte und Maße standardisierte. So wurden der Kaiser und sein Apparat der ultimative Patriarch, der das Reich mit einer außergewöhnlichen Bürokratie zusammenhielt. Kaiser Qins Dynastie überdauerte tatsächlich nur ein paar Jahrzehnte, aber die nachfolgende Han-Dynastie verfestigte die Fundamente und sollte die Idee Chinas – Zhōngguó – überdauern.

Im Vergleich mit Europa hat China eine fortdauernde Einheit genossen. Zwar durchlebte es genau wie das römische Reich vom 3. bis zum 5. Jahrhundert eine Phase des Zerfalls, fand jedoch unter einer neuen Dynastie wieder zusammen. Rom dagegen hat sich nie wieder erholt, und Europa war nie wieder dauerhaft vereinigt. Im 7. Jahrhundert, als Europa in seine sogenannte dunkle Zeit eintrat, begann für das chinesische Reich ein goldenes Zeitalter der Kunst und der Literatur. Und auch in den nachfolgenden Jahrhunderten blieb China, umgeben von Gebirgszügen, Ozeanen und Wüsten, selbstgenügsam und eigenständig und sah sich als das Reich der Mitte, das Zentrum der Welt und Herz der Zivilisation.

Chinas Gefühl der Überlegenheit war wohlbegründet. Siebzehn der letzten zwanzig Jahrhunderte hatte es eine größere Wirtschaft als Europa und übertraf den Westen auch in vieler anderer Hinsicht – von der Dichtung bis zur Philosophie, von der Wissenschaft bis zur Regierungsstärke. Die Chinesen erfanden das

---

3   Qin selbst lehnte den Konfuzianismus zwar ab, nach seinem Tod sollte er aber auf bedeutende Weise wiederauferstehen.

DAS KONZEPT CHINA

Schießpulver, die Druckerpresse, das Ruder, den Magnetkompass und das Papiergeld. Im 11. Jahrhundert produzierte China eine Eisenmenge, die Europa erst sechshundert Jahre später erreichen sollte.

Das System der kaiserlichen Dynastien überdauerte bis 1912, und auch heute noch nennt sich China Zhōngguó. Nach wie vor verehren viele Chinesen Konfuzius' Lehren, und die ersten, mythischen Kaiser von vor fünftausend Jahren gelten immer noch als die Gründer der Nation.

Ich habe mit Christine darüber gesprochen. Als Hongkong-Chinesin wusste sie eindeutig mehr über die chinesische Geschichte, als ich zu Hause in der Schule gelernt hatte, dennoch staunte sie aufs Neue, »dass wir die Einzigen sind, die als Zivilisation all die Zeit überlebt haben«. Für mich als Engländer bestand die beste Möglichkeit, die »Idee Chinas« zu erfassen – sein erstaunliches Alter, seinen kulturellen Reichtum und dessen Langlebigkeit – darin, dass ich mir ein Europa vorstellte, in dem alle noch die Errungenschaften von Romulus feierten, dem Gründer Roms, Nachnamen aus Zeiten der römischen Republik benutzten und Lateinisch lasen und schrieben.[4] Ja, in gewisser Weise war China so.

4   Das gesprochene Chinesisch veränderte sich natürlich, und es gab in jedem Fall viele verschiedene im Reich gesprochene Dialekte. Aber die Schriftzeichen blieben grundsätzlich dieselben – was eine weitere (vielleicht die wichtigste) Grundlage für das Fortdauern der chinesischen Zivilisation und die Einheit des Reiches darstellt. Selbst heute noch gibt es 292 Dialekte in China, und erst in neuerer Zeit setzte sich Mandarin mehr und mehr durch. Manchmal, wenn Leon und ich in unserem schlechten Mandarin mit den Leuten zu reden versuchten, sie aber nicht verstanden, probierten sie es mit Schriftzeichen, da sie annahmen, wenn wir ihre Sprache schon nicht sprechen könnten, würden wir sie wenigstens lesen können, was unglücklicherweise aber nicht der Fall war.

Auch südlich der Mauer lag die Temperatur in den mittleren Minus-Zwanzigern. Mein Fuß, wenn er auch schmerzte, schien durchzuhalten, was zweifellos an der fortdauernden Einnahme stark entzündungshemmender Medikamente lag. Was sich veränderte, war die Landschaft: Nach und nach verschwanden die kümmerlichen Äcker und Felder, und wir fanden uns in einem Ozean aus Hügeln und Erhebungen wieder, die nicht aus Gobi-Erde bestanden, sondern aus Löss. Dieser Löss, eine weiche, hellbraune Erde, hatte sich aus dem feinsten Staub der Gobi gebildet. Über mehrere Millionen Jahre wurde er über das ganze nördliche China geblasen und lagerte sich dort ab. Die dadurch entstandenen Erhebungen sind zu weichen Formen geworden, werden aber immer wieder von Rinnen und Schluchten durchzogen. Die Mauer ist auch eine Umwelt-Trennlinie. Nördlich liegt die extrem trockene Gobi, südlich das gemäßigt trockene Nordchina. Diese Landschaft der dürren Lössberge sollte für die nächsten zwei Monate unser Zuhause sein.

Abends erreichten wir die Stadt Xinrong, und beim Abendessen telefonierte Leon mit Clare. Sie unterrichtete an einer weiterführenden Schule in der Nähe von London und freute sich auf einen ausgedehnten Weihnachtsurlaub. Es war offensichtlich, dass es Leon bedrückte, die Weihnachtstage nicht gemeinsam mit ihr verbringen zu können.

»Was wirst du mit deinen freien Tagen in Datong anfangen?«, fragte ich ihn, als er aufgelegt hatte.

»Oh, ich werde mir ein paar Jason-Statham-Filme ansehen und reichlich Erdnüsse verdrücken.«

»Klingt toll.«

Jetzt rief auch Christine an, und wir unterhielten uns eine Weile. Ich konnte nicht glauben, dass ich sie in nur drei Tagen wiedersehen sollte. Leon hörte womöglich, dass Christine und ich von *mince pies* redeten, und er wird angenommen haben, dass Christine ein Stück alte englische Weihnachtstradition mitbringen würde.

Aber da lag er falsch, denn »*mince pie*« war ein Kodename für den Plan, den Christine und ich ausgeheckt hatten: dass wir Clare herbringen würden, damit auch Leon und sie sich zu Weihnachten wiedersehen würden.

Kapitel

23

Grotten

19./20. Dezember
Entfernung von zu Hause: 4068 Kilometer

Am nächsten Morgen zogen wir geradezu beschwingt los, da wir am Nachmittag unsere erste touristische Attraktion in China erreichen würden: die alten buddhistischen Höhlen von Yungang, auch bekannt als die Yungang-Grotten. Die Grotten gehören nicht unbedingt in die Klasse der Verbotenen Stadt oder der Terrakotta-Armee, aber sie sind Teil des UNESCO-Weltkulturerbes und stehen in allen Führern. Touristenattraktionen zu besuchen war nicht das Hauptziel unserer Expedition, aber wenn sie am Weg lagen, nahmen wir die Gelegenheit natürlich gerne wahr, sie zu besichtigen. Wir waren uns nicht sicher, ob wir nach den Wochen in der Wüste immer noch als ehrbare Touristen durchgehen konnten, und beschlossen, uns von unserer besten Seite zu zeigen.

Nachmittags führte uns unsere iPhone-Karte ans nördliche Tor des großen, ummauerten Touristenparks, in dem die Grotten lagen. Die mächtigen Flügel des Tores waren jedoch geschlossen, und im Kassenhäuschen saß auch niemand. Wir entdeckten einen Seitenausgang mit einem Wärter und fragten ihn, wo wir Karten kaufen könnten. Er schüttelte den Kopf und deutete über den Berg hinter dem Park. Das war nicht einfach nur ein zum Himmel gerichtetes chinesisches Deuten, sondern hieß eindeutig, dass der Haupteingang jenseits des Berges lag. Es konnte gut sein, dass wir zwei Stunden brauchten, um zu ihm zu gelangen, und dann war es dunkel und der Park wurde geschlossen.

Wir standen vor dem Tor und überlegten, welche Möglichkeiten wir hatten. Ein morastiger, halb zugefrorener Fluss führte unterhalb der Parkmauer entlang, und wir sahen einen kleinen Fußweg, der zu ihm hinunterreichte und sich durch das Sumpfland wand. Als wahre »Hoffnungsaktivisten« beschlossen wir nach kurzer Debatte, dass der Pfad direkt zum Haupteingang führen müsse, und kletterten zum Ufer hinunter. Der Wächter sah uns missbilligend hinterher und rief etwas, aber wir stapften bereits durch den gefrorenen Morast und das Schilf und sahen nicht noch einmal zurück.

Wir waren erst ein paar Minuten unterwegs, als wir an einen Kanal mit fließendem Wasser kamen, vielleicht einen Meter breit, auf dessen anderer Seite die Erde fester schien. Leon war hinter mir. Ich hielt einen Moment inne, bevor ich – sicher, trocken hinüberzukommen – meine Stöcke auf der anderen Seite aufstützte und mich mit aller Kraft mit dem linken Fuß abstieß.

Mitten in der Luft wurde mir mein Fehler bewusst, und eine Sekunde später schrie ich laut auf, als ich mit vollem Gewicht auf meinem verletzten rechten Fuß landete.

»Aaaarrh, was für ein verdammter Idiot ich doch bin«, rief ich.

Dr. Leon landete hinter mir und sah besorgt aus. Ich murmelte etwas über die Notwendigkeit, in Bewegung zu bleiben, und humpelte weiter. Ich hatte gespürt, dass sich der Fuß stetig erholte, aber der Schlag jetzt war fürchterlich gewesen – als hätte ich nun tatsächlich etwas kaputt gemacht. Aber wie auch immer, wir konnten mitten in dieser Moorlandschaft nicht stehen bleiben. Also ging ich weiter und humpelte vorsichtig auf der Seite des Fußes, um schlimmeren Schaden zu vermeiden.

Wir schlängelten uns flussabwärts, bis wir auf dem linken Ufer waren, unter der Mauer des Grottenkomplexes, die senkrecht vier Meter über uns aufwuchs. Nicht ganz einen Kilometer entfernt konnten wir die Brücke sehen, die zum Haupteingang führte, aber so wie ich auf dem unsicheren Grund unterwegs war, würden wir bis dahin wohl noch eine Stunde brauchen. Und da, zu unserer Überraschung, sahen wir eine selbstgebaute hölzerne Leiter an der Mauer lehnen.

Leon und ich warfen uns einen Blick zu und zogen die Brauen hoch. Mich Sprosse um Sprosse mit dem unverletzten Fuß in die Höhe hievend, begann ich vorsichtig die Leiter hochzuklettern, während er von unten filmte. Mit einem Mal war ich fürchterlich nervös, als wäre ich wieder in der Schule und schliche mich in einen verbotenen Bereich. Ich erreichte die Spitze der Leiter und sah über die Mauer, deren oberer Rand auf einer Ebene mit dem Park lag. Hinter einer Baumgruppe konnte ich einige chinesische Touristen erkennen. Wärter waren keine zu sehen, und so schwang ich meinen Rucksack in den Park und rollte mich hinter ihm her. Ich blieb auf der Erde hocken. Einen Augenblick später schon rollte Leon neben mich.

»Sollen wir?«, flüsterte Leon.

»Okay«, sagte ich und spürte, wie mir das Adrenalin durch den Körper pumpte.

Wir erhoben uns und gaben uns so ungezwungen wie nur möglich. Leon schlenderte voran, und ich humpelte hinterdrein. Wir traten durch die Bäume, folgten den Schildern zu den Höhlen und unterhielten uns laut und locker darüber, welches Glück wir doch hätten, die Yungang-Grotten besuchen zu können. Unser Versuch, uns für einen Nachmittag in normale Touristen zu verwandeln, war nicht ganz aufgegangen, aber wenigstens hatten wir es noch hineingeschafft.

Wir bogen um eine Ecke und fanden uns vor einer langen, hellen, etwa dreißig Meter hohen Sandsteinwand mit uralten, erodierten Mustern wieder, die von Dutzenden großen Höhlen durchzogen war. Die Eingänge lagen unten, aber im Fels darüber gab es zusätzliche Öffnungen. Ein paar chinesische Touristen machten mit ihren Handys Fotos, und ein uniformierter Wärter stand ausdruckslos in einer Ecke.

Wir betraten unsere erste Höhle – und sahen uns gleich einem enormen, fünfzehn Meter hohen aus dem Fels wachsenden Buddha gegenüber. Er saß in der Lotusposition und reckte seine breite, muskulöse Brust vor. Eine Hand hielt er erhoben, zu uns hin geöffnet, die andere lag ruhig auf seinem Knie. Sein Gandhara-Gesicht[1] war von einem geisterhaften Lächeln überzogen, bezaubert und bezaubernd, und seine Augen starrten geradeaus vor sich hin, anziehend und unlesbar zugleich. Die Höhlenwände waren mit blauen und grünen Mustern und Dutzenden von kleineren Buddhastatuen bedeckt, dazwischen trat der ausgemergelte Sandstein zutage.

Die Yungang-Grotten beherbergen insgesamt über einundfünfzigtausend Buddhastatuen, von denen der Großteil aus dem 5. und 6. Jahrhundert stammt.[2] Die erste Kunde von Buddha, so wird angenommen, erreichte China bereits etliche Hundert Jahre früher, hauptsächlich durch Händler aus Zentralasien, die durch

---

1 Der Gandhara-Stil vereinigt persische, indische und griechische Einflüsse. Beispiele für ihn gibt es immer noch in ganz Zentralasien.
2 Der früheste Nachweis für den Buddhismus in China besteht in einer Erwähnung (»die sanften Opfer an Buddha«) in einer offiziellen historischen Darstellung aus dem Jahr 65.

die westlichen Wüsten der legendenumwobenen Seidenstraße kamen. Zunächst wurde Buddha nur als eine weitere ausländische Gottheit im Pantheon der taoistischen Götter betrachtet, doch mit der Zeit übersetzten gelehrte Mönche mehr und mehr buddhistische Texte, und die Religion fasste Fuß. Zu Ende des ersten Millenniums überzogen Tausende buddhistische Klöster und Pagoden das Land und füllten die Städte, und ein bedeutender Anteil der Bevölkerung, aus den hohen wie den niederen Klassen, war zu Buddhisten geworden. Das Aufblühen des Buddhismus in China zeigt, dass das Land besonders im ersten Jahrtausend ausländischen Ideen und Gedanken gegenüber nicht annähernd so verschlossen war, wie manchmal angenommen wird.[3]

Leon und ich gingen auch durch die nächsten Höhlen und sahen Dutzende weitere Statuen, aber nur einen kleinen Teil der vielen Tausend, die hier errichtet worden waren. Es war verrückt, sich vorzustellen, wie hier vor 1500 Jahren zahllose Mönche damit beschäftigt waren, sie aus dem Fels herauszumeißeln und zu bemalen. Alle Touristen um uns herum waren Chinesen, und es war, soweit ich es beurteilen konnte, nicht ein einziger Buddhist darunter. Die meisten schienen vor allem Fotos machen zu wollen, obwohl überall Verbotsschilder standen. Auch wenn ein Wärter den Leuten gelegentlich sagte, sie sollten aufhören – kaum, dass er ihnen den Rücken gewandt hatte, ging die Knipserei wieder los. Einige wollten auch uns fotografieren, und wir machten uns mit einer Gruppe Studenten bekannt, die sich fröhlich lachend und mit zu Victory-Zeichen erhobenen Händen um uns gruppierten.

---

3 Die Auffassung, China habe sich dauerhaft eingeigelt und sei fremdenfeindlich, basierte zum großen Teil auf der Erfahrung der Jesuiten, die im 16. Jahrhundert nach China kamen, als das Land tatsächlich sehr verschlossen war. Weitet man den Blick jedoch in die Geschichte, war China mitunter ein sehr offenes Reich, wie es das Aufblühen des aus dem Ausland kommenden Buddhismus zeigt.

Es wurde langsam dunkel, und die Wärter brachten uns zurück zum Haupteingang. Wir gingen mit den Studenten, unterhielten uns mit ihnen und waren etwas nervös, jemandem am Tor könnte auffallen, dass wir dort nicht hereingekommen waren. Aber die Wärter hatten keinen Blick für uns übrig.

Am nächsten Tag humpelte ich neben Leon nach Datong. Es war eine weitere wichtige Station, wobei meine Freude darüber von der Sorge gedämpft wurde, wie weit sich mein Fuß während der einwöchigen Pause erholen würde, besonders nach dem Sprung vom Vortag. Wir durchquerten Gitternetze fader Wohnblocks und Ladenfronten, bevor wir unser Hotel erreichten. Als wir durch die Drehtür traten, sah ich, dass Christine bereits da war. Sie saß in der Lobby, den Blick abgewandt. Ich konnte kaum glauben, dass sie wirklich dort saß. Sie drehte sich um und lächelte mich an.

»Hi, Robbie«, sagte sie und umarmte mich, zuckte aber gleich wieder zurück.

»Entschuldige, ich habe seit Tagen nicht geduscht«, sagte ich.

Sie hielt sich die Nase zu. »Schon gut, ich habe dir ein paar saubere Sachen mitgebracht.«

Leon stand da wie das fünfte Rad am Wagen. Christine begrüßte ihn und holte ein paar große Tafeln Schokolade und zwei Schachteln Müsli für ihn hervor.

»Ich habe dir noch etwas mitgebracht, Leon«, sagte sie.

»Was?«

In dem Moment tauchte Clare auf und sagte: »Hallo zusammen.«

Leon hätte beinahe die Kamera fallen lassen. Seine erschöpfte Miene wirkte erst erschreckt, wurde dann aber von einem strahlenden, ungläubigen Lächeln überzogen. »Clare«, sagte er. »Was machst du denn hier?«

»Ich dachte, du würdest dir für Weihnachten vielleicht etwas Gesellschaft wünschen«, sagte sie und drückte ihn an sich.

Leon strahlte noch mehr, als Clare eine Flasche Whisky hervorzog.

»Schokolade, Müsli, Whisky und eine schöne Ehefrau, was mehr kann man sich wünschen?«, sagte ich.

»Warum kommt die Frau zuletzt?«, sagte Christine lächelnd.

Die Operation Mince Pie war ein voller Erfolg, und wir hatten den zweiten Teil unserer Expedition hinter uns gebracht. Es war nicht einfach gewesen, bis hierher zu kommen, aber was uns auch wehtat oder besorgt machte, fünfzehn Prozent unseres Weges hatten wir hinter uns gebracht, und jetzt hatten wir erst einmal eine Woche Pause, mit unseren Mädchen.

INNERE MONGOLEI

Gelber Fluss

Große Mauer

Datong

Youyu

Pinaguan

Hequ

PROVINZ SHĀNXĪ

Fengjiachuanxiang

..... Reiseroute
- - - - Provinzgrenze

0 — 50 km

Teil 3

ZUM GELBEN FLUSS

不到黄 河不死心

Man gibt nicht auf, bevor der Gelbe Fluss nicht erreicht ist.

祸不单行

Katastrophen kommen nie allein.

Kapitel

24

Weihnachten und Christine

21. Dezember – 3. Januar
Entfernung von zu Hause: 4028 Kilometer

Meine freie Woche mit Christine war herrlich. Statt früh aufzustehen und in die eisige chinesische Morgendämmerung hinaus zu müssen schlief ich wenigstens zehn Stunden jede Nacht in unserem warmen, bequemen Bett. Zweimal pro Tag duschte ich heiß und ausgiebig, und morgens beim Frühstück stopfte ich mich mit Schokolade voll. Christine und ich verbrachten einen großen Teil unserer Zeit in unserem Zimmer, lagen auf dem Bett und sahen DVDs. Oft gingen wir nur hinaus, um in einem örtlichen Restaurant zu Mittag oder zu Abend zu essen.

Sich wieder auf unsere Zweisamkeit einzustellen war allerdings mit Schwierigkeiten verbunden. Ohne weiblichen Einfluss und unter den harten Bedingungen unserer Tour hatten Leon und ich einige zivilisatorische Standards sausen lassen. Wir putzten uns die Nase auf den Rückseiten unserer Handschuhe, rülpsten und furzten ständig und packten unsere Rucksäcke aus, indem wir sie einfach auf den Boden leerten. Christine fand das alles etwas verstörend, und einmal, zu Ende eines Mittagessens in einem Restaurant, wischte ich mir den Mund mit der Serviette ab und warf sie auf den Boden. Das ist in vielen Teilen Chinas zwar ganz normal, aber als ich ihr verblüfftes Gesicht sah, entschuldigte ich mich schnell.

Christine sah nicht nur, dass wir zu Wilden degeneriert waren, sondern bekam auch einen Eindruck davon, was wir durchgestanden hatten.

»Ist ein bisschen kalt«, sagte ich, als wir eines Nachmittags bei minus zwanzig Grad aus dem Hotel gingen, wobei es mir nicht wirklich etwas ausmachte.

»Meine Zehen werden gleich ganz taub«, sagte sie. »Ich kann nicht glauben, dass ihr bei dieser Kälte draußen kampiert habt.«

Christine war zwar Chinesin, hatte bisher auf dem Festland aber nur die berühmten großen Städte wie Peking und Shanghai besucht. Das abgelegene Datong war eine neue Erfahrung für sie.

»Warum starren die uns alle so an?«, fragte sie. Gemischte Paare waren hier ungewöhnlich, aber ich hatte vergessen, dass es normal war, nicht angestarrt zu werden.

Wir sprachen auch darüber, wie Christine in Hongkong zurechtgekommen war. Sie war vollauf damit ausgelastet gewesen, die Geschäfte von Viva zu führen. Wir hofften darauf, durch unsere Expedition bis zu 80 000 englische Pfund für die Wohltätigkeitsorganisation zu sammeln, und sie baute eine wachsende Gefolgschaft in den sozialen Medien auf. Zudem half sie uns mit Recherchen und administrativen Dingen. Aber so beschäftigt sie auch gewesen war, all die Zeit allein in der Wohnung zu verbringen war alles andere als einfach, und noch immer lagen Monate der Trennung vor uns.

Tatsächlich hatte unsere Unternehmung seit Beginn der Planung zeitlich immer weiter zugelegt. Als mir die Idee gekommen war und ich mir die Karte angesehen hatte, lag die erste Schätzung bei vier Monaten. Als wir aufbrachen, wusste ich aufgrund der Route, die wir nehmen wollten, bereits, dass es eher fünf Monate werden würden. Wir kamen jedoch noch langsamer voran, als ich gehofft hatte, und da jetzt auch noch mein Fuß nicht mehr so recht wollte, rechnete ich im Augenblick eher mit sechseinhalb Monaten. Leon und ich hatten begriffen, dass wir, realistisch betrachtet, frühestens Ende Mai wieder zu Hause sein würden. Als ich das Christine erklärte, akzeptierte sie es mit nachgiebiger Resignation. Ich hatte ein schlechtes Gewissen und fühlte mich verpflichtet, diesen neuen Endpunkt nicht noch weiter hinauszuschieben.

Nach sechs kurzen, aber wundervollen Tagen war es Zeit für Christine und Clare, wieder Abschied zu nehmen. Schweren Herzens nahmen wir ein Taxi zum Flughafen. Christine nahm unseren verbliebenen Kocher mit nach Hause, eine Festplatte voller Filmmaterial und überschüssige Kleidung, um das Gewicht unserer Rucksäcke zu reduzieren. Mitgebracht hatte sie zwei bruchsichere Thermosflaschen, neue, leere Festplatten, hochqualitative Isoliermatten und, für mich, ein paar neue Wanderstiefel, da mein erstes Paar bereits verschlissen war. Leon umarmte Clare zum Abschied, ich umarmte Christine, und als sie davongingen, schenkte mir Christine ein letztes Lächeln und winkte. Und dann war sie verschwunden, und ich fühlte mich verlassen und einsam.

Leon und ich konnten uns nicht lange mit dem Vermissen unserer besseren Hälften aufhalten, denn unglücklicherweise hatte sich der Zustand meines Fußes über die Weihnachtstage noch verschlimmert. Meiner Einschätzung nach lag es daran, dass sich die Muskeln versteift hatten. Also blieb uns nichts anderes übrig, als noch länger in Datong zu bleiben und darauf zu hoffen, dass sich der Fuß erholte. Wir setzten uns in ein billiges Restaurant und gingen unsere Möglichkeiten durch.

»Ich denke, es wird wenigstens zwei Wochen dauern, bis der Fuß wieder ganz in Ordnung ist«, sagte ich. »Aber wenn wir so lange warten, halten wir unseren Mai-Termin niemals ein.« Leon hatte Clare ein ähnliches Versprechen gemacht wie ich Christine.

Leon überlegte eine Minute und sagte dann: »Wie wäre es, wenn wir uns noch fünf Tage Zeit geben? Hoffentlich kannst du dann, selbst wenn sich der Fuß noch nicht ganz erholt hat, wieder gehen. Uns bliebe damit gerade genug Zeit, unseren Plan einzuhalten.«

»Wahrscheinlich wird es wieder schlimmer, sobald wir weiterziehen«, sagte ich, »aber ich denke, uns bleibt keine Wahl.«

Wir beschlossen, uns ein erstes, kurzfristiges Ziel zu setzen: den Gelben Fluss. Bis dahin waren es zweihundertvierzig Kilometer, dann wollten wir weitersehen. Sollte der Fuß dann immer noch größere Verzögerungen verursachen, wollten wir zu Notfallplan B wechseln.

Plan B bedeutete, dass wir uns zwei alte Fahrräder kaufen und ein paar Wochen damit fahren würden, damit sich mein Fuß erholen konnte (ich nahm an, dass das Fahrradfahren besser ginge). So kämen wir weiter voran, obwohl es der Idee unserer Unternehmung natürlich nicht ganz entspräche. Unglücklicherweise schien es die einzige Möglichkeit zu sein.

Am Weihnachtstag waren Christine und ich in die örtliche Kirche im Stadtzentrum gegangen. Sie war so groß wie eine kleine Kathedrale und mit Tausenden Leuten vollgestopft gewesen. Die Weihnachtsmesse war in vollem Gang, und zu ihr zu gehören schien, dass verschiedene Mitglieder der Gemeinde vortraten und ein Lied oder einen Tanz vortrugen. Alle anderen schwatzten und applaudierten anerkennend. Wir wurden herzlich willkommen geheißen, nahmen die Einladung aber nicht an, auch unsererseits etwas vorzuführen.

Nachdem Christine wieder zurückgeflogen war, humpelte ich noch einmal allein in die Kirche. Sie war leer, nur ein Küster war da. Ich setzte mich in eine Bank, lehnte, wie ich es oft in fernen Kirchen rund um die Welt getan hatte, die Stirn auf die Bank vor mir und schloss die Augen.

Anspannung und Sorge über das, was uns erwartete, flackerten in meinem Kopf auf. Ich fühlte mich machtlos, weil ich nichts tun konnte, um meinen Fuß wieder in Ordnung zu bringen. Wir hatten einen Plan B, ja, aber der machte mich nicht glücklich. Mit Fahrrädern zu fahren würde sich anfühlen, als versuchten wir, im Scheitern das Gesicht zu wahren. Andererseits war es eine gute Sache, dass sich unsere Unternehmung als so schwierig erwies und dass die Gefahr des Scheiterns tatsächlich bestand. Was für ein Abenteuer sollte das sein, wenn alles gesichert wäre?

Ich betete, kämpfte eine Weile mit meinen Gefühlen und Gedanken und versuchte die Last von meinen Schultern zu bekommen. Als ich die Kirche verließ, fühlte ich mich zwar um nichts glücklicher, aber doch entschlossener, die Situation zu akzeptieren. Noch waren wir nicht gescheitert. Mein Fuß würde nicht das letzte unserer Probleme sein, und das Wichtigste war weiterzumachen, auch wenn etwas danebenging. Ich mochte Bunyans alte Geschichte *The Pilgrim's Progress* über den Pilger, der sich auf die Reise macht, versagt und stürzt. Er steht auf und zieht weiter. Wieder und wieder ist er dem Scheitern nahe, erhebt sich aber jedes Mal wieder und nähert sich langsam seinem Ziel. Am Ende erreicht er es.

Leon und ich versuchten während unserer zusätzlichen freien Tage, auch die anderen Anforderungen an die Dokumentation der Reise abzuarbeiten. Seit unserem Aufbruch hatten wir kaum Kontakt mit Tiberius gehabt. An dem Tag, bevor wir Datong verließen, schickte ich eine lange E-Mail mit einem Update. Alles in allem dachte ich, dass wir bisher gutes Filmmaterial gesammelt hatten, besonders angesichts der Kälte und der erschöpfenden Umstände. Die Festplatte, die wir von der Grenze geschickt hatten, war noch nicht angekommen, was bedeutete, dass das erste Material, das sie zu sehen bekamen, das auf den Backup-Platten war, die Christine ihnen diese Woche bringen würde. Ich war sicher, dass sie von unseren Aufnahmen beeindruckt sein würden: von den atemberaubenden Panoramaaufnahmen der Wüste, den wütenden Schneestürmen und unseren witzigen Abenteuern. Ich freute mich auf ihre Reaktion.

Kapitel 25

Kohleland

3./4. Januar
Entfernung von zu Hause: 4028 Kilometer

Wir brachen am 3. Januar auf. Leon ging voraus, ich humpelte hinter ihm her. Die kalte Luft und unsere schweren Rucksäcke waren ein Schock nach elf Tagen Ausruhen im Warmen. Ich nahm nach wie vor die entzündungshemmenden Mittel, aber mein Fuß fühlte sich immer noch empfindlich an. Wir folgten dem Fluss Shili aus der Stadt hinaus, es war der Weg, auf dem wir auch gekommen waren. Die trockenen Talhänge erhoben sich zu beiden Seiten zu nackten Höhen. Hier und da standen braune Signaltürme darauf, über die einst Nachrichten von und zur 160 Kilometer entfernten Großen Mauer übermittelt worden waren. Obwohl wir die Mauer beim Eintritt in die Provinz Shānxī bereits überquert hatten, würden wir in ein paar Tagen erneut auf sie stoßen, da sie dort einen Bogen nach Südwesten beschrieb. An ihr entlang sollte es zum Gelben Fluss gehen.

KOHLELAND

Aber erst galt es noch andere Gebiete zu durchqueren. Direkt nach dem Mittagessen kamen wir in einen weiten Teil des Tales, der uns vor Augen führte, wofür Shānxī unter anderem berühmt war: seine Kohle. Der Talboden summte nur so vor Aktivität. Kleine, private Gruben drängten sich neben der Straße, rostige Maschinen förderten die Kohle aus der Erde und packten sie auf Haufen. Daneben gab es die weit größeren regierungseigenen Bergbaukomplexe. Sie hatten die Größe von Städten, standen voller gleichartiger, rechteckiger Wohnblocks, Verwaltungsgebäude und mächtiger blauer und weißer Kohleveredelungszylinder, und die hoch über sie hinausragenden Schlote spuckten grauen Rauch aus.

Die Kohle war das grundlegende Element der industriellen Revolution Chinas. 2009 war das Land zum größten Energieverbraucher der Welt aufgestiegen (auch wenn es noch einen weitaus niedrigeren Pro-Kopf-Verbrauch aufwies als Nordamerika und Europa), und zwei Drittel dieser Energie kamen aus Kohle. Um mit der Nachfrage Schritt zu halten, wurde die Kohleproduktion zwischen 2000 und 2010 verdreifacht und legt jedes Jahr um weitere zehn Prozent zu. Im Durchschnitt werden pro Woche zwei neue Kohlekraftwerke eröffnet. Obwohl die Innere Mongolei zuletzt die Führung unter den Kohle-Provinzen übernommen hatte, galt Shānxī nach wie vor als das Herz der Kohleförderung und produzierte riesige und immer noch größer werdende Mengen. Hin und wieder konnten wir die Bahnstrecke sehen, die das Tal hinunterführte: Alle zehn Minuten dröhnte ein Zug mit zweihundert Waggons vorbei. Auch die Straße war voller Kohletransporter, zwischen denen Busse mit Bergwerksarbeitern verkehrten und manchmal auch glänzende, chauffeurgesteuerte Audis mit den Bergwerksbossen. Alle lärmten vorbei und drückten auf ihre Hupen, und wir drängten uns an den Straßenrand.

Wir kampierten hinter ein paar Bäumen und setzten unseren Weg am nächsten Tag durch das annähernd gleiche Szenario fort.

Abends beschlossen wir, statt zu campen, unser Glück in einem der Bergwerkskomplexe zu versuchen. Wir gingen durchs Tor und stellten schnell fest, dass der Ort lange nicht so trostlos war, wie wir gedacht hatten. Die Straßen waren hell erleuchtet und sauber und wurden von beschnittenen Bäumen und Hecken gesäumt. Rote Laternen hingen in Vorbereitung auf das chinesische Neujahrsfest an den Seiten. Ein weiter, öffentlicher Platz wurde von einem fünf Meter breiten Fernsehschirm beherrscht, auf dem die Nachrichten zu sehen waren. Die Gebäude, einschließlich der Läden und Restaurants, waren in einer farbenfrohen Mischung aus Orange- und Grüntönen gestrichen, viele trugen das Logo der Datong Coal Mine Company Group.

Kleine Gruppen von Bergleuten, die gerade keine Schicht hatten, wanderten über die Bürgersteige. Ihre Blicke wirkten ein wenig glasig, und seltsamerweise starrten sie uns nicht an. Wir fragten nach einem Hotel und wurden schließlich auf ein Gebäude verwiesen, gelangten durch den Haupteingang in einen Korridor und wussten nicht, an welche der Türen wir klopfen sollten. Ein junger Mann erschien auf der Treppe.

»Kann ich Ihnen helfen?«, fragte er auf Englisch.

Wir erklärten unsere Situation, und der Mann – er hieß Duan – führte uns durch ein paar Räume in einen anderen Block. Er redete kurz mit einer Hausmeisterin, und wir wurden in einen kargen, aber schönen, warmen Schlafraum mit vier Betten geführt. Erleichtert stellten wir unsere Rucksäcke ab. Duan sagte, er komme später mit ein paar Freunden zurück und wir könnten gemeinsam essen gehen.

»Wir haben alle vier unser Ingenieursstudium abgeschlossen«, sagte Duan, als wir an einem runden Tisch im offenbar schönsten Restaurant der Stadt saßen. Drei Freunde hatte er mitgebracht. Sie waren alle Anfang zwanzig, trugen Lederjacken und sprachen gut Englisch. Sie freuten sich, ihre Sprachkenntnisse ausprobieren zu können, und Leon und ich waren froh, zur Abwechslung einmal nicht auf unser Mandarin beschränkt zu sein.

»Wir arbeiten in der Technologieabteilung«, sagte einer der Freunde, »und fahren nur etwa einmal in der Woche in die Grube ein. Der Großteil unserer Arbeit hat mit der Wartung und Entwicklung der Maschinerie zu tun. Das hier ist ein sehr modernes Bergwerk, in dem die Bergleute nicht mehr mit Hacke und Schaufel arbeiten.«

Wir hatten einen kurzen Blick auf die Technik werfen können, als wir auf dem Weg in den Unterkunftsblock durch einen Kontrollraum gekommen waren. Eine ganze Wand voller Bildschirme hatte Szenen der Bergwerksarbeiten gezeigt: Förderbänder, die beladen wurden, kleine, herumfahrende Wagen, und alles weit unter der Erdoberfläche.

Als das Essen kam, erklärten uns Duan und seine Freunde, das Bergwerk sei dreihundert Meter tief und produziere Tag für Tag erstaunliche zwanzigtausend Tonnen Kohle. In diesem Tal gebe es viele solcher Bergwerke.

»Die Kohle kommt an die Oberfläche und wird automatisch auf die Züge verladen«, sagten sie. »Die fahren sie zum Hafen von Qinhuangdao an der Küste, von wo sie überallhin gebracht wird, wo man sie braucht.«[1]

Ich sagte, in den westlichen Medien gebe es oft Geschichten über schreckliche Unfälle in den chinesischen Kohlebergwerken.

---

1 Bis kürzlich bestand eines der größten Probleme mit Chinas Kohle noch in der Lage ihrer Vorkommen in der kargen Hügellandschaft Zentralchinas. Martin Jacques, der Autor von *When China Rules the World*, behauptet, einer der Hauptgründe dafür, dass es in England im 18. Jahrhundert eine industrielle Revolution gab und in China nicht, sei darin zu sehen, dass England mehr verfügbare Kohle gehabt habe. Die Kohle aus Shānxī war immerhin mehr als anderthalbtausend Kilometer von den entstehenden Industrien am Jangtsekiang entfernt.

»Die Regierungsbergwerke wie das hier sind sicher«, sagte Duan und legte mir ein Stück Hähnchen auf den Teller. »Zu den meisten Unfällen kommt es in den kleineren, unregistrierten Bergwerken.« Er erklärte, hier in der Grube zu arbeiten sei zwar eine harte Sache mit Vierzehn-Stunden-Schichten, gefolgt von zwei freien Tagen, aber die Entlohnung sei fair. Danach zu urteilen, wie gut die Dinge an der Oberfläche organisiert waren, schien das Bergwerk tatsächlich gut geführt und modern zu sein – obwohl kaum zu glauben war, dass es gar keine Unfälle gab. Am Eingang des Komplexes hatte ich einen Laden gesehen, in dem Lebensversicherungen verkauft wurden.

»Was ist mit den privaten Bergwerken?«, fragte ich.

»Die sind sehr gefährlich, besonders die illegalen«, sagte Duan.

Er wollte eindeutig nicht weiter ins Detail gehen, doch ich hatte gelesen, dass es trotz eines harten Durchgreifens der Regierung noch Zehntausende illegaler Bergwerke in China gab. Seit Beginn der Reformpolitik vor dreißig Jahren waren wenigstens 170 000 Kumpel bei Unfällen in Bergwerken ums Leben gekommen. Selbst nach offiziellen Statistiken wurden 2012, im Jahr unserer Unternehmung, im Durchschnitt täglich drei Bergleute getötet. Aber den Kumpels in den gefährlichen, illegalen Bergwerken blieb kaum eine Wahl, waren ihre mageren Löhne doch immer noch höher als das, was sie als Bauern verdienen konnten. Die von den staatlichen Medien zu Schurken erklärten Bergwerksbesitzer lebten auf großem Fuß, mit teuren Sportwagen und etlichen Wohnungen in Peking.

Als Duans Freunde nach dem Kohlebergbau in England fragten, erklärte ich ihnen, dass die meisten englischen Kohlegruben in den 1980ern von Margaret Thatcher geschlossen worden seien, was wütende Demonstrationen und Proteste ausgelöst habe.

»Das könnte hier niemals geschehen«, sagte Duan und schüttelte den Kopf. »Dafür gibt es viel zu viele Bergarbeiter. Allein in den Gruben in diesem Tal arbeiten einhunderttausend, zusammen mit ihren Familien sind das dreihunderttausend Menschen, die vom Bergbau leben. Nein, die Bergwerke hier könnte man nicht schließen.«

Ein weiterer wichtiger Punkt, wenn es um die chinesische Kohle geht, ist ihre Umweltschädlichkeit. In vielen chinesischen Städten ist es während eines Großteils des Jahres nicht mehr gesundheitsförderlich, die Luft einzuatmen. Weltweit betrachtet, macht Chinas zunehmender Kohlekonsum die Errungenschaften des Kyoto-Protokolls zunichte.

Es war ein guter Abend, und als wir vom Tisch aufstanden, um uns in unsere warmen Betten zu legen, die Mägen voll mit Fleisch, Fisch und Bier, fühlten wir uns zufrieden: Wir waren wieder unterwegs, und mein Fuß, obwohl er immer noch schmerzte, hatte zwei volle Marschtage überstanden. Ich freute mich darauf, den gewohnten Rhythmus wiederzufinden.

Wir kamen zurück in unser Zimmer, schalteten das iPhone ein und checkten unsere E-Mails. Eine Nachricht von Tiberius war dabei, die erste Mail von ihnen, seit wir das Filmmaterial geschickt hatten.

Wie sich herausstellte, gab es ein Riesenproblem.

Kapitel 26

Das Fiasko

5.-7. Januar
Entfernung von zu Hause: 3964 Kilometer

»Betrifft: Notfall!!!
Hi, Rob und Leon,
wir haben uns das Material von den Karten 1–22 angesehen, und es gibt ein äußerst ernstes Problem ... Die meisten Außenaufnahmen, 90 Prozent, sind unscharf. Bitte findet möglichst schnell heraus, was da falsch läuft!
Die besten Grüße,
Kate«

»Was?« sagte Leon und setzte sich im Bett auf, als ich ihm die E-Mail vorlas.

In heller Panik holten wir den Laptop heraus und schlossen die Backup-Platte mit dem Gobi-Material an. Zunächst konnten wir nichts Falsches darauf erkennen, doch als wir näher herangingen, sahen wir zu unserem Schrecken, was Tiberius meinte: Die Aufnahmen im hellen Sonnenlicht waren tatsächlich leicht unscharf. Nicht schlimm verschwommen, aber doch sicher unbrauchbar für eine HD-Sendung.

Leon war blass geworden. »Wie kann das sein?«, sagte er. »Die Kameras liefen meist mit Autofokus.«

»Ich weiß es nicht.«

Ich stand ebenfalls unter Schock. Es war eine sehr ernste Situation. Das beste Material, das wir unter großer Anstrengung, mit eiskalten Händen und üblen Schmerzen in der wilden, eisstarrenden Wüste gedreht hatten, war offenbar wertlos. Unser Traum einer wahrhaft inspirierenden Dokumentation schien sich urplötzlich unwiderruflich aufzulösen und wie ein Haufen Kamelknochen im Staub zu liegen. Es war so ernst, dass es möglicherweise überhaupt keine Dokumentation geben würde, was uns in eine derartige finanzielle Notlage brächte, dass wir die Expedition wohl abbrechen müssten. Wir saßen auf unseren Betten und starrten benommen auf die leeren Wände.

»Was sollen wir jetzt machen?«, sagte ich endlich.

Leon sah mich an und sagte, er wisse es nicht. Ich hatte den Eindruck, dass ihm gleich die Tränen in die Augen steigen würden.

»Ich denke, wir sollten zurück nach Datong fahren«, sagte ich. »Da haben wir einen schnellen Internetzugang und können mit den Leuten von Tiberius reden. Hoffentlich finden wir dabei heraus, wo der Fehler liegt und wie wir ihn abstellen können.«

Leon stimmte mir zu. Wir legten uns erst nach Mitternacht schlafen, von Gefühlen und Gedanken aufgewühlt, und hofften, wir würden aufwachen und es wäre alles nur ein böser Traum gewesen.

Es war kein Traum. Am nächsten Morgen zwängten wir uns neben ein paar Bergleute, und der Bus brachte uns das Tal hinunter nach Datong. Zwei Tage Wegstrecke flogen in einer Stunde an uns vorbei, und unser gerade erst neu gewonnenes Gefühl, mit unserer Expedition erneut Tritt gefasst zu haben, löste sich in nichts auf. Wir nahmen uns ein Hotelzimmer, und Leon machte draußen einige Probeaufnahmen, wobei er die Einstellungen der Kamera jedes Mal veränderte. Wir luden die Clips für Tiberius hoch, und kurz darauf riefen sie an.

Wir waren fürchterlich nervös und fragten uns, was sie sagen würden. Zu unserer Erleichterung fingen sie nicht an, uns Vorwürfe zu machen, sondern wollten vor allen Dingen und zuallererst das Problem klären. Es dauerte nicht lange, und wir wussten, was falsch gelaufen war.

»Der Schärfeverlust entsteht durch etwas, das man Beugungsunschärfe nennt«, sagten sie. »Ihr müsst den Iris-Begrenzer festlegen und den Auto-ND-Filter einschalten.«

Wir wussten vage von der Bedeutung eines ND-Filters (er war aus irgendeinem Grund nicht eingeschaltet gewesen, und wir hatten es übersehen), aber vom Iris-Begrenzer hatten wir beide noch nie gehört. Es war gut, dass das Problem damit behoben war. Der Schaden blieb jedoch, daran war nichts zu ändern.[1]

Wir setzten unsere Diskussion mit Tiberius fort. Wie wir waren sie fürchterlich enttäuscht, und plötzlich schienen ihre Bedenken, ob Leon und ich eine ganze Fernsehdokumentation filmen könnten, mehr als gerechtfertigt. »Hoffentlich können wir einiges von dem Material retten, es lässt sich aber noch nicht sa-

---

1 Technischer ausgedrückt, war Folgendes passiert: Eine Kamera hat wie das menschliche Auge etwas, das man eine Iris nennen kann, eine verstellbare Blende, die sich öffnet und zusammenzieht, um das durch die Linse fallende Licht zu kontrollieren. Wenn sich die Blende/Iris aber zu weit zusammenzieht, wird das durch sie fallende Licht gebeugt, sodass auch eine Kamera im Autofokus unscharfe Bilder liefern kann (deshalb »Beugungsunschärfe«). Das ist ein Naturgesetz. Um dem Problem vorzubeugen, ist es wichtig festzulegen, wie klein die Blende werden darf, was mit der Iris-Begrenzer-Funktion geschieht. Eine zweite Einstellung, um das Problem zu verhindern, ist der sogenannte ND-Filter (Neutraldichte-Filter), der das Licht filtert, damit die Blende nicht zu klein wird. Wir hatten also den doppelten Fehler begangen, den Iris-Begrenzer nicht eingesetzt und den Auto-ND-Filter ausgeschaltet zu haben.

gen, wie viel«, erklärten sie uns und deuteten damit an, dass die Serie vielleicht doch noch produziert werden konnte. »Ihr solltet zunächst einmal weitermachen, und wir schicken euch in ein paar Tagen ein detaillierteres Feedback. Auf jeden Fall müsst ihr öfter Material schicken, und wir müssen öfter telefonieren.« Leon und ich hätten uns exakt an ihre Vorgaben zu halten. Das schien nur vernünftig, aber die Aussicht, zusätzlich zu meiner Fußverletzung, der bösen Kälte und unserem riesigen täglichen Kilometerpensum jetzt auch noch mit größerem Druck von Tiberius umgehen zu müssen, hatte etwas Einschüchterndes.

Wir übernachteten im Hotel. Am nächsten Morgen wollten wir den Bus zurück zum Bergwerk nehmen und unseren Marsch fortsetzen. Morgens wurde ich sehr früh von meinem Telefon geweckt, noch bevor der Wecker schrillte. Es war mein Vater in London. Er habe traurige Nachrichten, sagte er, meine Großmutter ... Ich wusste gleich, was er meinte. Meine Großmutter, seine Mutter, war tags zuvor gestorben. Mit hundertsechs Jahren war sie friedlich zu Hause eingeschlafen.

Ich legte auf, ging ins Bad und sah in den Spiegel. Ich atmete tief durch und spürte die Tränen in meinen Augen. Vor etwa einem Jahr hatte ich sie zuletzt gesehen, und ich dachte an ihre Geschichten über das Aufwachsen in einer anderen Welt, über lange vergangene Dinge wie den Tag, an dem sie nach Hause gekommen war und erfahren hatte, dass der Erste Weltkrieg ausgebrochen war. Mit einem Lächeln musste ich daran denken, wie sie mit hundert *Krieg und Frieden* gelesen hatte. »Ich wollte das Buch schon ewig lesen, deshalb dachte ich, ich sollte jetzt mal anfangen«, hatte sie gesagt und mir erklärt, dass sie die Friedensteile den Kriegsteilen vorzog. Sie war allen ihren fünfzehn Enkelkindern eine wunderbare Großmutter gewesen, und wir würden sie sehr vermissen.

Ich ging zurück ins Zimmer. Leon zeigte großes Verständnis und fragte, ob ich zur Beerdigung fliegen wolle. Aber sosehr ich mir wünschte, bei meiner Familie zu sein, wusste ich doch, dass es nicht ging.

Wir nahmen den Bus zurück zum Bergwerk und setzten unseren Weg nach Westen fort. Wieder drangen wir auf neues Territorium vor. Leon und ich gingen getrennt, er war schneller und mir ein Stück voraus. Ich fühlte mich wie aus der Landschaft herausgelöst und ignorierte die Kohletransporter, die freundlich hupend an mir vorbeidröhnten. Ein bedrückender Gedanke löste den anderen ab. Vor allem trauerte ich um meine Großmutter und vermisste meine Familie in England, dann wieder schwirrte mir der Kopf mit Fragen, wie ich die nächsten paar Hundert, geschweige denn paar Tausend Kilometer mit meinem schmerzenden Fuß zurücklegen sollte. Und natürlich lamentierte ich wegen der verschwendeten Energie, die wir auf das Filmen verwendet hatten, und war voller Befürchtungen für die Dokumentation.

Ich fragte mich, ob es nicht von Anfang an ein Fehler gewesen war, mich mit dem Fernsehen einzulassen. In gewisser Weise hatte ich mich immer ein wenig dafür geschämt, eine zweite Serie machen zu wollen. Es war so narzisstisch und selbstbezogen und führte dazu, dass ich manchmal mehr über das Filmen einer Erfahrung nachdachte als über die Erfahrung selbst. Aber die Fernsehgeschichte hatte mir bei der Finanzierung geholfen und würde mich auch beruflich weiterbringen, was eine Rechtfertigung dafür war, meine Frau und mein Zuhause für so lange Zeit zu verlassen. Mit anderen Worten, es war der Preis dafür, ein »professioneller Abenteurer« zu sein, wobei ich mich im Moment eher wie ein Idiot fühlte, der einen sehr schweren Rucksack durch ein sehr kaltes, verdrecktes Kohletal schleppte.

Ich fühlte mich schlecht und niedergeschlagen, aber für Leon war das alles noch viel schlimmer. Für ihn war diese Unternehmung die Chance, seinen Durchbruch als »Abenteuer-Kameramann« zu schaffen, und jetzt hatte er den szenisch spektakulärsten Teil der Reise weitgehend unscharf gefilmt. Es war fast schon komisch, wäre es nicht gleichzeitig auch so ernst gewesen. »Wenn es der Sache hilft, stelle ich meinen Job zur Verfügung«, hatte er im Bus nach Datong gesagt. Es beeindruckte mich, dass er so ganz ohne Entschuldigungen die Verantwortung übernahm, doch ich sagte schnell Nein. Er hatte unter absurd schweren Bedingungen gearbeitet, musste seine erste komplette Fernsehdokumentation mit einer Kamera filmen, die er noch nie benutzt hatte, in einem eiskalten Zelt auf einem Stück Pappe als Bett schlafen, täglich zehn Stunden einen fünfundzwanzig Kilo schweren Rucksack durch die Eiseskälte schleppen, sich dabei von Hundefutter und Industriewurst (wenn die Natur es verlangte, mit einer Abführpille hinuntergespült) ernähren und dazu auch noch mit einem Griesgram wie mir umgehen. Und für alles das, wenn auch die meisten seiner Kosten gedeckt waren, würde er zusammen mit mir auch noch für die Schulden aufkommen, die wir aufhäuften, und keinen Penny bezahlt bekommen.

Trotz der schwierigen Bedingungen hatte sich Leon nicht vor seinen technischen Verantwortlichkeiten gedrückt, war immer bis spätnachts wach geblieben, hatte das Material während des Sicherns gesichtet und die Linse fast schon manisch gesäubert, damit bloß kein Staubpartikel darauf klebte. Natürlich hatte es auch zu seinen Aufgaben gehört, darauf zu achten, dass das gefilmte Material den erforderlichen Standards entsprach, und das Schärfeproblem war ihm entgangen. Allerdings war auch mir nichts aufgefallen, als ich die Aufnahmen mit ihm durchgesehen hatte, was wohl hieß, dass es mir nicht besser ergangen wäre. Es war ja nicht so, dass wir vergessen hätten, den Objektivdeckel zu entfernen – trotzdem, es hätte uns auffallen sollen. Wie um alles in der Welt hatte das nur passieren können?

Es schien eine ganze Reihe Faktoren zu geben. Zunächst einmal hatten wir die Kameras erst sehr spät bekommen. In der Hast vor dem Aufbruch waren sie falsch eingestellt worden, wir hatten nicht ausreichend Zeit für Probeaufnahmen gehabt, und mit der

Autofokusfunktion war das Schärfeproblem das Letzte, was wir erwartet hätten (metaphorisch gesprochen, hatte es sich im toten Winkel versteckt). Und zu guter Letzt war der Laptop-Schirm klein, und wir hatten die Bilder mit einem Freeware-Programm angesehen (das die Aufnahmen rucken ließ), weshalb die Unschärfe kaum zu erkennen gewesen war.

Das alles war richtig, doch gleichzeitig entstanden, je länger ich darüber nachgrübelte, ein paar gefährliche Gedanken in meinem Kopf. Leon war der Kameramann. Trotz aller mildernden Umstände und obwohl er seinen Fehler eingestand, große Reue zeigte und angeboten hatte, von seiner Aufgabe zurückzutreten, hatte er doch potenziell die gesamte Unternehmung in Gefahr gebracht. Gereizte, übelnehmerische Gedanken zu Leons unablässigem Aktivismus und seinem Wunsch, sich an den nicht filmischen Aspekten der Unternehmung zu beteiligen, erfüllten mich – hätte er sich von vornherein ganz auf seine Kamerapflichten konzentriert, wäre ihm das Problem womöglich gleich aufgefallen.

Ich spürte, wie sich ein gigantisches »Kopfspiel« in mir herausbildete, und wusste, dass ich die Dinge schnell wieder ins rechte Licht rücken musste. Leon hatte großes Pech gehabt, daran bestand kein Zweifel, und die lässige Haltung, die ich selbst bei der Planung an den Tag gelegt hatte, war bestimmt keine Hilfe gewesen. Ich wollte auf keinen Fall an dieser Sache verbittern, denn auf lange Sicht führte das Pflegen von Groll nur ins Elend. Und zu guter Letzt: Wenn ich meinen giftigen Gefühlen gegen Leon freien Lauf ließ, würde das der Expedition langfristig noch weit größeren Schaden zufügen als unser Unschärfe-Fiasko. Ich musste diese Gedanken im Keim ersticken.

Bei unserer nächsten Rast erklärte ich Leon meine lauernde Wut und sagte klar und deutlich, wenn er auch einen unglücklichen Fehler gemacht habe, solle das von jetzt an Schnee von gestern sein, vergeben und, wenn es eben ging, auch vergessen. Leon war mir dankbar dafür, und ich konnte sehen, wie er sich innerlich

DAS FIASKO

stählte, um seine Bemühungen noch zu verstärken. Er war gefallen, stand aber wieder auf. Wir gingen gemeinsam weiter und waren entschlossen, unsere Expedition – und die Fernsehdokumentation – zu einem Erfolg zu machen.

Zwei Tage später verließen wir das Kohletal und kamen auf eine von sanften Hügeln gesäumte offene braune Ebene. Da plötzlich kam Leon mit einem Vorschlag.

»Ich habe da eine Idee«, sagte er. »Du weißt doch, dass im Februar unsere Visa auslaufen und wir sie erneuern lassen müssen.« Unser gegenwärtiger Plan war, das Land kurz mit einem möglichst billigen Flug zu verlassen, eine Nacht auf einem fremden Flughafen zu verbringen und tags darauf zurückzufliegen, um einen neuen dreimonatigen Einreisestempel zu bekommen. Es war ein lächerlicher Plan, aber er würde funktionieren.

»Was dann?«, sagte ich.

»Wie wäre es«, sagte Leon, »wenn wir nicht nach Südkorea fliegen, oder was immer am billigsten ist, sondern noch einmal in die Mongolei?«

Ich hob die Brauen.

»Und dann fahren wir nach Zamyn-Üüd«, sagte er und wurde immer lebendiger, »holen Molly und gehen noch einmal für ein paar Tage in die Wüste und filmen.«

»Würden wir die Zuschauer damit nicht betrügen?«

»Nicht wirklich. Es wäre ja nicht so, als filmten wir etwas, das wir nicht schon gemacht hätten. Und wir sind immer noch unterwegs. Es wäre einfach eine stark erweiterte Version der völlig normalen Situation, in der ich dich bitte, die Straße noch einmal hochzukommen, weil ich mit der ersten Aufnahme nicht zufrieden bin.«

Leon schwieg, um mich darüber nachdenken zu lassen. Es stimmte. Wir mussten das Land sowieso verlassen. Und Leons verrückter Plan würde unser Leben schwieriger und nicht einfacher machen. Damit konnte es nicht als »Betrug« gelten.

»Nun«, sagte ich, atmete tief aus und schüttelte den Kopf. »Das könnte tatsächlich funktionieren.«

Leon war heilfroh. Er erklärte mir, dass er schon gefürchtet habe, sein Fehler würde für den Rest seines Lebens auf ihm lasten. Aber so hatten wir die Chance, ihn wettzumachen. Plan A (den Weg in einem vernünftigen Zeitrahmen hinter uns zu bringen) hatten wir bereits aufgegeben und warteten ab, ob wir zu Plan B wechseln mussten (Fahrräder zu kaufen, wenn mein Fuß sich nicht erholte). Die »Plan-A-, -B-, -C«-Terminologie wurde langsam langweilig, wir brauchten etwas Größeres, etwas militärisch Klingendes für Leons Idee, und so nannten wir sie »Kode Z«.

Kapitel
27

Das Höhlendorf

8.-10. Januar
Entfernung von zu Hause: 3899 Kilometer

Über die Ebene gelangten wir nach Youyu, wo wir weitere zwei Tage Pause machten. Der Zustand meines Fußes hatte sich wieder verschlechtert, und wir fühlten uns ausgelaugt vom Stress der letzten Woche. Wir waren mittlerweile so weit hinter unserem Zeitplan zurück, dass wir es kaum ertrugen, darüber nachzudenken. Und trotz der Kode-Z-Idee war Leon immer noch niedergeschlagen wegen des Unschärfe-Fiaskos. An unserem zweiten freien Tag ging ich einkaufen und erstand eine riesige leichte Decke. Ich ließ sie von einem Schneider zweiteilen und säumen und gab die eine Hälfte Leon. Das hob unsere Laune ein wenig, denn wenn wir draußen kampierten, wurde uns immer noch sehr kalt, und eine zusätzliche Schicht würde es angenehmer machen. Am Abend vor unserem erneuten Aufbruch telefonierte Leon mit seiner Mutter. Sie erinnerte ihn daran, nicht zu vergessen, was für ein Privileg es sei, durch China wandern zu können, und dass viele Leute von so etwas träumten, aber nie die Chance bekämen, es zu tun. Damit hatte sie nicht ganz unrecht, und es war etwas, das wir uns bewusst machen sollten.

Mit einem Nudel- und Wurstvorrat für vier Tage im Gepäck, waren wir am nächsten Morgen bereit für einen neuen Anfang. Wir gingen in westlicher Richtung über eine flache, von Weiden und Stoppelfeldern gesäumte Straße. Es gab so gut wie keinen Verkehr, und laut unserer Karte führte die Straße nur zu ein paar kleinen Dörfern – aber dahinter, in den Bergen, verlief die Große Mauer. Bis mittags wuchsen mehr und mehr Erhebungen am Horizont auf, und wir gelangten in ein Dorf, das von einem zehn Meter hohen Erdwall umgeben war. Über enge Straßen wanderten wir durch ein Wirrwarr heruntergekommener Häuser, bis wir ein kleines Restaurant fanden, in dem es einen Teller gebratenen Reis mit Ei gab. Während wir aßen, wurde mir bewusst, dass mein Fuß kaum schmerzte, obwohl die Wirkung der ersten entzündungshemmenden Pillen des Tages langsam nachlassen musste. Vor unserem Aufbruch an diesem Morgen hatte ich meine Knöchelbandage ausgegraben und sie umgekehrt über den Fuß gezogen, sodass sie hauptsächlich den Fuß stützte und nicht das Sprunggelenk. Der Trick schien zu helfen.

Nachmittags wurde aus der Ebene mit ihren Feldern nach und nach eine hellbraune Hügellandschaft, und wir entdeckten mehr und mehr Signaltürme auf den Höhen. Als die Sonne unterging, überquerten wir einen zugefrorenen Flusslauf, fanden ein hübsches Stück Gras und bauten unsere Zelte auf. Seltsamerweise verspürten wir beide keinen Hunger, setzten uns an den Fluss und sahen zu, wie der Mond am Himmel aufstieg. Leon holte seine Whiskyflasche hervor, und wenn man von den Signaltürmen einmal absah, hätten wir auch in Schottland sitzen können.

Ich sagte, dass ich etwas optimistischer sei, was meinen Fuß angehe.

DAS HÖHLENDORF

»Dann einen Schluck, um zu feiern, dass du wieder gehen kannst«, sagte Dr. Leon. Er benutzte seinen Whisky nicht nur als Heilmittel, sondern auch als Anreiz, schneller gesund zu werden.

»Prost, Dr. Leon«, sagte ich.

Mitten in der Nacht wachte ich auf, weil es in meinem Magen gurgelte. Da stimmte etwas nicht. Einen Moment lang lag ich still da und hoffte, dass es nicht das war, was ich befürchtete, aber Sekunden später schon öffnete ich das Zelt, stieg schnellstmöglich in meine Stiefel und rannte in die kalten Büsche, um mich zu erleichtern. Ich hatte seit Wochen schon keine Mr-Lax-Pillen mehr genommen. Die aktuellen Probleme mussten mit etwas zu tun haben, das wir getrunken oder gegessen hatten. Noch dreimal musste ich in dieser Nacht eilig in die Büsche und war etwas getröstet, als ich zwischendurch auch Leon an seinem Reißverschluss zerren und zum Rand der Wiese hinüberlaufen hörte. Was immer es war, wir hatten es uns beide eingefangen.

Am nächsten Morgen fühlten wir uns schwach, uns war leicht übel, und wir hatten keinerlei Lust auf ein Frühstück.

»Ich denke, es war der gebratene Reis in dem Dorf mit dem Erdwall«, sagte ich und holte wieder einmal unser Erste-Hilfe-Set hervor. Wir nahmen beide eine Ciprofloaxin, ein Breitbandantibiotikum – ein »Anti-Mr-Lax«, wie wir sagten. Das würde uns helfen, nicht den ganzen Tag über in die Büsche zu müssen, und hoffentlich vernichten, was uns die Rennerei beschert hatte. Aber bis wir wieder Appetit bekamen, würde es wohl noch etwas dauern.

Die Straße vom Vortag wurde zu einem unbefestigten Weg, der am zugefrorenen Fluss entlang und in einen Irrgarten grün-brauner Schluchten führte. Seit Ende der Wüste hatten wir fast durchgängig 3G-Empfang und uns mehr und mehr darauf verlassen, unsere Position mit dem iPhone auf Google Maps zu bestimmen. Die immer größere Abgeschiedenheit, in die wir gerieten, und die hohen Schluchten sorgten jetzt jedoch dafür, dass der Empfang abriss, und nachmittags wussten wir nicht mehr, wo wir waren. Wir hatten kaum etwas gegessen, bald kein Wasser mehr und mussten unbedingt weiter. An einem nicht ganz eingefrorenen Teil des Flusses wagte ich mich aufs Eis vor, füllte unsere Flaschen und gab eine Jodtablette hinein, um mögliche Keime zu töten. Zitternd zog ich meine Handschuhe wieder an und fühlte mich wacklig und unsicher, als ich den Rucksack zurück auf den Rücken schwang.

Zu unserer Erleichterung entdeckten wir ein Dorf auf einem Hang, das jedoch nicht aus normalen Häusern bestand: Die Leute lebten in Höhlen. Wir hatten von diesen Dörfern mit ihren *Yaodongs* gehört. Über Jahrhunderte waren sie in diesem Teil Chinas sehr beliebt gewesen, und es hieß, dass immer noch dreißig Millionen Chinesen in ihnen lebten. (Selbst Chinas neuer Präsident Xin Jinping hatte in den 1960ern mehrere Jahre in einem dieser Dörfer gewohnt.) Wir gingen eine staubige Straße hinauf. Jede der kleinen Behausungen besaß vorn eine Ziegelmauer mit Fenstern und einen halbkreisförmigen Eingang. Die grasgedeckten Dächer verschmolzen mit dem Hang, in den sie gebaut waren. Die meisten hatten nach vorne hin auch einen ummauerten Hof, aber soweit wir es beurteilen konnten, schien das Dorf verlassen. Wir mussten etwas essen, riefen »Hallo!« durch die Tore und hofften, dass uns jemand etwas heißes Wasser für unsere Nudeln geben würde. Erst bemerkten uns nur ein paar Hunde, dann erschien ein alter Mann und kam langsam auf uns zu. Er legte die Stirn in Falten, während er zu verstehen versuchte, was wir sagten. Ein weiterer alter Mann tauchte auf und gesellte sich zu seinem Freund.

Ich nahm meinen Rucksack ab, holte die Thermosflasche hervor und fragte, ob sie etwas heißes Wasser hätten. Die Männer zögerten und besprachen sich. Sie benutzten einen örtlichen Dialekt, kein Mandarin. Um eine Ecke starrte ein kleines Mädchen mit Zöpfen und blauen Haarbändern zu uns herüber, und als ich ihm zulächelte, lief es davon. Wenige Minuten später kam die

Kleine jedoch zurück und brachte ein Dutzend Leute mit. Das ganze Dorf kam, um uns zu begutachten.

Wir erklärten, dass wir zur Großen Mauer unterwegs seien, und es gab eine allgemeine Übereinstimmung und ein ungewöhnlich genaues chinesisches Deuten, das besagte, wir seien auf dem richtigen Weg. Erneut hielt ich unsere Thermosflaschen vor uns hin, und ein alter Mann zeigte auf die halbleere Plastikflasche hinten auf meinem Rucksack. »Eure Flaschen sind eingefroren«, sagte er mit einem breiten Akzent. Ein Kind kicherte, und eine Frau trat vor, nahm unsere beiden Thermosflaschen und verschwand in einem Yaodong.

Die Leute starrten uns an und redeten über unsere Rucksäcke. Fast alle waren entweder alt oder noch sehr jung. Die meisten Erwachsenen, so schien es, hatten das Dorf verlassen, um in einer Stadt Arbeit zu finden. Die Frau kam mit unseren Flaschen zurück. Wir dankten ihr, und da uns vom Herumstehen kalt geworden war und sich mein Hunger wieder meldete, fragte ich, ob es hier zufällig ein Restaurant gebe.

»Nein, das gibt es nicht«, sagten einige Leute, und dann, nach weiteren Diskussionen, sagten ein alter Mann und sein mittelalter Sohn, wir könnten in ihrem Haus essen. Voller Dankbarkeit folgten wir den beiden in einen Hof mit einem lauten Schwein, einem alten Traktor und einer Satellitenschüssel, die wie ein riesiger Wok aussah. (Tatsächlich nennen die Chinesen ihre Satellitenschüsseln auch Wok.) Das Yaodong bestand aus einem Flur voller Kisten und Kartons und einem Hauptraum. Er war drei Meter breit und sechs Meter tief, der Putz an den Wänden rauchgeschwärzt. In einer der vier Wände gab es ein Fenster. Die eine Hälfte des Raumes wurde von einem Kang eingenommen, in der anderen standen ein einfacher Holzofen, ein billiger DVD-Spieler und ein großer, eckiger Fernseher. Der Raum schien gleichzeitig Küche, Wohn- und Schlafzimmer zu sein.

Die Männer sagten, wir sollten es uns bequem machen, und als ich mich auf dem Kang niederließ, spürte ich, wie eine große Erleichterung meinen Körper erfüllte. Ich war noch erschöpfter, als mir bewusst gewesen war. Der Sohn stocherte im Ofen und fachte ihn mit einer Luftpumpe an, worauf es schnell warm wurde. Mit einem großen Hackmesser zerteilte er Schweinefleisch und warf es zusammen mit einigen Kartoffeln und einer großzügigen Menge Salz in den köstlich brutzelnden Wok. Dann setzte er sich mit Mehl, einer Teigrolle und einer Schere hin und machte Nudeln. Der alte Mann legte unterdessen eine DVD ein, und auf dem Bildschirm erschien ein mittelaltes Paar mit riesigen 1980er-Sonnenbrillen und einem schrillen Grinsen auf den Gesichtern und sang mit den Wimpeln wedelnd eine fröhliche Melodie. Wir ließen uns aufs Bett sinken, die Wangen rot und fast schon im Delirium durch das Aussetzen der Kälte und den Gedanken an das bevorstehende warme Essen.

Als der alte Mann sagte, wir könnten gerne über Nacht bleiben, waren unsere Widerstandskräfte dem Nullpunkt nahe. Es war zwar noch Nachmittag, und unser Tagespensum bereits hier zu beenden würde uns noch weiter hinter unseren Zeitplan zurückwerfen, doch wir sagten uns, dass wir eine gute, lange Nacht brauchten, um uns von unserer Magenverstimmung zu erholen. Wir fragten, wie viel es kosten würde, und der Mann sagte, es sei umsonst. Wir dachten, wir könnten ihm ein Abschiedsgeschenk machen, und nahmen seine Einladung dankbar an. Minuten später wurde uns ein leckeres Essen mit frittierten Nudeln, Kartoffeln und Schweinefleisch serviert.

Während des restlichen Tages kamen immer mehr Dorfbewohner hereingedrängt, die uns in Augenschein nehmen wollten. Alle rauchten, der Ofen spuckte, und bald schon war die Luft zum Schneiden dick. Wieder und wieder wurden uns die gewohnten Fragen gestellt, und unsere Antworten wurden wiederholt und überall im Raum besprochen. Um das Thema zu wechseln, zog ich ein Hochzeitsfoto von mir und Christine aus der Brieftasche. Ich holte es manchmal hervor, wenn ich sie vermisste. Es wurde unter verschiedenen Ausrufen – »sehr hübsch« – herumgereicht. Allen schien es zu gefallen, dass ich mit einer Chinesin verheiratet war.

Jemand fragte, ob wir ausländisches Geld bei uns hätten. Leon hatte erzählt, dass er den Leuten auf seiner letzten Reise manchmal ausländisches Geld gezeigt hatte, wenn ihnen der Gesprächsstoff ausgegangen war. Für mich klang das wie eine amüsante Hochrisiko-Strategie, um Banknoten zu verlieren, doch ich zog zwanzig Hongkong-Dollar hervor, Leon einen amerikanischen Zehn-Dollar-Schein und eine mongolische Hundert-Tugrik-Note. Die Scheine wurden murmelnd herumgereicht und diskutiert. Der alte Mann, unser Gastgeber, schien besonders an der Zehn-Dollar-Note interessiert. Dafür bekam man mehr als eine Nacht in einem Bīnguǎn mit heißer Dusche, weshalb wir sie ihm nicht unbedingt überlassen wollten, aber ich sagte ihm, er könne den Hongkong-Dollar-Schein behalten. Der Mann dankte uns, behielt die US-Dollar aber in der Hand, bis ich ihn mit einem festen Lächeln bat, sie mir zurückzugeben. Es war Zeit zum Schlafengehen, und der alte Mann und sein Sohn rollten ihre Decken auf dem Kang aus. Leon und ich holten unsere Schlafsäcke, und wir schliefen zu viert nebeneinander ein.

Am nächsten Morgen packten wir zusammen, bedankten uns und traten nach draußen. Als wir den Hof verlassen wollten, kam der Mann aus seinem Yaodong und wollte noch einmal den Zehn-Dollar-Schein sehen. Wir gaben ihn ihm. Er lächelte und ging mit ihm zurück nach drinnen. Leon und ich sahen einander an und zuckten mit den Schultern. Er hatte uns gut versorgt und sich das Geld fraglos verdient. Ich fühlte mich leicht beschämt, dass ich ihm den Schein nicht schon am Abend gegeben hatte.

Leon und ich marschierten hinaus in den Morgen und machten uns auf die Suche nach der Mauer. Braune Berge, braune Signaltürme, braune Höhen. Alles um uns herum war braun, bis auf den blauen Himmel und den gefrorenen Fluss neben dem Weg. Hinter der nächsten Biegung kam ein weiteres Yaodong-Dorf in den Blick, und ein Mann, der Eis aus dem Fluss hackte, deutete auf einen steilen Weg. Wir stiegen ihn hinauf und blieben auf der Anhöhe stehen. Da war sie wieder, die Große Mauer, und schnitt klar durch die leere Berglandschaft.

Kapitel

28

Die Mauer, unser Führer

*11.–15. Januar
Entfernung von zu Hause: 3879 Kilometer*

Ein Band kaiserlicher Erde, drei Meter hoch und einen Meter breit, zieht sich vor uns hin, hinauf und hinab, nach links und rechts schweifend zieht es durch die Konturen dieses verwundenen, dahinrollenden Landes. Es ist eine Verteidigungslinie, um die Barbaren aus dem Reich zu halten, eine Grenzlinie, die das Land der Zivilisierten von der Einöde des Pöbels trennte. Sie ist kühn, unbeeindruckt, beständig, magisch und uralt. Sie stammt aus einer anderen Epoche, einer anderen Welt, der Zeit unüberquerter Ozeane und unbekannter Kontinente, tyrannischer Herrscher und berittener Armeen.

Wir gehen neben ihr auf den Pfaden der Ziegenhirten. Wenn sie verschwinden, drücken wir uns durch Dornengestrüpp und stapfen durch Wälder, die mit einem Teppich aus Schnee ausgelegt sind. Hin und wieder gehen wir auch oben auf der Mauer, und unsere Blicke suchen vorsichtig nach sicheren Tritten – links und rechts geht es drei, vier Meter in die Tiefe. Das Gehen, so schwer und so langsam es ist, gibt uns ein Gefühl der Freiheit und Freude, denn wir sind zurück in der wilden Schönheit dieses Landes und ziehen durch seine uralte Lösslandschaft. Unsere Sorgen wegen der Filmaufnahmen, meines Fußes oder der chinesischen Polizei relativieren sich, und wenn es auch noch weit unter minus zwanzig Grad ist, fühlen wir uns doch endlich diesem Land gewachsen. Und wir haben auch keine Angst mehr, uns zu verlaufen, die Mauer ist unser Führer.

Wie das Land besteht auch die Mauer aus Löss. Alle paar Hundert Meter wächst ein irdener Wachturm aus ihr hervor, ein einfacher großer Haufen ohne einen Eingang oder einen Raum in seinem Inneren. Manchmal können wir zehn oder mehr dieser braunen Türme in jeder Richtung sehen. Bis zu den fernsten Erhebungen erstrecken sie sich, und oft stehen auf den Höhen dahinter auch noch welche, mitunter auch eine zweite Mauer – eine zweite Verteidigungslinie oder die Mauer einer anderen Dynastie. Da sie aus Erde gemacht ist, zerfällt die Große Mauer hier seit Jahrhunderten. Wenn wir über sie gehen, zerfallen kleine Teile von ihr zu Staub. Die Hügel werden von zahllosen Rinnen durchzogen, und früher einmal führte die Mauer über sie, doch diese Teile sind vor langer Zeit schon weggespült worden. Immer wieder müssen wir tiefe Abhänge hinunterklettern und auf der anderen Seite wieder hinauf.

Oft fühlen wir uns vollkommen allein, als hätten wir die Mauer ganz für uns, doch dann treffen wir auf einen grauhaarigen Ziegenhirten, und ein-, zweimal am Tag passieren wir ein Höhlendorf. Die Yaodongs sind in die Südhänge gebaut, damit sie mehr Sonne bekommen, und da wir von Norden heranwandern, merken wir manchmal erst, wenn wir einen Kamin entdecken, dass wir auf dem Dach von jemandem stehen. Aber die Dorfbewohner sind immer freundlich und versorgen uns mit frischem heißem Was-

DIE MAUER, UNSER FÜHRER

ser. Leons Kamera fasziniert sie. In einem Dorf dreht er den kleinen Bildschirm herum, und eine schöne alte Frau starrt darauf und bestaunt ihr digitalisiertes Bild. Wahrscheinlich hat sie sich noch nie so gesehen.

Währenddessen spiegeln meine Tagebucheinträge die zunehmende Erschöpfung von Geist und Körper.

15. Januar: Der Fuß fühlt sich stabil an. Die Bandage hilft wirklich.
16. Januar: Wir fallen weiter und weiter hinter unseren Zeitplan zurück. Was können wir daran ändern? Die Dinge verwischen sich ein wenig, wie in einem Nebel, während wir alle Kraft darauf verwenden, weiterzukommen und gute Filmaufnahmen zu machen. Ich bin nicht sicher, wie lange wir so weitermachen können.

Nachts kampieren wir in den Hügeln unter der Mauer, obwohl es auch mit den neuen Decken zu kalt ist, um den Schlaf wirklich genießen zu können. Eines Abends in der Dämmerung kommen wir zu einem verlassenen Yaodong-Stall, dessen Boden mit Stroh bedeckt ist. Auch ohne eine Scheibe im Fenster oder eine Tür im Eingang ist es um einige luxiöse Grad wärmer als draußen. Glücklich wie ein Pferd in einem strohgefüllten Stall schlummere ich in den kalten Bergen Nord-Shānxīs ein.

Eines Morgens, direkt nachdem wir zusammengepackt haben, klettere ich auf einen Turm und sehe an der Mauer entlang über das Hügelland. Leon und ich haben unsere Mühe, dem Verlauf der Mauer zu folgen, was für eine gewaltige Aufgabe muss es dann erst gewesen sein, sie zu bauen? Hier ist die Mauer mit der Stampferde-Technik gebaut worden – die Erde wurde in eine hölzerne Verschalung gestampft, und nach Abbau der Verschalung blieb ein solider Erdwall. Den Bau selbst erledigten Fronarbeiter: Die Fron war eine Art Steuer, die dem gemeinen Volk auferlegt wurde. Die Leute mussten nicht nur Geld und Produkte an den Staat abführen, sondern auch noch direkt für ihn arbeiten. Mit Fronarbeit wurden gigantische öffentliche Projekte wie die Große Mauer errichtet.

Ich stelle mir die Masse der Arbeiter vor, ihre ruhigen, gebeugten Schritte und ihr Stöhnen, während sie die Erde herbeischleppen und in die Verschalung füllen. Es heißt, dass die Leichen getöteter Arbeiter oft nicht richtig begraben, sondern einfach mit in die Festungsanlagen gepackt wurden, weshalb die chinesische Mauer auch der längste Friedhof der Welt genannt wird. Eines Tages erzählen uns die Kinder in einem Dorf die Geschichte eines Mädchen namens Meng Jiang Nu.

Meng Jiang Nu heiratete den Mann, den sie liebte. Doch kaum, dass sie geheiratet hatten, wurde er zur Fronarbeit an der Großen Mauer verpflichtet. Meng Jiang Nu war verzweifelt und suchte nach ihm, doch als sie zu dem Teil der Mauer kam, an dem er arbeiten sollte, sagte man ihr, dass er gestorben sei. Und so weinte sie und weinte, und ihre Tränen strömten so zahlreich, dass sie einen Teil der Mauer wegspülten.[1]

Ich sehe von der Mauer in die Berge hinauf und stelle mir plötzlich vor, kein Fronarbeiter, sondern ein zwangsverpflichteter Soldat zu sein, der vor sechshundert Jahren hergeschickt wurde, um die Grenze zu bewachen, und unterernährt und frierend in der eisigen Morgendämmerung auf genau diesem Turm steht. Ich lasse den Blick über den Horizont gleiten und höre das Schlagen der Hufe. Die Plünderer kommen. Einen Augenblick später schon sehe ich die Pferde, auf ihnen wilde, fremdländische, gefährliche

---

[1] Später fanden wir heraus, dass es sich um eine berühmte chinesische Legende handelte und es viele verschiedene Versionen davon gab, wobei es in einigen seltsamerweise hieß, Meng Jiang Nu sei aus einer Melone geschlüpft. Obwohl es unmöglich war, ihre Ursprünge dingfest zu machen, zeichnete diese Legende ein lebhaftes Bild der Trauer und des Todeszolls, der hier vor Jahrhunderten entrichtet worden war.

Männer, bereit zu töten – wobei es ungewöhnlich ist, dass sie bei Tag angreifen. Fast kann ich das Blut in der Luft riechen und erstarre vor Angst. Ich darf nicht davonlaufen, dann richten sie mich hin. Hinter mir liegen mein Acker und mein Dorf. Ich entzünde das Signal, das Verstärkung bringen wird. Aber sie wird nicht rechtzeitig kommen. Ich werde kämpfen, mich jedoch nicht lange halten können – ich bin das Pfeilfutter des Reiches.

Kapitel

29

Die Mutter und das Leid

16.–18. Januar
Entfernung von zu Hause: 3790 Kilometer

Um auf unserer Mauer-Etappe schneller voranzukommen, nahmen wir manchmal Pfade durch Täler, und die Wachtürme marschierten über uns. Hin und wieder bekamen wir eine Verbindung ins Netz, und wir redeten mit Tiberius. Wie sich herausstellte, konnten sie genug Material retten, um die Dokumentation möglich zu machen. Wir erzählten ihnen von unserer Kode-Z-Idee, und sie stimmten begeistert zu. Sie meinten, so ließen sich einige Lücken füllen, besonders, was die epischeren Wüstenpanoramen anging. Darüber hinaus schrieben sie in ihren E-Mails, wir sollten öfter das Stativ einsetzen, um stabilere Aufnahmen zu bekommen, und mit dem Radiomikrofon lasse sich der Ton verbessern. Es war schwer und manchmal unrealistisch gewesen, das unter den gegebenen Wetterbedingungen umzusetzen, und es demoralisierte uns etwas, dass sich ihr Feedback auf die Dinge konzentrierte, die wir besser machen sollten, statt auch einmal zu loben, was wir gut gemacht hatten. Gleichzeitig aber – so große Mühe wir uns auch gaben – ließ sich womöglich immer noch etwas verbessern. Am Ende war es nicht Tiberius' Job, uns zu verhätscheln, sondern dafür zu sorgen, dass wir das nötige Material lieferten. Allein das war unsere Aufgabe.

Nach fünf Tagen führte uns eine sich windende Straße von der Mauer weg, und wir mussten in eine tiefe Schlucht hintersteigen. Über zahllose Serpentinen ging es durch Kiefernwälder nach unten. Einige Kilometer entfernt konnten wir jenseits der Schlucht eine steile Felswand aufsteigen sehen, aber auch nach einer Stunde noch nicht ihren unteren Rand sehen. Wir entdeckten einen Signalturm und kletterten hoch, um bessere Sicht zu haben. Und von hier, endlich, kam unser nächstes großes Ziel in den Blick: der Gelbe Fluss, Huang He.

Das wild tosende Wasser war von Felsen, Geröllhängen und Klippen umgeben, und an der Stelle, die wir einsehen konnten, wurde es von einem gigantischen Damm zerteilt. Oberhalb des Damms lag der Fluss fünfzig Meter höher und war mit Eis bedeckt, unterhalb schoss das Wasser aus dem Betonsockel, trüb braungrün, nicht gelb, wirbelte unter einer Brücke durch und wand sich drei Kilometer weiter, bis der Huang He erneut zufror.

Der Gelbe Fluss hat immer eine zentrale Rolle in der Geschichte Chinas gespielt. Manchmal wurde er auch der Mutter-Fluss genannt, was durchaus angemessen war, lag der Ursprung der chinesischen Zivilisation doch in den fruchtbaren Tälern entlang seines Unterlaufs. Der Gelbe Fluss war aber auch als Chinas Leid bekannt, wegen der zahlreichen verheerenden Überschwemmungen – mehr als anderthalbtausend, seit China vor zweitausend Jahren geeint wurde.

Sowohl die Überschwemmungen als auch die berühmte gelbbraune Farbe des Flusses stammen von dem Sand, den das

Wasser auf seinem Weg über das Lössplateau mitnimmt. Der Fluss trägt dreißig Mal mehr Sediment pro Kubikmeter mit sich als zum Beispiel der Nil. Auf den letzten achthundert Kilometern zum Meer wird er auf den flachen Ebenen dann langsamer und lagert viel von seiner Last im Flussbett ab. Dadurch steigt es kontinuierlich an, und so war es durch die Zeitalter nötig, den Fluss mit mächtigen Deichen daran zu hindern, immer wieder über die Ufer zu treten. Natürlich hob sich dadurch das Flussbett immer weiter an, sodass es heute viele Meter über der Landschaft liegt – von ebenjenen Dämmen gehalten. Bei einer Flut, oder wenn ein Deich brach, ergoss sich der Fluss in die Ebene und tobte manchmal jahrelang in unterschiedliche Richtungen, bis er ein neues Bett fand, in dem er sich für eine Weile einrichten konnte.

Die Überschwemmungen töteten nicht nur Millionen Menschen durch Ertrinken, Hungersnöte und Epidemien, sie destabilisierten das ganze Reich. Der mythische Kaiser Yu im 3. Jahrtausend vor Christus war der Erste, der versuchte, den Fluss zu kontrollieren. Er soll gesagt haben: »Wenn der Gelbe Fluss in Frieden fließt, lebt China in Frieden.« Damit verbunden war der in China weit verbreitete Glaube, dass Naturkatastrophen, ob es sich um Erdbeben, Hungersnöte oder Überschwemmungen handelte, Himmelsomen waren, die auf eine Unzufriedenheit mit der herrschenden Dynastie hindeuteten, und dass bald schon eine andere Dynastie das »Mandat des Himmels« bekommen würde. Da die großen Mengen vertriebener Menschen oft zu Massenrebellionen führten, bestand tatsächlich eine direkte Verbindung zwischen derartigen Katastrophen und den Implosionen des Reiches. So hat ein Über-die-Ufer-Treten des Gelben Flusses noch Ende des 19. Jahrhunderts zum Ausbruch des Boxeraufstands beigetragen – und wird oft als ein Schlüsselereignis gewertet, das 1912 mit zum Fall der Qing-Dynastie und des letzten Kaisers Chinas führte.[1] Der Gelbe Fluss, der Mutter-Fluss, das Leid Chinas, floss und fließt beständig weiter.

[1] Manchmal versuchten Herrscher den Gelben Fluss als Waffe zu verwenden, indem sie einen Deich durchbrachen, um einen vordringenden Feind auszulöschen oder aufzuhalten. Aber der Fluss war eine Büchse der Pandora: Einmal entfesselt, ließ er sich nicht mehr zähmen oder kontrollieren. Als ein Gouverneur der Ming-Dynastie den Fluss auf diese Weise benutzen wollte, überflutete er am Ende die eigene Stadt und drei Viertel ihrer Einwohner kamen um. 1938 noch versuchte Chiang Kai-shek die Japaner mit Hilfe des Flusses zu bekämpfen, aber auch wenn eine Million Zivilisten in den Fluten ertranken, hatte seine Taktik auf den Verlauf des Krieges kaum einen Einfluss.

Kapitel
30

Eingeschlossen

18./19. Januar
Entfernung von zu Hause: 3693 Kilometer

Wir stiegen zum Fluss hinab und bekamen den Damm unterwegs noch wesentlich besser in den Blick. Mit seiner glatten Betonwand und einer Reihe James-Bond-artiger Kontrollgebäude und Wachtürme bot er einen beeindruckenden Anblick. Es war einer von rund einem Dutzend Dämmen im Huang He. Aber auch wenn sie den schrecklichen Überschwemmungen praktisch ein Ende gesetzt haben, versanden sie immer wieder, und die Turbinen zur Stromerzeugung werden blockiert. Auf dem Weg nach unten kamen wir an einer einsamen Tankstelle vorbei, deren Besitzer uns erklärte, am Fluss entlang gebe es einen Pfad, der uns flussabwärts bringe.

Unten in der Schlucht angelangt, sahen wir, wie schnell das Wasser dahinströmte, aggressiv und stumm wie eine wild disziplinierte Armee, die einem Überraschungsangriff entgegenmarschierte. Es war voller Eisschollen, die auf beiden Seiten des Flusses ineinander verkeilt mehrere Meter über die Ufer ragten. Zu Anfang unserer Planungen hatten wir überlegt, ob wir kleine, aufblasbare Kajaks mitnehmen sollten, um mit ihnen den Gelben Fluss hinunterzupaddeln, den Gedanken aber fallenlassen, als klar wurde, dass wir im Winter hier ankommen würden – was sich nun als die richtige Entscheidung herausstellte. Unter diesen Bedingungen auf dem Fluss zu paddeln hätte etwas Selbstmörderisches gehabt. Wir fanden den Pfad, von dem der Tankwart gesprochen hatte. Links von steil aufragenden Felsen gesäumt, wand er sich am eisigen, stummen Fluss entlang. Auch am anderen Ufer wuchsen die Felsen auf. Wenn alles gut ging, würden wir den Huang He in etwa zwei Wochen überqueren, knapp fünfhundert Kilometer weiter flussabwärts.

Nach gut drei Kilometern, an einer Biegung, war der Fluss wieder völlig zugefroren, und das rebellierende Wasser wirbelte unter dem Eis dahin. Wir hofften, dass uns der Weg, wenn er auch nicht auf der Karte verzeichnet war, bis zu der noch etwa fünfzehn Kilometer entfernten Stelle führte, wo die Asphaltstraße auf den Fluss traf. Verglichen mit der Lastwagenstraße durch die Berge wäre das eine fabelhafte Abkürzung. Zum Ende des Tages hin jedoch verlief sich der Weg in einem kleinen Feld, hinter dem er nicht weiterging. Über das Eis des Flusses zu gehen wäre zu gefährlich gewesen – wir konnten das Wasser durch zahlreiche Risse in Ufernähe drängen sehen. Die einzige Möglichkeit, weiter voranzukommen, bestand im Überqueren eines gefährlich wirkenden, brüchigen Geröllhangs zwischen Felsen und Fluss. Während ich die Sache optimistisch sah und es probieren wollte, war Leon auf eine selten defensive Weise unsicher. Vielleicht hatten die Probleme mit der Kamera an seinem Selbstvertrauen genagt.

Der Gedanke, den ganzen Weg zurückzugehen und dann hoch aus der Schlucht auf die stinkende Asphaltstraße zu klettern, schien mir wenig verlockend, und so versuchte ich Leon minutenlang zu überreden, während er ächzte und zweifelnd den Kopf wiegte. Wir kamen zu keinem Schluss, aber es wurde sowieso bereits dunkel.

»Lass uns hier kampieren und die Sache am Morgen entscheiden«, beschlossen wir.

Morgens dann wollte auch Leon über den Geröllhang, und wir packten zusammen und zogen los. Es ging nur langsam voran. Der Untergrund war brüchig, und zehn Meter tiefer nagte der zugefrorene Fluss am Ufer. Links schossen die Felsen fast hundert Meter senkrecht in die Höhe, und wir lauschten ständig auf möglichen Steinschlag. Mir war etwas mulmig zumute, aber ich fühlte mich auch sehr lebendig.

Uns vorsichtig von Stein zu Stein tastend, versuchten wir die soliden Teile des Hangs auszumachen und gelangten nach und nach immer höher, bis wir den unteren Rand der Felsen erreicht hatten, wo der Untergrund fester wurde. Mein Optimismus, dass wir es so bis zur Straße schaffen würden, wuchs, aber Leon wurde wieder unsicher. Ein paar Kilometer weiter wand sich der Fluss nach rechts, und aus unserer Perspektive sah es so aus, als stießen die Felsen dort direkt ins Wasser.

Plötzlich sagte Leon: »Die Mauer!«

Mein Blick folgte seinem, und ich sah einen zerfallenden braunen Wachturm auf dem Rand eines niedrigen Felsens direkt vor uns. Wir kletterten zu ihm hoch. Ein kleines Stück Mauer lief an der Felskante entlang. Es war jedoch nicht die Große Mauer, sondern nur ein Stück Flussverteidigung, und unsere Hoffnung, der Mauer folgen zu können, zerschlug sich schnell, als klar wurde, dass die Anhöhe, auf der sie verlief, hinaus ins eisige Wasser deutete. Bald schon mussten wir in eine Schlucht absteigen, auf eine weitere Erhebung klettern und erneut absteigen, wobei wir uns auch weiter parallel zum Fluss bewegten. Wir kamen voran, doch es wurde beschwerlicher. Seit vierundzwanzig Stunden hatten wir jetzt keine Menschenseele mehr gesehen, und sollten wir zum Beispiel umknicken und uns verletzen, würde es sehr problematisch sein, gerettet zu werden. Zudem ging uns das Wasser aus, und so langsam, wie wir vorankamen, schien es unwahrscheinlich, dass wir noch vor Sonnenuntergang die Straße erreichten.

Leon blieb stehen und sah mich mit gerunzelter Stirn an.

»Ich denke, wir sollten dieser Anhöhe hinauf in die Berge folgen«, sagte er. »Es ist unmöglich, dass wir es so noch zehn, elf Kilometer am Fluss entlang schaffen.«

»Ich denke, wir finden einen Weg«, sagte ich. »Ich kann nicht glauben, dass die Leute da keine kleinen Pfade angelegt haben.« Ich reckte den Kopf und versuchte, um die nächste Biegung zu sehen.

Leon streckte den Arm aus. »Schau da hoch, da sind nur Felsen.«

Wir vertraten eine Weile lang unsere divergierenden Standpunkte, aber ich gab nicht nach, und am Ende ließ Leon sich überreden. Wir hatten jetzt gemeinsam zwei große Belastungsproben überstanden, meine Fußverletzung und die Unschärfe-Geschichte, dadurch war unsere Freundschaft robuster geworden, und wir verstanden mit Meinungsverschiedenheiten umzugehen.

In der nächsten Schlucht sahen wir uns dann aber einem weitaus steileren Anstieg gegenüber, und ich musste zugeben, dass es so nicht weiterging. Die drei ältesten Regeln im Großen Buch des Wanderers lauten: Sorge dafür, dass du weißt, welchen Weg du nimmst. Sorge dafür, dass auch andere wissen, welchen Weg du nimmst. Unterschätze nicht, wie schnell sich eine scheinbar sichere Situation in eine Gefahr verwandeln kann. Uns war es gelungen, alle drei zu missachten, aber wir waren viel zu weit vorgedrungen, um noch an eine Umkehr zu denken.

»Tut mir leid«, sagte ich. »Wir werden es mit deiner Route versuchen müssen.«

Also stiegen wir Leons Anhöhe hinauf, doch auch die führte zu weiteren Felsen, worauf wir in das ausgetrocknete Bachbett der davorliegenden Rinne wechselten. Wir hatten keine Ahnung, wohin es führen würde, und der Himmel hatte mittlerweile eine bedrohliche Graufärbung angenommen. Es sah aus, als könnte es zu schneien beginnen, und ein White-Out war das Letzte, was wir jetzt brauchen konnten.

Eine Stunde lang kletterten wir über die zertrümmerten Felsen des Bachbetts und stießen endlich auf einen Schafspfad, der sich den Hang hinaufwand. Wir stiegen ihn hinauf, hoch in die Berge, und – was mich beeindruckte – Leon blieb immer wieder stehen, baute das Stativ auf und filmte sorgfältig Landschaft und Pfad, manchmal auf schmalen Felsvorsprüngen, und wenn ich in die Kamera sprach, bestand er darauf, dass ich das Radiomikrofon benutzte. Er hob unsere Standards. Endlich erreichten wir erschöpft den Gipfel. Weit unter uns konnten wir immer noch den zugefrorenen Gelben Fluss erkennen, und die Erleichterung war groß, als sich zur anderen Seite hin ein paar ärmliche, in Terrassen angelegte Felder auftaten und wir dahinter ein Höhlendorf entdeckten. Ein gut gelauntes Bauernpaar mit wettergegerbten Gesichtern stand vor seinem Yaodong. Es waren die ersten Menschen, die wir nach fast sechsunddreißig Stunden zu Gesicht bekamen, und es war gut, sie zu sehen. Die beiden füllten uns unsere Thermosflaschen und hörten nicht auf zu reden, aber ihr starker Akzent – verbunden mit dem Umstand, dass sie beide fortwährend auf etwas kauten – sorgte dafür, dass wir kaum ein Wort verstanden. Immer noch weiterredend, führten sie uns einen Weg hinunter, an dessen Ende eine brandneue Asphaltstraße verlief. Sie fraß sich durch den Berg und verband das kleine Dorf mit der Außenwelt. Drei Stunden später, in völliger Dunkelheit, erreichten wir die Landstraße, fast fünfzig Kilometer weiter zurück, als wir gehofft hatten. An der Straßeneinmündung gab es ein kleines Lùdiàn, und wir gönnten uns ein Bett – glücklich, wieder in Sicherheit zu sein.

Kapitel

31

Eiswein

*20.–22. Januar
Entfernung von zu Hause: 3700 Kilometer*

Über Nacht hatten die grauen Wolken eine große Schneemenge abgeladen, und am Morgen war die Welt weiß. Wie gut, dass wir nicht noch auf den Geröllhängen des Gelben Flusses festsaßen. Die ersten drei Stunden des Tages verbrachten wir damit, einen langen Abhang zur Stadt Pianguan hinunterzuschlittern und zu stapfen. Es waren nur noch zwei Tage bis zum chinesischen Neujahrsfest, und die Märkte waren voller Feuerwerksstände. Frisches Geflügel wurde verkauft und Fischen mit Schlägen auf den Kopf blutig der Garaus gemacht. Unsere abgebrochene Abkürzung am Fluss entlang hatte uns einen weiteren Tag gekostet, aber auch wenn wir es uns eigentlich nicht leisten konnten, hatten wir das Gefühl, unseren wöchentlichen freien Tag zu brauchen. Wir mussten uns erholen, saßen in unserem Hotelzimmer und besprachen unsere Situation und unsere Optionen.

Mein Fuß schmerzte immer noch, was mich langsamer machte, da ich mich nicht richtig mit ihm abstoßen konnte. Mir war aufgefallen, dass mein rechter Wadenmuskel beträchtlich geschrumpft war. Aber immerhin hatte sich der Zustand des Fußes durch die Bandage stabilisiert, ja er schien sich sogar etwas zu bessern. Das Problem war, wenn wir immer noch Ende Mai in Hongkong ankommen wollten, blieb uns keine andere Wahl, als unser tägliches Pensum um acht bis zwölf Kilometer hochzusetzen, also etwa um ein Viertel. Und das nicht als kurzfristige, vorübergehende Maßnahme, sondern wir mussten das erhöhte Tempo bis Hongkong durchhalten. Noch einmal zogen wir die Möglichkeit in Betracht, Fahrräder zu kaufen, um Zeit gutzumachen und meinem Fuß etwas Ruhe zu verschaffen. Aber das wäre ein wenig so gewesen, als drückten wir uns vor unserer selbstgestellten Aufgabe. Ich sagte Leon, ich sei entschlossen, wenigstens den Versuch zu unternehmen, die zusätzlichen Kilometer zu schaffen.

»Bist du sicher?«, fragte er.

»Ja. Und wenn der Fuß aufgibt oder ich die Strecken nicht schaffe, können wir immer noch auf Fahrräder umsteigen. Aber das kann nur der letzte Ausweg sein.«

Am nächsten Morgen ging es hinaus in eine eisige Dämmerung und dichten Smog. Rauch wehte aus jedem einzelnen Kamin der Stadt, und selbst so früh schon zischten Feuerwerke über den Himmel. Es krachte von überall her. Etwa 1,4 Milliarden Menschen wachten in Vorfreude auf das Neujahrsfest auf. Das chinesische Neujahrsfest folgt dem Mondkalender und liegt zwischen Ende Januar und Ende Februar. Seine Tradition reicht mehrere Tausend Jahre zurück, und in Festlandchina dauern die Feierlichkeiten fünfzehn Tage. Am wichtigsten ist der Vorabend – wie der Heilige Abend beim christlichen Weihnachtsfest –, an dem sich die Familien zu Hause zu einem traditionellen Abendessen treffen. Dieses Treffen hat höchste Priorität und sorgt für die weltweit größte jährliche Migration. Mehrere Hundert Millionen Chinesen sind mit dem Auto, dem Zug, dem Schiff oder dem Flugzeug unterwegs, um sich mit der Familie zu treffen und anschließend wieder an ihren jeweiligen Wohnort zurückzufahren.

Während der letzten Woche war uns bereits aufgefallen, dass die Straßen immer belebter wurden, und heute erreichte der Verkehr seinen Höhepunkt. Wir kamen auf eine Straße hoch über dem Gelben Fluss und mussten uns ganz am Rand halten, da die Autos und Busse noch schneller und rücksichtsloser als gewöhnlich dahinrasten. Sie schienen keinerlei Notiz von den Gefahrenzeichen zu nehmen, die auf den fünfzig Meter tiefen Abgrund zum Gelben Fluss hinwiesen. Nachmittags – Leon war irgendwo vor mir – machte ich eine Pause, um mich zu dehnen. Als ich mich wieder der Straße zuwandte, sah ich etwa hundert Meter vor mir eine riesige Staubwolke aufwirbeln. Ich beschleunigte meinen Schritt und sah, dass einige Autos angehalten hatten und die Leute den Abhang neben der Straße hinunterblickten. Leon mit seiner orangenen Jacke war unter ihnen und filmte. Ich lief hin und sah ein Auto, das etwa zehn Meter tief in einer Rinne steckte. Die Haube war zerdrückt und zeigte zur Straße hinauf. Erleichtert sah ich, dass das Auto leer war.

»Wie ist das passiert?«, fragte ich Leon.

»Ich war gerade in dem Haus dort, um meine Thermosflasche aufzufüllen, als wir draußen Bremsen kreischen hörten. Wir sind gleich raus, und da lag das Auto da.«

Ich folgte Leon zu dem Haus oben auf dem Felsen und sah die drei Überlebenden: zwei Männer und einen siebenjährigen Jungen. Sie waren ziemlich verdreckt und wirkten verängstigt. Aber sie waren unverletzt, und ja, sie lächelten. Wenn in China jemand verlegen oder nervös ist, lächelt er – wobei diese drei tatsächlich froh sein konnten, nicht im Gelben Fluss ein eisiges Grab gefunden zu haben.

Als sich später die Dunkelheit herabsenkte, wurde der Himmel von fortdauerndem Feuerwerk erhellt. Es war, als beträten wir ein Kriegsgebiet. Wir erreichten die Außenbezirke von Hequ, der Stadt am Fluss, in der wir den Vorabend zum Neuen Jahr verbringen wollten. Die Häuser entlang der Straßen hingen voller roter Laternen, und vor den Türen türmten sich meterhohe brennende Kohlehaufen und kleine Orangenpyramiden.

»Die Feuerwerke sollen ein mythisches Ungeheuer namens *Nian* abschrecken«, sagte Leon, der einiges über das chinesische Neujahrsfest gelesen hatte. »Und die Orangen soll es fressen.«

»Was passiert, wenn du keine Orangen hinlegst?«, fragte ich.

»Dann entführt das Nian das jüngste Kind im Haus und frisst es auf.«

Durch die Fenster konnten wir sehen, wie sich die Familien auf ihr Festessen vorbereiteten. Die Atmosphäre um uns herum war magisch. Aber gleichzeitig hatten wir mit fast fünfzig Kilometern heute unsere bisher längste Tagesstrecke zurückgelegt, meine Füße schmerzten, und ich war voller Selbstmitleid, weil wir hier so allein durch die kalte Dunkelheit zogen, während ganz China im Kreis seiner Familien feierte. Bis auf uns, die Dekorationen und hier und da einige Jungen, die nach draußen geschlichen kamen, um ein paar Kracher hochgehen zu lassen, war die Straße vollkommen leer. Ich vermisste Christine.

Etwa drei Kilometer vorm Stadtzentrum hielt ein schwarzer SUV neben uns, und der Fahrer rief auf Chinesisch aus seinem Fenster: »Was macht ihr denn hier?«

Wir rezitierten unseren Katechismus.

»Setzt euch ins Auto«, sagte er und deutete auf die Rücksitze. »Kommt mit zum Essen zu mir.«

»Nein, danke, wir gehen.«

»Oh, kommt schon, kommt zum Essen.«

Leon und ich sahen einander an. Leon sagte: »Wir könnten uns die Stelle merken und morgen hier wieder losgehen.«

Damit war es entschieden. Wir warfen unsere Rucksäcke in den Wagen und sprangen auf die Rückbank, ohne eine Ahnung, was der Abend uns bringen würde. Der Mann, er hieß Li, schrie unterwegs in sein Handy und erklärte jemandem am anderen Ende so etwas wie: »Du wirst nicht glauben, wen ich zum Essen mitbringe! Zwei bärtige Ausländer! Die sind aus der Mongolei zu Fuß hergelaufen. Deck den Tisch für zwei mehr!«

Der Wagen bog in eine schwach erleuchtete Straße, und wir folgten Li durch einen Hof in ein einfach wirkendes Haus. Der erste Raum war eine kleine Küche, in der eine alte Dame und zwei mittelalte Frauen damit beschäftigt waren, Dumplings zu rollen, während in einem alten Fernseher laut eine chinesische Oper lief. Wir wurden in einen anderen Raum geschoben, in dessen Mitte ein runder Tisch stand. Die Wände waren mit roten Mustern geschmückt – Rot ist die Farbe für Glück und Wohlstand. Zwei Männer und ein Junge kamen herein. Der Ältere war der Hausherr, noch ein Herr Li, der Bruder des Herrn Li, der uns hergebracht hatte. Der jüngere Mann und der Junge waren seine beiden Söhne.

»Bitte, geben Sie mir Ihre Mäntel«, sagte der ältere Sohn. Er hieß Gaoyu, war zwanzig Jahre alt, ging zur Universität und war zum Neujahrsfest nach Hause gekommen. Ich zog meine zwei Mäntel, die beiden Mützen und den Schal aus. Gaoyu nahm alles und hängte es auf. Was für Gerüche ich wohl ausströmen mochte, jetzt, da ich meine Schutzhüllen verloren hatte? Es ist eine alte Tradition, zum Neujahrsfest neue Kleider zu tragen und sich die Haare schneiden zu lassen, und Leon und ich kamen hier ziemlich ungepflegt herein, mit zerzaustem Haar und buschigen Bärten. Die Familie Li war jedoch viel zu höflich, um sich etwas anmerken zu lassen.

»Es tut mir leid, dass mein Englisch nicht gut ist«, sagte Gaoyu. Wir versicherten ihm, seit Wochen kein besseres Englisch gehört zu haben, und so schwatzten wir vor uns hin und erfuhren, dass Gaoyu Wirtschaftswissenschaften studierte, ein echter Fan des

FC Liverpool war und auch selbst Fußball spielte. Seinem Vater, der kein Englisch sprach, gehörten mehrere Eisengruben.

Kurz bevor das Essen aufgetragen wurde, traten die drei Männer vor den Familienschrein im hinteren Teil des Raumes. Eine Reihe kleiner »Glücksgötter« stand darauf, über einer Urne. Die Männer entzündeten ein Räucherstäbchen und stellten etwas Essen auf den Schrein, wie es der alte Ritus zur Ehrung der Vorfahren verlangt.

Köstliche Düfte wehten in den Raum, als das Essen aufgetragen wurde: Gedünstetes, Geschmortes, Gebratenes – Kartoffelscheiben, Bohnensprossen, Tofu und chinesische Pilze, Gemüse, Fische und Fischköpfe, Huhn und etliche große Schüsseln Dumplings. Der runde Tisch in der Mitte des Raumes war komplett mit Tellern, Platten und Schüsseln vollgestellt. Ich sah Leon an und wusste, dass wir beide das Gleiche dachten: Das Essen heute Abend würde sehr, sehr viel besser sein als unsere gewohnten Würstchen.

Wir nahmen unsere Plätze am Tisch ein, und Gaoyus Vater stand auf und reichte uns die Hand. »Als Vertreter des chinesischen Volkes heißen wir euch willkommen«, sagte er mit einem breiten Lächeln.

Eine Flasche wurde hervorgeholt.

»Ah, Báijiǔ«, sagten Leon und ich.

»Nein«, sagte Gaoyu, zeigte uns das Etikett und lächelte stolz, »das ist kanadischer Eiswein.« Westliche Luxusimporte hatten Konjunktur.

Jedem wurde ein Glas eingeschenkt, auch Gaoyus kleinem Bruder, wir nippten alle daran, und das Festmahl begann. In China bekommt nicht jeder einen Teller voll mit Speisen, sondern man nimmt sich einzelne Dinge von den großen Platten in der Mitte. Stäbchen und harmonisch runde Tische sind dafür ideal. Wir taten uns an Fleisch und Gemüse gütlich. Alle lächelten einander zu, kauten, schluckten und sahen zufrieden aus. Wie Leon und ich feststellten, mussten wir nichts aus der Mitte nehmen, denn kaum, dass wir etwas gegessen hatten, legte Gaoyu den nächsten Bissen in unsere Schüsseln. Als ich angefangen hatte, mit Christine auszugehen, hatte ich gelernt, dass, wer sich gut zu benehmen wusste, seine Gäste so wie Gaoyu bediente.

Plötzlich jaulte Leon auf.

»Oh, Entschuldigung, ihr müsst mit den Dumplings vorsichtig sein, in einigen von ihnen stecken Münzen«, sagte Gaoyu. Er lächelte und fügte hinzu: »Du hast großes Glück, in diesem Jahr wirst du reich.«

Leon würgte etwas, holte die Münze aus dem Mund und hielt sie triumphierend in die Höhe. Alle applaudierten.

»Ich bin gespannt, ob du auch eine findest, Rob«, sagte Gaoyu und fuhr mit seinen Stäbchen über einer Dumpling-Schüssel hin und her.

Ich war etwas neidisch, aber ein paar Minuten später biss auch ich auf eine Münze und hielt sie in die Höhe. Leon fand noch eine, und der Abend endete mit einem 2:1 für ihn. Das freute mich – tatsächlich aber rechneten wir beide nicht damit, in diesem Jahr reich zu werden.

Nach dem Essen jagte Gaoyus kleiner Bruder im Hof ein paar Böller in die Luft, und Leon und mir wurde bewusst, dass wir keine Ahnung hatten, wo wir die Nacht verbringen sollten. Aber dann bestanden Gaoyu und sein Vater darauf, uns in ein Hotel zu fahren. Sie hielten vor einem eleganten Gebäude, und wir folgten ihnen durch eine automatische Tür in eine glitzernde Halle. Das sah viel zu teuer für uns aus, doch wie um ihrer erstaunlichen Gastfreundschaft noch die Krone aufzusetzen, bestand Gaoyus Vater auch darauf, das Zimmer für diese Nacht zu bezahlen.

Nachdem wir heiß geduscht hatten, brachen wir zusammen. Es war ein langer Tag gewesen, aber China hatte uns bestens behandelt, und das neue Jahr hatte gut angefangen.

Teil 4

INS ALTE HERZ DES REICHES

东到山前密友路

Wenn wir den Berg erreichen, wird es einen Weg durch ihn hindurch geben.

Kapitel

32

Große Nase

*23. Januar – 2. Februar –
Entfernung von zu Hause: 3541 Kilometer*

Es ist eine Woche nach dem chinesischen Neujahr. *Wir haben unser Tempo beibehalten, stehen jeden Tag in der Morgendämmerung auf, packen alles zusammen und versuchen möglichst viele Kilometer hinter uns zu bringen, oft bis in die eiskalte Nacht. Wir sind immer noch in der Provinz Shānxī, östlich des Gelben Flusses, wir haben den Fluss jedoch für eine Weile verlassen und folgen einem Straßennetz, das durch parallel zu ihm verlaufende Täler Richtung Süden führt. Über diese Straßen zu gehen ist nicht immer so friedvoll, wie wir es auf den Hirtenpfaden entlang der Mauer und den Windungen des Gelben Flusses folgend gedacht haben, aber wir machen eindeutig weniger Umwege.*

Manchmal führt uns der Weg über sich an Kaskaden brauner Erde entlangwindende Vorsprünge. Auf der einen Seite stürzt das Braun in tiefe Schluchten, auf der anderen stößt es aus brüchigen Anhöhen herab.

Ein großer Teil des Landes ist in Terrassen angelegt, um Getreide darauf anbauen zu können, wenn sie auch jetzt im Winter nur mit toten gelben Stoppeln und Blättern bedeckt sind. Hin und wieder geraten auf Erhebungen noch Wachtürme in den Blick, aber es werden immer weniger, je weiter wir aus dem Grenzland ins Innere Chinas vordringen. Öfter sehen wir jetzt auch große Strommasten auf den Anhöhen verlaufen, verbunden mit Hochspannungskabeln. Die Bauerndörfer bestehen aus Yaodongs, Ziegel- und Betonhäusern. Das alte und das neue China prallen vor unseren Augen aufeinander.

Wir sind wieder im Kohleland, und die wilde, befleckte Schönheit ferner Bergkämme wechselt sich mit riesigen Bergbaukomplexen ab. Die Gruben liegen jedoch nicht hintereinander im Tal aufgereiht wie bei Datong, sondern haben sich oben in den Hügeln und Bergen eingenistet. Immer wieder sehen wir mächtige Förderbänder unerschöpfliche Kohleflüsse auf um die dreißig Meter hohe Halden schütten.

Gelegentlich stoßen wir auf weniger offizielle Bergwerke. Eines Abends steigen wir mit erleuchteten Kopflampen eine Bergstraße hinauf und kommen an provisorisch wirkenden, in die Felsen entlang der Straße getriebenen Aushöhlungen vorbei. Die Decken werden von selbstgemachten hölzernen Stempeln gehalten, jeweils zu zweit arbeiten die Männer unter ihnen und graben Kohlesäume aus dem Gestein. Sie starren uns an, als wären wir durch die Finsternis wandernde Geister. Es sieht nach einer erbärmlichen, gefährlichen Arbeit aus, aber sicher verdienen sie mehr damit als mit ihrer Landwirtschaft, und so wird ihnen kaum eine Wahl bleiben.

Die Gegend ist voller Kohletransporter. Manchmal, wenn wir um eine Ecke biegen, sehen wir ein ganzes Bataillon roter Lastwagen vor einer Grube auf seine Beladung warten. Die Laster füllen auch die Landstraßen, und die Felder links und rechts von ihnen sind mit dem Kot und dem Klopapier der Fahrer überzogen. Mit dem Schmutz und den Jobs hat die Kohle Geld in die Region gebracht, und viele der Städte blühen eindeutig auf. Wenn wir abends in eine von ihnen kommen, blenden uns brandneue, mit Neonschriftzügen bestückte Hotelkomplexe, die aus beeindru-

ckenden Konglomerationen künstlicher Brunnen und Flusspromenaden aufwachsen.

Meine Tagebucheinträge spiegeln aber auch weiterhin unseren fortschreitenden körperlichen Verfall wieder.

29. Januar: Das gestern war eine ernsthafte Schinderei, immer die Hauptstraße hinunter – reichlich LKWs und Autos und Schneematsch am Straßenrand, Spaß ist was anderes ... Wahnsinnig viel Gehupe und Ausweichen ... An den Zehen werden die Blasen immer größer ... Wir sind ganz schön kaputt ...
2. Februar: Noch ein Gewaltmarsch – aber wir sind bestens vorangekommen und haben letzte Nacht gut geschlafen ...
6. Februar: Wow, noch ein unglaublicher, strapaziöser, unvorhersagbarer Tag! Verändert mich diese Unternehmung?

Wir gehen jeden Tag längere Zeit und weitere Strecken, machen kürzere Pausen und stellen fest, wie unsere Körper auf die geänderten Bedingungen reagieren. In den ersten beiden Monaten haben wir pro Tag höchstens gut dreißig Kilometer zurückgelegt, und abgesehen von meinem Fuß und der wachsenden Müdigkeit hatten wir keine körperlichen Beschwerden. Jetzt, da wir vierzig und manchmal fast fünfzig Kilometer laufen, häufen sich unsere Leiden. Leon knickt um, als er zum Filmen einen Hang hinaufsteigt, mir macht eines meiner Knie zunehmend Beschwerden. Leon bekommt Probleme mit dem Rücken, mir tun nachts die lädierten Füße weh. Die Anspannung lässt Leons Zähne rebellieren, und er muss chinesische Antibiotika nehmen. Wenn ich abends die Strümpfe ausziehe, entdecke ich oft weiße Blasen unter der Haut, die ich mit dem Taschenmesser entleere und mit Jod desinfiziere. Aber so zerschlagen wir uns abends auch fühlen, am nächsten Morgen, mit ausreichend Schlaf und ein paar Pflastern versehen, sind wir bereit weiterzuziehen.

Andererseits scheint unser Abstieg von zivilisierten Menschen zu Wilden unaufhaltsam. Wir rülpsen und furzen immer noch mehr, und statt mit Worten verständigen wir uns oft mit Ächzen und Knurren oder mit

Hinweisen auf Orlando, Jase und Dinosaurier. Wenn wir eine Pause einlegen, hocken wir uns in den Dreck (auch wenn wir immer noch darauf achten, nicht in ein Lastwagenfahrer-Klo zu geraten) und schaufeln Fertignudeln und Industrieknacker in uns hinein, als wäre es bloßer Treibstoff. Gleichzeitig aber freuen wir uns auf Städte mit einem Restaurant, wo wir für 10 RMB, also ein englisches Pfund, Riesenportionen Dumplings oder gebratenen Reis bekommen können. Beides ist viel besser als unsere Fertignudeln. Unser Mandarin macht ebenfalls langsam Fotschritte, obwohl wir noch ständig shuǐ jiǎo (zweiter und dritter Ton: Dumplings) und shuì jiào (vierter und vierter Ton: schlafen) verwechseln. Wir ernten amüsierte Blicke, wenn wir versuchen, eine Schüssel Schlaf zu bestellen. Wobei wir tatsächlich mit beidem zufrieden wären: Essen und Ausruhen sind unsere zwei großen Themen.

Als ich eines Abends in einen Hotelspiegel blicke, kneife ich angesichts des bärtigen Mannes, der mir daraus entgegensieht, überrascht die Augen zusammen. Der Bart wächst ihm in den Mund, und das Kopfhaar ist klebrig und ungewaschen und ragt in alle Richtungen, weil er zu lange schon Wollmützen trägt. Sein Blick scheint wirr vor Erschöpfung. Der Eindruck, dass er dem Wahnsinn nahe ist, wird durch die vielen Schichten Kleidung noch unterstrichen, die ihn wie einen Michelin-Mann aussehen lassen.

Erstaunlicherweise ist mein rechter Fuß immer noch stabil, wobei es von entscheidender Bedeutung ist, dass ich nicht nur meine Bandage trage und jeden Tag mindestens zwei entzündungshemmende Pillen nehme, sondern regelmäßig ausgiebig meine Muskeln dehne. Besonders das Dehnen der Waden hilft. Wir dehnen uns, wenn wir auf einem Feld am Straßenrand rasten, in Dorfläden Fertignudeln kaufen oder in Restaurants mittagessen. Abgesehen von Clare und zwei Touristen in Datong haben wir seit unserer Ankunft in China kein einziges europides Gesicht mehr gesehen. Wahrscheinlich bekommen die Leute hier eher selten Ausländer zu Gesicht, und vor allem keine Ausländer, die sich ständig dehnen. Und doch verhalten sich die Chinesen uns gegenüber völlig ungeniert. Einmal, als ich mich in einem warmen Laden am Straßen-

rand dehne, kommt der Besitzer und reckt sich wie ich zu seinen Zehen hinunter, die er weit leichter erreicht als ich. Ein anderes Mal, als ich mich gegen einen Baum lehne und die Waden dehne, kommt ein Arbeiter und befühlt ausgiebig meine Beinmuskeln. »*Sehr stark*«, *sagt er, bevor er mir eine Zigarette anbietet.*

Auf einem einsamen Pfad bekommt uns ein Ziegenhirte zu Gesicht und schüttelt den Kopf. Er stellt uns etliche Fragen, doch sein Akzent ist so stark, dass wir sie nicht verstehen. Da hebt er plötzlich die Hand und packt Leons kalte, rote Nase. »*Dà bízi – große Nase*«, *ruft er mit einem triumphierenden Glucksen. Das war in den letzten Jahrhunderten ein verbreiteter, abschätziger Begriff für Europäer, und offenbar freut es ihn, bestätigt zu sehen, dass es uns gibt und wir keine Erfindung sind – dass wir tatsächlich große Nasen haben, genau wie er es immer gehört hat.*

Eines Abends hören wir einen Mann laut singend auf uns zukommen.

»*Waaa … yeeee … hooo …*«

Er klingt fürchterlich betrunken, und als er uns passiert hat, dreht er sich um und geht hinter uns her, immer noch aus vollem Halse singend. Schließlich erreichen wir die nächste Stadt, das Singen hört auf, und der Mann kommt heran und geht friedlich neben uns her.

»*Wohin geht ihr?*«, *fragt er. So aus der Nähe wirkt er ganz und gar nicht betrunken.*

Wir erklären es ihm und machen ihm Komplimente für sein Singen.

»*Ach, mit dem Singen lasse ich Dampf ab, wenn ich mich mit meiner Frau gestritten habe!*«, *sagt er.* »*Heute Abend haben wir uns ziemlich heftig in die Haare gekriegt.*«

Andere Leute haben Angst vor uns. Als wir einer Gruppe Jungen auf einem zugefrorenen Bach zuwinken, schreien sie und rennen davon. Eines Abends wanken wir in eine kleine, dunkle Stadt, und ich trete auf eine Frau zu und will sie in meinem besten Chinesisch fragen, ob es in der Nähe ein Lùdiàn gibt. Ich vergesse, wie ich mit meinem Bart und meinem Gepäck aussehe, mit Leon neben mir, der noch größer ist und noch schlimmer stinkt. Ich habe kaum »*Hallo*« *gesagt, da stößt sie einen Schrei aus und flüchtet auf die andere Straßenseite.*

Trotz aller Erschöpfung filmen wir weiter und geben uns die größte Mühe, es möglichst gut zu machen. Vielleicht ist es das, neben allem anderen, was uns leicht verrückt macht. Eines Abends stolpern wir in eine kleine Stadt, die völlig von einem riesigen, in Flutlicht getauchten Bergwerk beherrscht wird. Die massiven Anlagen sind von einer hohen, unheilvollen Mauer umgeben, Förderbänder führen hoch über die Straße. Vom Gelände können wir einen wackeren, apokalyptisch maoistischen Männerchor aus einem Beschallungssystem schmettern hören.

Am nächsten Morgen erzählt mir Leon von einem Traum, den er nachts gehabt hat.

»Wir waren in dem Bergwerk von gestern Abend, dem mit dem Chor. Allerdings haben wir festgestellt, dass es in Wahrheit kein Kohlebergwerk war, sondern eine Fabrik für Sturmtruppen-Klone. Wir sind herumgerannt und haben versucht, einen Ausgang aus dem Irrgarten der Korridore zu finden, da fiel mir plötzlich ein, dass ich meine Kamera vergessen hatte! Kannst du dir das vorstellen? Das war eines unserer besten Abenteuer bisher, und ich konnte es nicht filmen!«

»Das klingt fast so schlimm wie unser Unschärfe-Fiasko«, sagte ich.

Kapitel

33

Chinese Li

3. Februar
Entfernung von zu Hause: 3396 Kilometer

Ohne wirklich zu merken, wann genau, ließen wir die Bergbauregion hinter uns und fanden uns erneut in ruhigen, bäuerlichen Tälern wieder. Es wurde ein wenig wärmer, und der Fluss neben der Straße begann zu tauen und legte große Mengen Müll im Schilf frei. Ein paar Ziegenhirten zottelten mit ihren Herden über die Hänge, und zum ersten Mal sahen wir Bauern auf den Terrassen, die die über den Winter abgestorbenen Pflanzen aufsammelten.

Abends kamen wir nach Yonghe und freuten uns nach einer Woche mit zwölf bis vierzehn Stunden Fußmarsch täglich auf unseren freien Tag. Wir hatten nur noch neun Kilometer vor uns, als wir durch ein Dorf kamen, wo ein Trupp Teenager plötzlich die Straße füllte und uns mit seinen Handys fotografierte. Wenn sich in China eine kleine Gruppe Schaulustiger bildete, führte das oft zu einer Art Schneeballeffekt, und immer mehr Passanten blieben stehen, um zu sehen, was denn da los sei.

Nach ein paar Minuten lösten wir uns von den Leuten und marschierten schnell weiter. Unsere Verfolger mussten rennen, um mit uns Schritt zu halten. Die meisten ließen jedoch von uns ab. Aber kurz darauf hielt ein schwarzer Wagen neben uns. Drei junge Männer sprangen heraus und kamen zu uns gelaufen.

»Kommt, wir bringen euch in die Stadt«, rief der Fahrer in einem freundlichen, heiseren Mandarin. Er war etwa Ende zwanzig und trug einen dünnen Schnauzbart.

»Nein, danke, wir gehen zu Fuß.«

»Wir sind keine Verbrecher«, sagte ein anderer mit hoher Fistelstimme.

»Das wissen wir, aber wir gehen zu Fuß.«

Wir setzten uns wieder in Bewegung, um zu zeigen, dass wir es ernst meinten, und die Männer stiegen zurück in ihren Wagen, überholten uns, stoppten und sprangen erneut heraus.

»Es ist nicht weit, kommt schon, wir nehmen euch mit und laden euch zum Essen ein«, sagte der heisere Fahrer.

»Wir lieben Gäste«, fügte die Fistelstimme hinzu.

Ich gab ihnen unsere gewohnte Antwort, dass wir das ganze Stück aus der Mongolei hergewandert seien, aber die Männer hörten nicht zu, griffen nach unseren Stöcken, alles ganz freundlich, und warfen sie hinten in den Wagen. Mittlerweile hatte die Menge wieder zu uns aufgeschlossen.

Ich protestierte mit einem Lächeln, doch der Fahrer rief: »Fahren wir, fahren wir, fahren wir.«

Als Leon und ich zu kichern begannen, bewegte sich der Fahrer geschickt hinter Leon und packte unerwartet seinen Rucksack. Leon filmte und musste darauf achten, dass die Kamera nicht beschädigt wurde, und so gelang es dem Fahrer, ihm die Tragegurte von den Schultern zu ziehen. Einen Moment später schon hatte er den Rucksack mit einem triumphierenden »Haha!« in den Kofferraum verfrachtet.

Damit war ich an der Reihe, aber ich war vorbereitet. Der Fahrer kam auf mich zu, und wir begannen zu raufen und zu balgen wie in einem Slapstick-Film. Es wurden immer mehr Schaulustige. Die Kinder kicherten. Ein alter Mann paffte seine Pfeife und sah stumm zu.

»Wir sind den ganzen Weg aus der Mongolei zu Fuß hergekommmen«, sagte ich wieder, »wir können uns nicht mitnehmen lassen.«

»Das wissen wir, das wissen wir«, sagten die Männer, »aber Zeit ist wertvoll, und wir können euch später wieder herbringen.«

Das war das Letzte, was wir wollten: hier nach dem Essen wieder abgesetzt werden. Wir sagten, wir würden uns in der Stadt mit ihnen treffen, wenn wir in ein paar Stunden ankämen.

»Oh, kommt schon, es sind doch nur ein paar Kilometer«, rief der Fahrer und schnaufte verzweifelt. Leon hatte unterdessen seinen Rucksack und unsere Stöcke wieder aus dem Kofferraum geholt. Der Fahrer sah es, schnaufte ein weiteres Mal und gab sich endlich geschlagen. Er schrieb uns seine Handynummer auf, zeigte auf sich und sagte (auf Englisch): »*Chinese Li.*« Li war der am weitesten verbreitete Name in China, warum setzte er also das *Chinese* davor? Aber irgendwie passte es zu ihm.

Eine Stunde später kamen wir in Yonghe an. Nach unserer Karte hatten wir mit einem Ort so groß wie die schicken Kohlegeld-Städte gerechnet, tatsächlich aber war Yonghe viel kleiner, und es gab nur eine ungepflegte Straße mit Geschäften entlang eines Flusses. Wir riefen Chinese Li an, und Augenblicke später schon kam er mit seinem Auto begeistert neben uns zum Stehen. Wir quetschten uns zu seinen Freunden auf die Rückbank und standen bald darauf vor einem eleganten Hotel-Restaurant.

»Wir heißen euch voller Freude willkommen«, sagte Chinese Li, als wir uns in einem privaten Raum hinten im Restaurant um einen runden Tisch setzten, »und ich lade euch zum Essen ein.«

CHINESE LI

Nachdem er der Kellnerin ein paar Bestellungen zugerufen hatte, machte er sich daran, eine unheilvoll große Flasche Báijiŭ zu öffnen.

»Nur ein kleines Tässchen«, sagte er und schüttete mir eine riesige Menge ein. Nach vier Tassen war die Flasche leer. Er öffnete noch eine.

»Wir sind sehr gastfreundlich«, grinste er und hob sein Getränk. »Im Gegensatz zu euch und den acht ausländischen Mächten, die in China einmarschiert sind.«[1] Wir stießen miteinander an und nahmen einen Schluck. Der plötzliche Alkohol am Ende einer langen Woche ließ meine Wangen rot anlaufen.

»Das Schicksal hat uns zusammengeführt«, sagte Chinese Li und warf aus Versehen seine Tasse um, »und so lade ich euch heute nicht nur zum Essen ein, sondern auch zu einer Übernachtung in diesem Hotel.« Es kam uns gelegen, dass er uns zum Essen einlud und auch noch das Zimmer bezahlen wollte, denn Leon und ich hatten fast kein Bargeld mehr. Wir dankten ihm, und das Essen wurde aufgetragen. Chinese Li legte Stücke knochiges Fleisch in unsere Schüsseln. »*Miiiiir, miiiiir*«[2], rief er aus und wurde immer noch aufgekratzter.

»Okay, das muss Lamm sein«, sagten wir und begannen zu essen.

Wie sich herausstellte, war Chinese Li ein Düngemittel-Vertreter, und sein Freund mit der Fistelstimme besaß fünfhundert Ziegen. Zwei Frauen kamen herein, von denen eine Chinese Lis Frau war. Sie verkaufte Handys.

---

1   Erst später, als ich mir das Filmmaterial ansah, wurde mir klar, dass Chinese Li sich auf das zerstörerische Vordringen der europäisch-japanisch-amerikanischen Koalition bezog, die 1900 ins Land kam, um den Boxeraufstand zu beenden.
2   Chinesen machen nicht »Mähmäh«, wenn sie Schafe nachmachen, sondern »Miiiiir, miiiiir«.

»Und sie heißt ›Pferd‹, *wieher, wieher*!«, rief Chinese Li und deutete auf die andere Frau. »Sie ist Polizistin.«

Ich hatte noch nie eine chinesische Frau namens »Pferd« getroffen. Wieder stießen alle an.

Ich saß in dem wunderschön warmen Raum, aß und trank noch etwas mehr Báijiǔ und fühlte mich sehr müde. Es war schwer, nicht einzuschlafen, aber aus Chinese Li sprudelte es immer weiter begeistert heraus. Wir sprangen von Thema zu Thema, und ich vermochte nur Fetzen des Gesagten aufzuschnappen.

»Habt ihr das Haus des Vorsitzenden Mao gesehen?«, fragte Chinese Li.

»Ja«, sagten wir. Am Vortag waren wir an einem Yaodong gleich neben der Straße vorbeigekommen, an dem ein Schild verkündete, hier habe Mao während des Krieges gegen die Japaner gewohnt.

Plötzlich sprang Chinese Li auf, grüßte in die Luft und fing an zu singen:

»Der Osten ist rot,
Die Sonne geht auf,
China hat Mao Zedong hervorgebracht.«

Er setzte sich wieder. Das Lied *Der Osten ist rot* war während der Kulturrevolution praktisch die Nationalhymne gewesen.

»Und wie geht es der Provinz Shānxī?«, fragte ich. »Es sieht so aus, als würde sie sehr reich.«

»Eine Menge Leute hier haben eine Menge Geld«, sagte Chinese Li und sah mit einem Mal etwas traurig aus, »aber noch mehr haben kaum etwas. Und die Umwelt und die Luft sind verdreckt.« Damit hatte er Chinas dringlichste, womöglich destabilisierend wirkende Probleme auf den Punkt gebracht: die Ungleichheit und die Umweltverschmutzung.

Während der Abend voranschritt, kamen immer mehr Freunde Chinese Lis, bis der Raum aus allen Nähten platzte. Ich war eindeutig bettreif, doch als wir dachten, es sei an der Zeit, den Abend zu beenden, schlug jemand Karaoke vor. Es war unsere erste Karaoke-Einladung in China, und so sammelten wir die letzten Kräfte und sagten, ja, wir würden natürlich gern mit in eine Karaoke-Bar gehen.

Am nächsten Morgen, und vielleicht war es keine Überraschung nach meiner fürchterlichen Interpretation von Michael Jacksons *Beat It* und etwas zu viel Báijiŭ, hatte ich Halsschmerzen, und mein Kopf fühlte sich an, als hätte ich eine Grippe. Nach unserer anstrengenden Woche hatte mich der lange Abend mit Chinese Li übel erwischt. Während Leon etwas zu essen besorgen und Geld abheben ging, setzte ich mich aufs Bett, um meinen Zeitungsartikel zu schreiben.

Zwei Stunden später kam Leon mit schlechten Nachrichten zurück. Zunächst einmal gab es an der Hauptstraße zwar verschiedene Genossenschaftsbanken, aber keine Filiale eines größeren, nationalen Instituts, und keiner der Geldautomaten nahm ausländische Karten an. Wir hatten nur noch 220 RMB, und Daning, die nächste Stadt, die groß genug für eine Bank war, lag zwei Tagesmärsche entfernt.

Und dann hatte Li, wie sich herausstellte, unser Hotel am Ende doch nicht bezahlt. Mit unseren 35 US-Dollar »Notgeld« konnten wir die 340 RMB für das Zimmer zwar aufbringen, hatten jetzt aber nur noch 100 RMB. Nachdem wir drei Viertel davon für Dumplings und einen großen Vorrat Fertignudeln und Industriewürstchen ausgegeben hatten, um die achtundvierzig Stunden nach Daning zu überstehen, blieben uns noch ganze 26 RMB.

Kapitel
34

Völlig erledigt auf dem Huang He

4.-7. Februar
Entfernung von zu Hause: 3355 Kilometer

ch sitze in einem Restaurant in der Shoppingmall des internationalen Finanzzentrums in Hongkong. Eine Kellnerin kommt, und ich bestelle etwas zu essen. Der Burger mit Pommes frites sieht gut aus. Sie notiert meine Bestellung und wendet sich ab. Plötzlich fällt es mir wieder ein: Ich habe kein Geld. Ich gerate in Panik. Was soll ich tun? Das wird peinlich, aber ich habe so einen Hunger.

Ich wachte auf und begriff, dass ich nicht in Hongkong war, sondern in einem Zelt auf einem chinesischen Kornfeld lag. Tags zuvor hatten wir Yonghe verlassen, waren gut durch die Berge vorangekommen und hatten etwa fünfzehn Kilometer vor Daning unser Lager aufgeschlagen. In meinem Magen rumorte es, und der Gedanke an das bevorstehende Fertignudel-Frühstück war nicht gerade verlockend.

»Bist du wach, Rob?«, hörte ich Leon aus seinem Zelt rufen.

Wir packten zusammen und freuten uns auf die Stadt, wo wir Geld abheben und uns ein gutes, fettiges Restaurantessen gönnen würden.

Christine rief ein paar Minuten später an, um mir ein Update zu unseren Flügen im Rahmen von Kode Z zu geben (unsere Visa näherten sich ihrem Ablaufdatum). Zwischendurch machte ich einen Witz über unsere finanziellen Nöte.

»Wie viel habt ihr denn noch?«, fragte sie.

»Sechsundzwanzig Yuan«, sagte ich.

»Was?!«

»Keine Sorge, wir sind nur drei Stunden von der nächsten Stadt entfernt.«

Unterwegs sagte Leon, heute sei der fünfzehnte Tag des neuen Mondjahres, also der erste Vollmond des Jahres und der letzte Tag der chinesischen Neujahrsfeierlichkeiten. »Wir sollten nach ein paar guten Festen Ausschau halten, die wir filmen können«, sagte er.

Wir hatten das Gefühl, dass es in letzter Zeit gut ging mit unserer Filmerei, und gaben uns nach wie vor die größte Mühe. Der Druck von Tiberius hatte nicht nachgelassen, sie schickten regelmäßig Verbesserungsvorschläge und wollten mehr Material. Das war in vieler Hinsicht hilfreich, aber jeden Tag ein, zwei Stunden filmen und nach einem Hotel mit einer Internetverbindung suchen zu müssen bedeutete, dass wir bis spät unterwegs waren und kaum Zeit hatten, uns vorm Schlafengehen noch ein wenig zu erholen oder auch nur etwas zu essen.

Halb den Berg herunter, hörten wir Trommeln und Suonas. Eine Suona ist ein chinesisches Rohrblatt-Instrument, das wie eine große Oboe aussieht, jedoch eher den Klang eines Blechblasinstruments hat. Die Kapelle spielte traditionelle, fröhliche Musik. Als wir näher kamen, sahen wir, dass die Musiker am Rand eines Dorfes saßen und eine Gruppe Dorfbewohner in einer Prozession um einen Zeltschrein kreiste. Alle trugen weiße Gewänder und große zylinderförmige Hüte.

»Das sieht ja wie ein Chefkoch-Kongress aus«, sagte Leon. »Komm, das sehen wir uns näher an.«

Mit laufender Kamera traten wir näher,.

»*Xīnnián kuài le* – ein glückliches neues Jahr!«, rief ich der weißen Versammlung mit einem Lächeln zu, während Leon filmte.

Der Mann, der die Prozession anführte, war etwa in meinem Alter, sah augenscheinlich verwirrt zu mir her und lächelte ganz und gar nicht. Das war eine ungewöhnliche Reaktion auf einen Neujahrswunsch.

Ich sah mir die Szenerie etwas genauer an, und mir wurden drei Dinge bewusst: Erstens gab es in dem Schrein keine Statuen, sondern nur das Bild eines alten Mannes. Zweitens erinnerte ich mich, dass Christine mir erklärt hatte, Weiß sei in China die Farbe der Trauer.[1] Und drittens sah ich, dass die Leute nicht nur verwirrt, sondern vor allem traurig aussahen – auf keinen Fall so, wie man es erwarten würde, wenn sie tatsächlich den letzten Tag des chinesischen Neujahrsfestes gefeiert hätten.

»Leon«, sagte ich und begann mich zurückzuziehen, weg von der Prozession, die uns jetzt gesammelt anstarrte, »ich glaube, das ist kein Neujahrsfest, sondern eine Beerdigung.«

»Ah«, sagte Leon und senkte die Kamera. Wir verbeugten uns feierlich und gingen zurück zur Straße. Ich fühlte mich fürchterlich und hoffte, dass ich den Schmerz dieser Leute, den sie an diesem Tag empfanden, nicht noch vergrößert hatte.

Gegen zehn Uhr morgens kamen wir in Daning an und hielten nach einem Geldautomaten Ausschau. Als wir uns der Hauptstraße näherten, sahen wir eine große Menschenansammlung, hörten

---

1 Es ist ungehörig, einem Chinesen weiße Blumen ins Krankenhaus zu bringen. Das ist so, als sagte man: »Du wirst sterben.«

Feuerwerkskörper zischen und knallen und dazu eine Kakofonie aus Trommeln und anderen Musikinstrumenten. Wir näherten uns dem Gewühl und sahen über die Köpfe der Leute mehrere Reihen farbenfroher Festwagen, Musiker und Tänzer. Das war keine Beerdigung, das war echter Straßenkarneval.

Wir gingen weiter, genossen das Knattern der Feuerwerkskörper, die fröhliche Musik und die lebendigen Vorführungen. Bunte Drachen auf Stecken wirbelten vorbei, hochgehalten von Frauen in leuchtend roten Kostümen. Ein Mann auf einem Einrad jonglierte mit Keulen. Vierzig Frauen bildeten ein perfektes Quadrat, tanzten und schlugen dabei auf Becken und Trommeln. Eine große Gruppe Männer mit Suonas spielte lebhafte Melodien und versuchte im Takt mit einer Trommlergruppe zu bleiben, die immer schneller auf ihre Instrumente einschlug. Einer der Männer spielte zwei Suonas auf einmal, öffnete mitten im Lied den Mund und ließ eine brennende Zigarette sehen, die er mit der Zunge hielt. Er holte die Zigarette zurück in den Mund, blies in seine Suonas, klappte die Zigarette erneut hervor und nahm einen Zug. Wir applaudierten.

Mitten in dieser Fröhlichkeit, dem Getanze und Gedränge fing mein Magen ungehörig an zu knurren. Leon filmte. Ich lief in jede Bank, die ich sah, um Geld abzuheben, aber wie in Yonghe gab es nur ländliche Genossenschaftsbanken und keine einzige nationale Filiale. Alle Automaten spuckten unsere Karten wieder aus, und so ging ich zurück zu Leon in die Menge. Eine junge Chinesin sprach uns an, auf Englisch. Sie hieß Faith und war zu den Neujahrsfeierlichkeiten von der Universität nach Hause gekommen.

»Die Darsteller sind Bauern aus den umliegenden Dörfern«, rief sie über den Lärm hinweg. »Sie haben Monate geübt. In den meisten Städten gibt es solche traditionellen Veranstaltungen nicht mehr. Ihr habt Glück, dass ihr gerade heute hier seid.« Faith sagte, sie würde uns gern zum Essen einladen, und wir folgten ihr ungeheuer dankbar in ein kleines Restaurant. Eine riesige Platte Dumplings wurde auf den Tisch gestellt, und Leon und ich mussten uns sehr zurückhalten, um nicht zu schnell zu essen.

Nachdem wir Faith heftig gedankt hatten, besprachen wir auf der Straße, was wir tun sollten. Von Daning aus wollten wir wieder am Gelben Fluss entlanggehen, und die nächste Stadt, Hukou, lag weitere drei Tagesmärsche entfernt. Auf der Karte sah Hukou nicht sehr groß aus, aber es gab dort eine Touristenattraktion, den berühmten Hukou-Wasserfall, den größten Katarakt des Gelben Flusses. Da Hukou weit von allen anderen interessanten Touristenorten entfernt lag, war es nur ein kleiner bis mittelgroßer Ort, dennoch hofften wir auf einen Geldautomaten, den wir benutzen konnten.

Auf dem Weg aus der Stadt gaben wir in einem kleinen Laden unsere letzten 26 RMB aus. Wir kauften zehn Packungen Fertignudeln und eine mit Industrieknackern, worauf uns ganze drei Mao blieben, etwa ein englischer Penny. Eine Straße entlang eines zugefrorenen Baches brachte uns zurück zum Gelben Fluss. Unterwegs besprachen wir unseren letzten Anfängerfehler, der uns das Geld hatte ausgehen lassen. Wir hatten angenommen, dass es in allen Städten von einer gewissen Größe nationale Banken gäbe, was sich im Nachhinein als nicht sehr klug erwies.

Eine kalte Dämmerung senkte sich auf uns herab, die zerklüfteten braunen Felsen über uns glühten orangefarben in der untergehenden Sonne, und nach zwei Stunden Abendmarsch bauten wir unsere Zelte neben dem zugefrorenen Bachlauf auf.

Am nächsten Tag trafen wir wieder auf den Gelben Fluss, hoch oben von der Straße auf den Klippen sahen wir auf ihn hinab. Schmutzigweiß schnitt er durchs Land und schien zugefroren. Erst bei genauerem Hinsehen wurde erkennbar, dass die bleiche Masse tatsächlich brodelnd dahinströmte. Endlich erreichten wir den Boden der Schlucht. Mit all dem Eis, das er mit sich führte, wirkte der Fluss wie ein weißer Lavastrom. Einige Schollen hatten die Größe von Kleinbussen, und in der Schlucht hallten dunkle Schlag- und Bruchgeräusche wider, wenn sie gegeneinanderprallten.

Abgesehen von hin und wieder einem Motorrad gab es keinen Verkehr auf der Straße entlang des Flusses, und die schlichte Schönheit der Schlucht war atemberaubend. Während der nächsten fünf Stunden sahen wir kein einziges Dorf, und nachmittags drohte uns das Wasser auszugehen. Erschöpft von unserem Pensum bis dahin – wir hatten mit unserem irrsinnig schweren Gepäck fast eine Marathonstrecke zurückgelegt – und ohne nahrhaftes Essen und ausreichend Flüssigkeit begann mein Energiepegel zu sinken. Leon, der Jüngere von uns, schien mehr Kraft zu haben und drängte mich, nicht langsamer zu werden. »Langsamer zu gehen löst keines unserer Probleme«, sagte er. Ich nickte schwach, setzte meinen iPod auf und versuchte schneller zu werden.

Zwei Stunden vor Einbruch der Dunkelheit entdeckte Leon ein Höhlendorf in den Felsen über der Straße. Er sah jetzt genauso müde aus wie ich. Ich sagte ihm, er solle sich ausruhen, und kletterte mit unseren Thermos- und Wasserflaschen den kleinen Pfad hinauf. Zum Glück hatte ich auch einen Wanderstock dabei, denn als ich mich dem ersten Haus näherte, tauchte plötzlich ein Hund auf und kläffte bösartig. Ich schrie ihn an, fuhr mit dem Stock durch die Luft und wich zurück. Ein junger Bursche öffnete die Tür, und ich bat ihn um etwas Wasser.

»Wir haben nicht viel«, sagte er. »Ich kann nur zwei Flaschen füllen.«

Er nahm die Thermosflaschen und ging nach drinnen. Ich sah mich etwas genauer um. Dieses Höhlendorf sah ärmer aus als die meisten anderen, in denen wir gewesen waren. Viele der Häuser schienen verlassen und heruntergekommen. Die Antwort des Jungen ließ klar darauf schließen, dass es kein fließendes Wasser gab, und wenn wir auch hier und da auf den Felshängen entlang des Flusses ein eng zwischen den Steinen angelegtes Terrassenfeld gesehen hatten, musste es doch schwer sein, sich hier durchzuschlagen. Der Junge tauchte wieder auf, und nachdem ich ihm gedankt hatte, konnte ich die beiden anderen Flaschen bei den Nachbarn auffüllen.

Als ich zurück zur Straße kam, lag Leon auf dem Bankett und schlief. Ich gab ihm einen freundschaftlichen Stoß, und nach ein paar Nudeln machten wir uns wieder auf.

Bei unserer letzten Pause an diesem Tag, bei Sonnenuntergang, saßen wir schweigend auf der leeren Straße, sahen in den eisigen Fluss und bereiteten uns innerlich auf eine letzte Stunde Fußmarsch vor. Die abschließenden Kilometer an diesen langen Tagen waren immer die schwersten.

Da plötzlich wurde Leon munter: »Ich erinnere mich gerade an etwas!«

»Was?«

»Du wirst es nicht glauben, aber für unseren Imbiss am Straßenrand habe ich heute etwas ganz Besonderes dabei ... einen echten Fertig-Käsekuchen!«

Leon grinste und holte ein vakuumverpacktes Paket aus seinem Rucksack. In der Mongolei hatte er einmal den legendären Käsekuchen erwähnt, der ihm beim Start seiner Fahrradtour quer durch Amerika vor zwei Jahren geschenkt worden war. Er hatte ihn als Notfallration mitgenommen, aber nie gegessen. Auch auf dieser Unternehmung hatte er ihn dabei und eigentlich vor, ihn auch in Zukunft immer mitzunehmen – und nie zu essen. Doch jetzt, schon auf der zweiten Expedition, war seine Zeit gekommen. Er schüttete etwas heißes Wasser darauf, und wir aßen ihn abwechselnd aus der Packung. Der Kuchen bestand aus breiigem Zucker und hatte sein Verfallsdatum lange überlebt, und doch schmeckte er wie ein Dessert aus einem Sterne-Restaurant. Wir leckten die Löffel blank, bis sie glänzten, und dann stopfte Leon wehmütig die leere Packung zurück in seinen Rucksack.

Kapitel

35

Der Hukou-Wasserfall

*8. Februar
Entfernung von zu Hause: 3315 Kilometer*

Am nächsten Morgen wand sich die Straße wieder hoch in ein Dorf oben auf den Felsen. Der Sterne-Kuchen war längst verdaut, und wir fühlten uns schwach. Der Himmel war bedeckt, was die Temperaturen erneut unter die Minus-zwanzig-Grad-Marke drückte. Auf dem Weg durch das Dorf füllten ein paar alte Männer unsere Thermosflaschen und machten uns ein unerwartetes, aber sehr willkommenes Geschenk: ein Dutzend wunderschöner roter Äpfel aus einer riesigen Kiste. Und so setzten wir uns auf das Sofa im Eingangsraum einer kleinen ländlichen Genossenschaftsbank (die unsere Karten nicht akzeptierte) und aßen Nudeln und Äpfel.

Nachmittags waren wir zurück am Fluss und näherten uns dem Hukou-Wasserfall, wo wir hofften, endlich wieder an Geld zu kommen. Danach wollten wir den Fluss überqueren und uns von ihm verabschieden. Mir wurde klar, dass es unsere letzten paar Stunden entlang des berühmten Stromes waren und damit meine letzte Chance, die kleine Mutprobe zu bestehen, die ich mir vorgenommen hatte. Die nächste Pause machten wir direkt über einem kleinen sandigen Uferstück, neben dem es eine ruhige, durch einige große Felsen vom Hauptstrom abgetrennte Stelle mit offenem Wasser gab, in der ein paar Eisbrocken schwammen.

»Jetzt oder nie, alter Junge«, sagte ich zu Leon und nahm einen Schluck warmes Wasser aus meiner Thermosflasche. »Das ist der Ort, an dem du beweist, ob du ein Mann oder eine Maus bist, oder, wie in deinem Fall, ein Mädchen.«

Er wusste von meinem Vorhaben und schien nicht zu begeistert, erwiderte mein Lächeln aber. »Nicht ich bin das Mädchen.«

Etwas nervös und uns mit einem Mal leicht verfroren fühlend, gingen wir den kleinen Pfad zum Wasser hinunter und betrachteten das Eis. Leon schraubte die Kamera aufs Stativ, und wir stellten uns vor sie hin.

»Los!«, schrien wir. Wir brauchen das, dachte ich, als ich mir die Kleider vom Leib riss und zu zittern begann. Wir müssen etwas Leben und Spaß zurück in unsere Welt holen. Das wusste ich von früheren Gelegenheiten: Es gibt kaum etwas Besseres als einen Sprung in einen Fluss, um dich aufzumuntern. Im Übrigen würden uns die Bilder, wie wir ins eisige Wasser des Gelben Flusses sprangen, etwas von unserem verblassenden Harte-Burschen-Image zurückgeben, was nach unseren letzten Darbietungen – unserem Grummeln, dem fürchterlichen Singen, den Blasen und der Tatsache, dass wir kein Geld mehr hatten – durchaus notwendig schien.

Als wir uns jedoch wie die Wahnsinnigen auszogen, fingen wir beide wie Schulmädchen an zu kreischen. Ich war etwas schneller als Leon, rief mit hoher Stimme, er solle sich beeilen, und stand bibbernd und erbärmlich da, während die Kamera erbarmungslos weiterfilmte. Als Leon endlich so weit war, kreischten wir gemeinsam und schoben uns zögerlich ins Wasser. Plötzlich rief Leon: »Arrrh, da ist Eis auf dem Grund«, fuhr mit den Händen ins Wasser und zog ein langes, scharfes Stück hervor.

»Das macht nichts, lass uns das nur schnell hinter uns bringen«, quietschte ich. Der Grund fiel sanft ab. Ich war erst knietief im Wasser, und meine Beine wurden bereits taub. Da war zu viel Eis, um noch weiter zu gehen, und so legte ich mich, statt zu schwimmen, kurz der Länge nach hin und tauchte den Kopf unter Wasser, wobei ich mit dem Gesicht auf ein Stück Eis schlug. Das war genug, und Sekunden später schon stürzten wir zurück aufs Trocken, jauchzten und schnauften und zogen uns so schnell es ging wieder an.

Unser kleines Bad war sicher keine Sternstunde in unserem Bestreben gewesen, die harten Kerle zu geben, aber zurück auf der Straße schritten wir zügig und mit einem breiten Grinsen auf den Gesichtern voran. Ich hatte mir mit dem Eis Nase und Fuß leicht aufgeschnitten, fühlte mich aber so lebendig wie die ganze Woche nicht. In dem Moment rief Christine an.

»Hallo, Schatz, hast du Geld abheben können?«, fragte sie.

»Äh, nicht wirklich. Aber gestern hat uns eine nette Studentin zum Essen eingeladen, und heute haben uns zwei Dorfbewohner ein paar Äpfel geschenkt.«

»Wie viel Geld habt ihr denn noch?«

»Äh, drei Mao.«

»*Drei Mao!*«

»Das geht schon in Ordnung, Schatz, wir waren gerade im Fluss schwimmen und fühlen uns prächtig.«

»Schwimmen! Ich dachte, er ist zugefroren?«

Ich erklärte es ihr, so gut ich konnte. Vielleicht waren wir ja wirklich zu Wilden mutiert, für die das Schwimmen in einem eisigen Fluss der Höhepunkt der Woche, das Marschieren über abgelegene, eisbedeckte Straßen, ohne etwas im Magen zu haben, nicht aufregender als ein langweiliger Tag im Büro und die Tatsache, dass wir weder zu essen noch Geld hatten, nichts als ein kleines Alltagsproblemchen waren.

Wir waren nur noch ein paar Kilometer vom Hukou-Wasserfall entfernt, aber es war bereits später Nachmittag. Eigentlich, sagte ich mir, müssten wir ihn lange, bevor wir ihn sehen, hören können. Er wirkte auf all den Fotos, die ich gesehen hatte, so atemberaubend, so wunderbar und majestätisch.

»Noch ein, zwei Kilometer, dann sollten wir da sein«, sagte Leon kurz darauf, nachdem er die iPhone-Karte konsultiert hatte.

Wir gingen anderthalb Kilometer, es wurde langsam dunkel, und es sah aus, als überfriere der Fluss neben uns wieder. Die Straße führte auf einen Parkplatz, und Leon sagte: »Genau hier sollte es sein.«

Wir sahen uns um. Am Ende des Parkplatzes stand ein Kartenhäuschen. Wir gingen darauf zu und konnten im dämmriger werdenden Licht ein paar riesige Fotos auf Plakatwänden sehen, die einen Giganten aus braunem Wasser zeigten, die Lebensader Chinas, wie sie in eine Schlucht stürzte und tosend und wirbelnd flussabwärts jagte. Aber wir sahen nur eine Masse Eis auf dem Fluss, die ihn ganz zu bedecken schien.

»Es muss ein Stück weiter unten sein«, murmelten wir einander zu. »Der Wasserfall kann doch nicht eingefroren sein.«

Wir gingen weiter und weiter und verließen den Parkplatz auf der anderen Seite. Leon blieb stehen.

»Ich glaube, wir sind an ihm vorbei«, sagte er und zoomte auf der iPhone-Karte näher heran.

»Wie meinst du das?«

»Ich denke, er war dahinten, hinter dem Eis. Wir müssen direkt daran vorbeigelaufen sein, ohne es zu merken.«

Das war eindeutig nicht der triumphale Augenblick, auf den wir gehofft hatten. Es war jetzt fast stockdunkel, wir sahen zurück und konnten kaum mehr den gefrorenen Teil ausmachen.

»Es ist sowieso zu spät«, sagte Leon. »Lass uns in der Stadt übernachten und morgen noch einmal herkommen.«

DER HUKOU-WASSERFALL

So zogen wir also weiter und sahen ein paar Minuten später die Lichter von Hukou in der Finsternis auftauchen. Da war auch die Brücke über den Fluss, die wir tags darauf überqueren wollten, und es gab eine vielversprechende Hauptstraße voller billiger Touristenrestaurants und mit einem Hotel.

»Warum wartest du da nicht und ruhst dich aus?«, sagte ich zu Leon und deutete auf das Hotel. »Ich gehe und suche nach einem Geldautomaten.«

Leon holte unsere letzten beiden Äpfel heraus, sonst hatten wir nichts mehr, gab mir einen, und ich ging die Straße hinauf. Ich kam an einem Dutzend Restaurants vorbei, und die Leute drinnen, alles Chinesen, starrten zu mir heraus. Ich meinerseits starrte das Fleisch und das Gemüse auf ihren Tellern an. Die zwei Geldautomaten, die ich fand, waren wieder nur von örtlichen Genossenschaftsbanken, und so ging ich geknickt zum Hotel zurück.

Leon hatte gerade seinen Apfel gegessen, als ich zurückkam. Wir hatten jetzt nichts mehr zu essen und auch kein Geld mehr. Die nächste Stadt lag weitere drei Tage entfernt, und es gab keinerlei Garantie, dass es dort einen Geldautomaten gab, den wir benutzen konnten. Unterwegs heute hatten wir uns eine letzte Ausflucht überlegt: Wir mussten einen Taxifahrer finden, der uns in die nächste größere Stadt fuhr (die etwa hundertfünfzig Kilometer entfernt lag), dort ausreichend Geld abheben und uns zurückfahren lassen. Es war so weit, uns blieb keine Wahl.

Der Mann an der Rezeption rief ein Taxi an, und Minuten später kam der Fahrer herein. Er war klein und wirkte etwas dreist und jungenhaft. Er brauchte nicht lange, um zu begreifen, dass Leon und ich auf ihn angewiesen waren, und nachdem er ein paar Minuten so getan hatte, als handelte er mit uns, willigte er schließlich großzügig ein, uns für die stolze Summe von 450 RMB nach Xiangning und wieder zurück zu fahren. Das waren wahrscheinlich drei Tageslöhne für ihn, für uns waren es drei Tagesausgaben. Aber es war bereits neun Uhr, und wir waren zu müde und hungrig, um ihm etwas entgegenzusetzen. Wir gaben uns die Hand darauf, um zu beweisen, dass wir alle zivilisierte Menschen waren, setzten uns in seinen Wagen, und los ging es.

Die Hauptstraße flog vorbei, und wir rauschten hinauf in die Berge. Ich sackte auf meinem Sitz vorne in mich zusammen. Der Fahrer versuchte dafür zu sorgen, dass wir es gemütlich hatten, und drehte die Heizung auf.

»Ist es zu kalt?«, fragte er.

»Nein, es ist gut so«, sagte ich und genoss den warmen Luftstrom.

»Musik?«, fragte er und schaltete zu meiner Überraschung Jazz mit einer Konzertgitarre ein.

»Danke.« Ich lächelte.

Ich sah nach hinten, wo Leon sich auf dem Rücksitz ausgestreckt hatte. »Nun, es ist teuer«, sagte ich, »aber ich denke nicht, dass es anders gegangen wäre. Ich hoffe nur, der Gute weiß, wo es einen Geldautomaten gibt, sonst bekommt er kein Geld, und wir bekommen nichts zu essen.«

»Er scheint mir recht zuversichtlich«, murmelte Leon, ohne die Augen zu öffnen. »Er kommt mir ein bisschen wie Mr Wolf in *Pulp Fiction* vor.«

»Ja, eine gewisse Ähnlichkeit ist nicht von der Hand zu weisen.« Ich wandte mich an den Fahrer und sagte auf Englisch: »Wir denken, Sie sind ein bisschen ein chinesischer Mr Wolf, ist das so?«

Mr Wolf verstand nichts, grinste nur und trat das Gaspedal durch.

Leon schien eingeschlafen zu sein. Ich lehnte mich auf meinen Sitz zurück, zog die Wollmütze über die Augen und ließ ein zufriedenes Grunzen hören. Nachdem wir monatelang mit sechs, sieben Stundenkilometern durch die extreme Kälte gelaufen waren, schien es wundervoll, sich mit solcher Geschwindigkeit und dabei so bequem voranbewegen zu können. Ich hatte das Gefühl, erster Klasse mit British Airways unterwegs zu sein.

DER HUKOU-WASSERFALL

Nach zwei Stunden fuhren wir ein langes Gefälle hinab und kamen nach Xiangning hinein, wo Mr Wolf vor einer internationalen chinesischen Bank hielt. Nervös fütterten wir die erste Karte in den Automaten und bekamen erleichtert 3000 RMB, also dreihundert englische Pfund, die maximale Summe, und wedelten damit durch die Luft. Mit unserer zweiten Karte hoben wir noch einmal 3000 RMB ab – für alle Fälle, das sollte uns nicht noch einmal passieren. Wir jubelten, hoben die Daumen zu Mr Wolf hin und stiegen hinten in den Wagen. Er grinste und fuhr uns zu einem chinesischen KFC-Imitat, wo wir uns zwei riesige Portionen Pommes frites und vier gigantische Chicken-Burger leisteten. Als wir wieder auf unseren Erste-Klasse-Sitzen saßen, schnipste Mr Wolf seine Zigarette aus dem Fenster, und wir verschwanden zurück in die Nacht.

»Meine nächste Expedition«, sagte ich zu Leon und nahm einen Riesenbiss von meinem zweiten Burger, »mache ich mit dem Taxi oder ich trampe. Darunter geht nichts mehr.«

»Das kann ich nur unterstützen«, sagte Leon mit vollem Mund und ließ sich noch etwas tiefer in seinen Sitz sinken.

Mr Wolf bog um eine weitere Ecke und lächelte das Bündel Banknoten an, das wir ihm gegeben hatten und das jetzt vorn auf seinem Armaturenbrett lag.

Kapitel
36

Mr Wolf

9. Februar
Entfernung von zu Hause: 3265 Kilometer

Im Kultfilm *Pulp Fiction* spielen John Travolta und Samuel L. Jackson zwei exzentrische Killer, die mit ihrem Auto durch eine geschäftige Straße fahren und dummerweise ihrem Kollegen in den Kopf schießen, der sein Blut über die Scheiben verteilt. Da sie fürchten, dass die Polizei sie erwischen wird, rufen sie ihren Boss an, der sie an einen Ort schickt, wo sie einen offenbar berühmt-berüchtigten Mann namens »Mr Wolf« treffen werden. Mr Wolf kommt und ist sehr geschäftsmännisch, sehr entscheidungsfreudig und nüchtern, ein Mann, der einen aus einer Notlage befreit, wie auch immer sie aussehen mag. Innerhalb von Minuten ist der Wagen gereinigt, die Leiche weggeschafft und damit, kurz gesagt, das Problem beseitigt.

Als wir zurück nach Hukou kamen, sagte Mr Wolf, wir könnten im Haus seines Freundes schlafen. »Wie viel kostet das?«, fragten wir ein wenig misstrauisch, nachdem er uns nun schon ziemlich erleichtert hatte.

»Kein Sorge, keine Sorge«, sagte er und wedelte mit der Hand, als wollte er sagen, dass das Besorgen eines freien Schlafplatzes nach dieser Fuhre das wenigste sei, was er tun könne. Er führte uns in einen kleinen, eisigen Abstellraum voller Kisten mit Äpfeln. Die Unterkunft war einfach, absolut ideal für uns, und wir stellten erleichtert unsere Rucksäcke ab. Jetzt erst erklärte uns Mr Wolf, das Zimmer koste 50 RMB, was es durchaus wert war, trotzdem fühlten wir uns ausgetrickst. Als er ging, sagte er, er wolle uns tags darauf den Wasserfall zeigen – er wisse, mit wem man da reden müsse. Wir fragten, wie viel das kosten würde, und wenn er auch jetzt wieder nur abwinkte, willigten wir doch ein: Es war schwer, Mr Wolf etwas abzuschlagen.

Am nächsten Morgen, kurz nach dem Aufwachen, war Mr Wolf wieder da. Während wir zusammenpackten, griff er tief in die Apfelkisten und sagte, wir sollten reichlich mitnehmen. Wir waren nicht sicher, in wessen Raum wir geschlafen hatten und wem die Äpfel gehörten, aber Mr Wolf schien alles fröhlich im Griff zu haben.

Wir fuhren zurück zum Parkplatz am Fluss. Wie wir es im Dämmerlicht am Abend zuvor gesehen hatten, schien der Fluss komplett zugefroren, wenigstens erstreckte sich die Eisplatte fast ganz über ihn. Aber wir konnten jetzt auch sehen, dass das Eis nur dünn war, sich über eine Felsschicht zog und ein ebenfalls vereister Betonweg durch dieses Gewirr aus Eis und Stein führte, wahrscheinlich zum Wasserfall. Die Überquerung schien riskant und wurde durch eine Kette versperrt.

Mr Wolf schüttelte den Kopf und sagte: »Sie können den Wasserfall nicht sehen, der Fluss ist zugefroren, und über den Weg zu gehen ist nicht erlaubt.« Da plötzlich, wie aufs Stichwort, kam ein alter Mann herbei. Er sah ein wenig wie ein Parkwächter aus und schien Mr Wolf zu kennen. Sie schwatzten einen Moment miteinander, und mit einem Nicken und einem Lächeln hob der Parkwächter die Kette an, die uns den Weg versperrte.

»Dieser Mann arbeitet hier«, sagte Mr Wolf. »Er sagt, wir können hinaus aufs Eis und uns den Wasserfall ansehen. Aber wir müssen uns beeilen und zurück sein, bevor die Kartenverkäufer kommen.«

So folgten Leon und ich Mr Wolf vorsichtig auf dem sich durch das Eisfeld windenden Betonweg. Schließlich traten wir auf das Eis selbst und tasteten uns weiter voran. Ein Stück voraus hörten wir das Geräusch donnernden Wassers, und plötzlich öffnete sich vor uns ein Abgrund, in den wir eine Unmenge Stromschnellen hineinwirbeln sehen konnten. Mr Wolf streckte den Arm zur Seite.

»Bleiben Sie hier stehen«, sagte er und bedeutete uns dramatisch, dass wir auf einer Eisplatte über dem Wasserfall standen – wenn wir nicht aufpassten, brach das Ding ab und wir stürzten in die Tiefe.

Wir rückten noch ein wenig weiter vor und konnten, auf den Zehenspitzen stehend, den Wasserfall sehen. Durch eine etwa fünfzehn Meter weite Lücke im Eis schossen Millionen über Millionen Liter Wasser und trugen Millionen über Millionen Tonnen gelber Erde mit sich. Und Wasser und Erde krachten nach unten ins Nichts. Wir filmten etwas, und Mr Wolf hörte nicht auf, uns zurückzuziehen, woraus wir schlossen, dass er selbst nicht ganz ohne Angst und es wohl tatsächlich nicht ungefährlich war, was wir hier machten.

Minuten später bestand Mr Wolf darauf, dass die Zeit abgelaufen sei. Wir gingen zurück zum Parkplatz, und er brachte uns in die Stadt. Als wir uns von ihm verabschieden wollten, holte er ein paar eselsohrige Eintrittskarten für den Wasserfall hervor und verkündete, dass wir ihm dafür noch 300 RMB schuldeten.

Mit der teuren Fahrt in der letzten Nacht und unserer Unterkunft hatte Mr Wolf gut an uns verdient, aber jetzt trieb er es zu weit. Die Karten waren eindeutig alt, und er hatte keinerlei Druckmittel mehr. Wir gaben ihm 30 RMB, wenig Geld, aber immer noch genug für die Fahrt zum Wasserfall und zurück. Mr Wolf streckte die Hand aus und machte ein verzweifeltes Gesicht. »Nicht genug«, sagte er.

»Tut uns leid, Mr Wolf«, erwiderten wir lächelnd und erklärten ihm, dass die Tickets aus zweiter Hand stammten.

Er sah, dass das Spiel aus war, doch statt jetzt wütend zu werden, zuckte er nur mit den Schultern, als wollte er sagen: Ihr könnt einem Mann nicht vorwerfen, dass er es versucht, schenkte uns ein spitzbübisches Lächeln und fragte, ob er uns nach Yichuan bringen solle, die nächste Station unserer Reise.

»Nein, danke, wir gehen zu Fuß«, sagten wir und schüttelten ihm die Hand. Wir lachten, und er lachte ebenfalls. Das liebe ich an China – selbst wenn man mit jemandem wegen Geld aneinandergeriet, sobald die Verhandlungen beendet waren (wie sie auch ausgegangen sein mochten), war die normale Haltung: Schwamm drüber.

Wir gingen in einen Laden und kauften ausreichend Vorräte – bis nach Yichuan waren es zwei Tage –, und als wir zurück auf die Straße kamen, fuhr Mr Wolf noch einmal an uns vorbei.

»Sind Sie sicher, dass Sie nicht gebracht werden wollen?«, rief er, ohne anzuhalten.

»Ja, danke, Mr Wolf!«, riefen wir zurück. Er hupte kurz, vollführte vor einem heranbrausenden Kohletransporter eine atemberaubende Hundertachtzig-Grad-Wende und röhrte glücklich von dannen. Wir würden ihn nicht wiedersehen. Viel Glück und fahren Sie vorsichtig, Mr Wolf.

Beim Überqueren der Brücke warfen wir einen letzten Blick auf den Gelben Fluss. Er brodelte unter uns her, ein Hexenkessel aus Stromschnellen und Eis, und verschwand hinter der nächsten Biegung. Weiter und weiter würde er fließen, über die uralten Flutebenen und am Ende 1600 Kilometer weiter östlich ins Gelbe Meer. Wir dagegen mussten weiter nach Westen. Auf der anderen Seite der Brücke wuchs eine weitere Masse Lössklippen vor uns auf, und wir machten unsere ersten Schritte in unsere dritte chinesische Provinz: Shǎnxī. Der Name glich dem der letzten Provinz, Shānxī, auf verwirrende Weise, und wir fragten uns, ob wir ihn richtig auszusprechen vermochten.

Kapitel
37

Für Ausländer gesperrt

10.–12. Februar
Entfernung von zu Hause: 3257 Kilometer

Zwei Stunden, nachdem wir den Gelben Fluss hinter uns gelassen hatten und zurück in die Lössberge gestiegen waren, kamen wir an eine Weggabelung: Links führte eine kleinere Straße hinunter in eine Schlucht, geradeaus ging es auf eine Schnellstraße. Zur Schnellstraße hin stand ein Schild, das Traktoren, Mopeds, Tieren, Fahrradfahrern und Fußgängern den Zugang verwehrte. Ein Polizeiwagen parkte neben der Auffahrt, und drei Polizisten sahen uns näherkommen.
»Nun, beide Wege bringen uns ans Ziel«, sagte Leon und studierte das iPhone, »aber ich bin sicher, die Polizisten da würden es nicht zu schätzen wissen, wenn wir die Autobahn nähmen.«
Wir winkten den dreien freundlich zu und bogen auf die kleinere Straße. Es ging steil nach unten, während die Schnellstraße über uns die Schlucht auf riesigen Betonpfeilern überspannte,

und als wir um die nächste Biegung kamen, sahen wir, dass sie den nächsten Berg nicht umrundete, sondern mit einem Tunnel durch ihn hindurchstieß.

»Der Weg da oben über die Autobahn ist sicher nur halb so weit, und es geht weder bergauf noch bergab«, sagte Leon, als wir uns auf der gegenüberliegenden Seite keuchend aus der Schlucht wieder emporarbeiteten. Ein Lastwagen dröhnte vorbei, und wir drückten uns gegen die Leitplanke, um ihm auszuweichen.

»Und hier unten ist es eindeutig gefährlicher«, sagte ich. »Da oben gibt es wahrscheinlich einen Seitenstreifen.«

Die ebene Schnellstraße ließ uns keine Ruhe, und wir begannen zu debattieren, ob wir versuchen sollten, uns für ein Stück auf sie zu stehlen. Wir hatten in der letzten Zeit noch einige weitere Zusammentreffen mit der Polizei gehabt, normalerweise mit Streifenwagen, die neben uns hielten, um zu sehen, wer wir waren. Die Beamten kontrollierten unsere Pässe und ließen uns weiterziehen, das war alles. Optimistisch, wie wir waren, überzeugten wir uns gegenseitig davon, dass die Polizei, wenn sie uns auf einer für Fußgänger verbotenen Straße erwischte, nicht mehr tun würde, als uns zu maßregeln und zurück auf die Nebenstraße zu schicken. Das da oben würde eine so kraftsparende wie nette, abenteuerliche Abwechslung sein.

Nach einem möglichen Aufstieg suchend, ließen wir den Blick über die Hänge wandern, bis wir einen Schafspfad entdeckten, der uns an den Rand der Schnellstraße bringen würde. Kurze Zeit später schon spazierten wir über die schöne glatte Teerfläche. Ohne Umwege, ohne sich nach links oder rechts zu winden, ohne auf- oder abzusteigen, führte sie durch Berg und Tal, wie eine perfekte Römerstraße. Sofort beschleunigte sich unser Schritt auf unsere Höchstgeschwindigkeit von sechs, sieben Stundenkilometern. Wie erhofft, gab es einen breiten Seitenstreifen, der sich in den Tunnels allerdings zu einem schmalen Gehweg verengte. Die Tunnels waren bis zu sieben-, achthundert Meter lang, und sie brachten uns mühelos durch die Berge, die unseren Weg blockierten. Es gab auch nicht viel Verkehr, wahrscheinlich weil die Straßengebühren zu hoch waren. Der Großteil des lokalen Verkehrs zog sicher die langsamere, aber gebührenfreie Straße unter uns vor. Von einer Brücke aus sahen wir, wie sich die kleine Straße an einem Bachlauf entlangwand, und es beschwingte uns zu sehen, dass wir sicher doppelt so schnell waren, wie wir es für gewöhnlich in einem solchen Terrain gewesen wären.

Wir waren noch keine halbe Stunde auf der Schnellstraße unterwegs, als ein Polizeiwagen auftauchte.

»Geh ganz ruhig weiter«, flüsterte ich Leon zu. Verstecken konnten wir uns nirgends.

Es war die Autobahnpolizei. Wir beobachteten den Wagen aus den Augenwinkeln. Er war neu, sauber poliert, und durch die Windschutzscheibe starrten uns zwei junge Polizisten an. Einen Moment lang gingen sie mit der Geschwindigkeit herunter, aber schon beschleunigten sie wieder.

Wir entspannten uns. »Ich nehme an, sie tun so, als hätten sie uns nicht gesehen. Damit sind wir nicht ihr Problem«, sagte Leon.

Nach zwei Tagen lockeren Vorankommens auf der ebenen Schnellstraße mussten wir nach Süden abbiegen. Unser nächstes großes Ziel war die alte Hauptstadt Xi'an, die gut dreihundert Kilometer südwestlich lag. Wir kletterten von der Trasse und nahmen eine kleinere Straße, die ein schmales Tal hinunterführte. Fruchtbare Felder säumten den Weg, und die Talhänge waren mit dichtem Kiefernwald bedeckt. Die Luft duftete frisch, und tagsüber stieg die Temperatur bis auf ein paar Grad unter Null. Gerade als wir begannen, unsere neue Umgebung richtig zu genießen, hielt ein Auto neben uns, ein Mann mit einer Brille reckte den Kopf aus dem Fenster und sprach uns auf Englisch an. Er nickte die Straße hinunter und sagte: »Dieses Gebiet hier ist für Ausländer gesperrt, genau wie die Stadt am Ende des Tales.«

»Wie meinen Sie das?«

»Das hier ist für Ausländer verboten«, wiederholte er. »Die Polizei wird Sie aufgreifen und zurückbringen oder einsperren.«

Wir versuchten mehr aus ihm herauszubringen, aber er wollte nicht genauer werden, riet uns, das Tal zu umgehen, und fuhr weiter.

Leon und ich sahen uns an. Was bedeutete das?

»Das wäre ein Umweg von wenigstens zwei, drei Tagen«, sagte Leon, der das iPhone konsultierte. »Ich glaube, wir haben keine Wahl. Wir müssen es riskieren und hoffen, dass wir keinen Ärger bekommen.«

»Oder wenigstens nicht zu großen Ärger«, sagte ich, und wir zuckten mit den Schultern und gingen weiter.

Ich hielt meine Stöcke ungewollt fester in der Hand und ließ den Blick über die Bäume gleiten. Leon zeigte auf einige rote Schilder, die auf den Feldern standen. Wir konnten sie nicht lesen, aber sie strahlten eindeutig etwas von »Betreten verboten!« aus. Konnte das hier eines der kleinen im Land verteilten Gebiete sein, die als »verbotene Zonen« galten? Nach allem, was wir gelesen hatten, waren diese Zonen wegen militärischer und eventuell auch nuklearer Installationen gesperrt. Nachdem uns unsere letzten Erfahrungen mit der Polizei etwas ungezwungener hatten werden lassen, wurde ich plötzlich nervös. Wenn wir hier aufgegriffen wurden, würde es dann doch Ärger wegen unserer Kameras geben? Ich versuchte Bilder von Eingesperrt-Werden und Deportation aus meinem Kopf zu vertreiben, und wir beschlossen, die Hauptkamera unten im Rucksack zu behalten und nur mit der GoPro auf meiner Brust zu filmen.

Die Stadt am Ende des Tales, Huanglong, war immer noch gut dreißig Kilometer entfernt, sodass wir abends einen Lagerplatz finden mussten. Als es dunkel wurde, näherten wir uns einem Dorf, das wir hoffentlich unbemerkt passieren konnten, um dann auf der anderen Seite unser Camp aufzuschlagen. Wir schalteten unsere Kopflampen aus und trugen unsere Stöcke, statt mit ihnen über den Straßenbelag zu klackern. Eine Frau kam aus einem Gartenschuppen und ging in ihr Haus. Wir dachten, sie hätte uns nicht gesehen, doch dann erschien ein Lichtkegel auf den Bäumen neben mir – sie war nach drinnen gegangen, um eine Lampe zu holen.

»Wir gehen einfach weiter«, murmelten wir uns zu, tauchten einen Augenblick später zurück in die Düsternis und waren unsichtbar.

»Der Schuppen der Frau sah aus wie eine vietnamesische Folterzelle«, scherzte Leon leise.

Minuten später hörten wir ein lautes Knallen aus dem Dorf hinter uns.

»Das klingt eher nach Gewehrschüssen als nach Feuerwerkskörpern«, sagte ich.

Anderthalb Kilometer hinter dem Dorf bauten wir leise unsere Zelte in die Ecke eines Kornfeldes.

Nach einer unruhigen Nacht waren wir im ersten Morgengrauen wieder unterwegs. Bei Tageslicht sah das Tal um uns herum weit weniger bedrohlich aus, und wir marschierten schnell voran. Um acht Uhr trauten wir uns, bei einer kleinen Häusergruppe Halt zu machen und unsere Thermosflaschen aufzufüllen. Ein paar wettergegerbte, grinsende Bauern gaben uns heißes Wasser und mit süßen Bohnen gefüllte Brötchen. Gott sei Dank sahen sie nicht aus, als würden sie uns als aufrechte Bürger festnehmen wollen.

Später begann es verträumt zu schneien, und bis zum Nachmittag war alles weiß. Die Hoffnung wuchs, dass wir es bis zur Stadt schaffen und uns dort durch die Außenbezirke auf die andere Seite mogeln könnten. Leon war etwa hundert Meter voraus, wir hatten noch zwölf Kilometer vor uns, und es hatte so gut wie aufgehört zu schneien, als plötzlich ein Polizeiwagen mit hell blitzender Lichtanlage auf uns zusteuerte. Er hielt neben Leon, und zwei Polizisten stiegen aus. Sie gaben ihm etwas. Adrenalin begann durch meinen Körper zu pumpen. Leon redete mit ihnen, aber ich war noch außer Hörweite. Er schien die Straße hinauf und hinunter zu deuten und ihnen unsere gewohnte Geschichte zu erzählen: dass wir das schöne, aber kalte China durchwanderten. Die Polizisten schien das allerdings, soweit ich sehen konnte, nicht zu amüsieren. Ein zweiter Polizeiwagen kam heran, und noch ein Beamter stieg aus.

Ich kam näher, das Gespräch erstarb, und alle sahen mich an.

»Hallo«, sagte ich. Niemand antwortete, aber einer der Polizisten gab mir ein Stück Papier. Ich sah Leon an, der äußerst düster dreinblickte und die Brauen hochzog.

Auf dem Papier prangten einige offiziell aussehende Stempel, der Text war auf Englisch verfasst.

»Ausländer, Sie haben das Gesetz gebrochen. Sie sind unerlaubt in ein Gebiet der Volksrepublik China eingedrungen, das für Ausländer verboten ist. Sie haben gehorsam zu befolgen, was immer die Polizisten von Ihnen verlangen.«

Mein Atem ging flach. Das war womöglich eine ernste Situation. Würden sie uns verhaften? Würden sie unsere Rucksäcke durchsuchen?

»Setzen Sie sich in den Wagen«, sagte einer der Polizisten und öffnete die Tür.

Der Wagen drehte um und fuhr in Richtung Stadt, genau dorthin, wohin wir unterwegs gewesen waren. Es war warm im Auto, und ich empfand eine seltsame Mischung aus Geborgenheit und Angst. Obwohl die Männer bisher nur Chinesisch mit uns geredet hatten, nahm ich an, dass sie vielleicht auch etwas Englisch konnten, und so wechselten Leon und ich in eine Englisch-Spanisch-Französisch-Mischung, um sicherzugehen, dass uns niemand verstand.

»*Que pasa tu penses* – was passiert jetzt?«, sagte Leon.

»Frag mich nicht«, sagte ich, »lass uns einfach *jugar* die *Estupido*-Ausländer-Karte – lass uns die Dumme-Ausländer-Karte spielen.«

Minuten später kamen wir in die Stadt. Sie wirkte völlig normal – es waren keine Raketenbasen zu sehen, nur das gewohnte Durcheinander der Leute, und in den Läden gab es Kleider, Fernseher und Fisch. In der Polizeiwache wurden wir in das Büro des ranghöchsten Beamten geführt. Wir mussten uns auf ein schmales, hartes Sofa setzen, und er fragte uns ein weiteres Mal, was wir hier machten.

»Wir gehen zu Fuß durch China. Was für ein wunderschönes Land es doch ist!«, sagten wir mehrere Male. Einer der anderen Polizisten kam herein, fragte nach unseren Pässen und ging damit hinaus. Ein Teil von mir hatte noch immer Angst, dass sie unsere Rucksäcke durchsuchen und an der Kamera Anstoß nehmen würden, aber nach und nach lockerte sich der Ton, und die Männer wurden entspannter. Einer brachte Tee, und mit einem Mal schienen alle eher etwas verlegen.

Ein paar Minuten später kam eine junge Frau in ihren Zwanzigern herein, um an unserer Teestunde teilzunehmen. »Ich bin die Tochter eines Polizisten«, sagte sie in ausgezeichnetem Englisch. »Ich arbeite als Flugbegleiterin für Qatar Airways.« Sie sprach ein paar Minuten mit dem ranghöchsten Beamten, wandte sich dann wieder uns zu und entschuldigte sich, dass wir verhaftet worden seien, aber unglücklicherweise sei dieses Gebiet für Ausländer gesperrt. Darauf entschuldigten auch wir uns und sagten, das sei uns nicht bewusst gewesen, was nicht ganz falsch war, schließlich hatten wir nicht sagen können, wie glaubhaft der Mann in seinem Auto wirklich war.

»Es gab keine Schilder, dass es ein gesperrtes Gebiet ist«, sagten wir.

»Nein, Schilder gibt es nicht«, stimmten alle zu.

»Wir konnten es nicht wissen.«

»Nein, Sie konnten es nicht wissen.«

»Vielleicht sollte man für die nächsten Ausländer ein paar Schilder aufstellen?«

Alle lächelten höflich.

Die Unterhaltung setzte sich mit mehr Fragen, mehr Erklärungen und mehr höflichen Entschuldigungen von beiden Seiten fort. Die Polizisten wollten immer mehr über unsere Wanderung erfahren und freuten sich, dass wir auf unserem Weg durch das große, schöne China so viele freundliche Menschen trafen. Die Stimmung wurde gelöster, und hier und da war ein Lächeln zu sehen, selbst auf dem Gesicht des Chefs.

Nach einer Stunde sagten sie uns, wir könnten bald weiter, aber da die verbotene Zone auch auf der anderen Seite der Stadt weitergehe, würden sie uns hindurchfahren müssen.

Das Polizeiauto brachte uns aus der Stadt und setzte uns in den Bergen auf der anderen Seite der verbotenen Zone ab. Beim Abschied machten die Polizisten nacheinander fröhliche Fotos mit uns und legten uns dabei die Arme um die Schultern.

Kapitel
38

Frühling

13. Februar
Entfernung von zu Hause: 3048 Kilometer

Ich war total erleichtert, dass wir es ohne größeren Ärger durch die verbotene Zone geschafft hatten, wenn es natürlich auch schade war, dass wir »schummeln« und uns dreißig Kilometer von einem Polizeiwagen hatten »mitnehmen« lassen müssen. Aber uns war nichts anderes übrig geblieben, und so wird man es uns nicht wirklich als Schummelei anrechnen können. Wir fragten uns, ob es noch viele verbotene Zonen auf unserer Route geben würde, und hofften, ihnen durch ein paar zusätzliche Recherchen ausweichen zu können.

Die Straße führte uns hinunter auf eine diesige Ebene, das erste große flache Gebiet seit der Wüste Gobi und der Beginn einer neuen Landschaft. Am nächsten Tag kamen wir durch eine tiefe Schlucht, und als wir in sie hinabstiegen, kletterte die Temperatur zum ersten Mal während unserer Reise über die Null-Grad-Grenze. Der Fluss unten in der Schlucht floss sanft dahin, ganz ohne Eis, und es wurde so warm, dass ich sogar die Handschuhe auszog. Wir legten eine Rast ein, aßen ein paar Nudeln, und es überraschte mich, eine Fliege um meine Füße kreisen zu sehen: das erste Insekt unserer Expedition. Nachmittags sahen wir ein paar Dorfbewohner, die ihre Straßen kehrten und die Reste des Winters in kleinen Feuern verbrannten. All diese Dinge ließen nur einen Schluss zu: Der Frühling kam.

In den letzten sieben Tagen war viel geschehen. Wir hatten den großartigen fünfzehnten Tag der Feiern zum chinesischen Neujahrsfest in Daning miterlebt, waren im eisigen Gelben Fluss geschwommen, hatten plötzlich ohne Geld dagestanden, waren über eine die Berge durchstoßende Autobahn gewandert und schließlich verhaftet worden, weil wir eine verbotene Zone durchquerten. Während dieser ganzen Zeit waren unsere Müdigkeit und unsere Erschöpfung immer noch weiter gewachsen, und in vieler Hinsicht schien uns die Kontrolle entglitten. Nur durch unser stetiges Vorandrängen hielten wir uns aufrecht, und wenn es jetzt wärmer wurde, musste es auch leichter werden.

Allerdings konnten wir den Temperaturanstieg noch nicht so richtig genießen, mussten wir doch noch unseren in der Verzweiflung gefassten Plan in die Tat umsetzen und für einige zusätzliche Filmaufnahmen in die winterliche Einöde der Mongolei zurückkehren.

Kapitel

39

Kode Z

14.–22. Februar
Entfernung von zu Hause: 2927 Kilometer

Man könnte das Leben eines Abenteurers leicht romantisieren, wenn man sich allein auf das stützte, was man in Fernsehdokumentationen und hochglänzenden Reisebüchern zu sehen bekommt. Die Wirklichkeit sieht etwas anders aus. Ein großer Teil einer Expedition ist voller Monotonie, voller endloser Tage schwerer, schmerzhafter Schritte, ewig gleicher Gespräche mit Fremden und der wachsenden Langeweile mit sich selbst. Zwar gibt es viele geradezu glorreiche Momente extremer Schönheit, wunderbarer Gastfreundschaft, Augenblicke voller Adrenalin und Ausgelassenheit, aber eben auch lange, lange Stunden, in denen gar nichts geschieht. Und wenn die Monotonie einmal aufreißt, dann oft in Form eines Hindernisses, das es zu überwinden gilt, eines Problems, das gelöst werden muss. Auf meinen bisherigen Unternehmungen musste ich einige fast schon aberwitzige Dinge tun, um solche Hindernisse und Probleme zu meistern. In Tibet musste ich mich nachts um drei durch einen militärischen Kontrollpunkt schleichen und in Papua-Neuguinea ein Fahrrad auf einem Kanu über Flüsse ohne Brücken balancieren. Das alles gehört zum Abenteuer dazu, und ein gesunder Sinn für das Absurde ist einer der wichtigsten Charakterzüge, die es verhindern, eine Unternehmung zu anstrengend werden zu lassen.

Wir hatten dem Ganzen aber noch die Verpflichtung hinzugefügt, alles filmisch zu dokumentieren, was der Herausforderung noch einmal eine andere Qualität gab.

Unser Kode Z hatte zwei Ziele. Zunächst einmal mussten wir China verlassen und neu einreisen, um unsere Visa um drei Monate zu verlängern (der Zeitpunkt war gekommen). Zum Zweiten wollten wir uns zwei Tage lang mit Molly in der mongolischen Wüste filmen, diesmal mit scharfen Bildern.

Unseren Plan umzusetzen war jedoch alles andere als einfach. Wir würden nach Peking fliegen, dort neue mongolische Visa beantragen, nach Erlian fliegen, zurück über die Grenze in die Mongolei wechseln, Molly finden, mit ihr in der Wüste die benötigten Filmaufnahmen machen und am Ende wieder nach China einreisen und an den Punkt zurückkehren, an dem wir unsere Reise unterbrochen hatten. Die ganze Operation sollte neun Tage dauern (Tage, die wir uns kaum leisten konnten) und würde fast unser gesamtes Not-Budget von eintausend englischen Pfund aufbrauchen. Aber wir hatten das Gefühl, dass es den Aufwand wert sei, da es die einzige Möglichkeit war, unser schmerzliches Unschärfe-Fiasko wiedergutzumachen. Natürlich barg der Plan auch Risiken, konnten doch eine ganze Reihe Dinge dabei schiefgehen: Wir konnten Flüge verpassen (es waren vier in acht Tagen), Visa verweigert bekommen oder Schwierigkeiten beim Grenzübergang haben, und vielleicht war Molly nicht mehr zu finden.

Der erste Flug ging von Xi'an ab. Da der Flughafen nicht auf unserer Route lag, wollten wir so nahe wie nur möglich an ihn herankommen, uns die Stelle merken und ein Taxi nehmen. Der Flug sollte am 16. Februar stattfinden, aber wie um zu zeigen, welch unerwartete Probleme auf uns zukommen mochten, fragte Christine am 13. Februar noch einmal in der mongolischen Botschaft nach und fand heraus, dass sie kurz davor stand, wegen des mongolischen Neujahrsfestes zu schließen – was hieß, dass wir in Peking unsere mongolischen Visa nicht bekommen würden. Hals über Kopf änderten wir unseren Plan, buchten unsere Flüge gleich auf den nächsten Tag um, den 14. Februar, marschierten in die nächste Stadt, Pucheng, und sprangen in ein Taxi. Stunden später waren wir in der Luft.

»Der Kapitän hat die Anschnallzeichen gelöscht, genießen Sie Ihren Flug. Unsere voraussichtliche Ankunftszeit in Peking ist 00:05 Uhr.«

Ich sah Leon an, der bereits auf seinem Platz neben mir eingedöst war. Die Welt draußen war schwarz, aber ich wusste sehr gut, was wir unter uns zurückließen – die Lössberge Shānxīs. Wir hatten fast zwei blasengesättigte Monate gebraucht, um sie zu durchqueren. Bilder der Großen Mauer, unseres Irrlaufs am Gelben Fluss und der Kohletäler, durch die wir gekommen waren, fluteten durch meinen Kopf. Dabei würde der Flug nach Peking, das weit über dreihundert Kilometer von Datong entfernt lag, kaum neunzig Minuten dauern.

Wir blieben zwei Tage in Peking, wo wir wärmstens von Christines alter Freundin Enoch und ihrem Verlobten Tim umsorgt wurden. Früh am nächsten Morgen waren wir schon wieder auf den Beinen, um unsere Pässe in der mongolischen Botschaft abzugeben. Als das geschafft war, spazierten wir erleichtert und benommen durch die Straßen der Hauptstadt. Nach den Höhlendörfern und abgelegenen eiskalten Tälern fühlte sich Peking an, als wäre es Teil einer anderen Welt. Alles schien größer und bedeutsamer – die Straßen waren breiter, der Verkehr dichter, die Häuser stattlicher. Der graue Schleier der

Luftverschmutzung war ebenfalls dichter, und an jeder Straßenecke schien es eine Starbucks-Filiale zu geben. Eine willkommene Abwechslung war, dass uns die Leute nicht mehr anstarrten, gab es doch noch viele andere westlich-weiße Gesichter zu sehen, Geschäftsleute, Reisende, alt und jung. Abends gingen wir mit Enoch und Tim zu einer Party, wo alle schick und nach der letzten Mode gekleidet waren und Leon und ich mit unseren zueinander passenden, gesponserten wattierten Jacken leicht fehl am Platz wirkten.

Wir bekamen unsere mongolischen Visa und bestiegen ein Flugzeug zurück nach Erlian an der mongolischen Grenze. Ich fuhr mir bei unserer Landung mit der Hand über das Gesicht, das sich ungewohnt nackt anfühlte. Ich hatte mir in Peking meinen Bart abrasiert, war es für die Filmaufnahmen doch wichtig, dass ich möglichst so wie zu Beginn unserer Reise aussah. Leon dagegen wollte sich nicht rasieren, und wir kamen überein, dass er, wann immer er selbst vor der Kamera erschien, seine Schalmütze tragen würde – der geheimnisvolle Mann ohne Gesicht. Das Wichtigste war jedoch, dass wir Molly wiederfanden, und dazu mussten wir Urult, den Geldwechsler, aufspüren.

Wir kamen bei Tageslicht aus dem Flughafen Erlian, und alles wirkte ganz anders als nachts vor drei Monaten, als wir versucht hatten, hier zu schlafen, und es zu unserem ersten Zusammentreffen mit der chinesischen Polizei gekommen war. Dieses Mal sahen wir wie normale Touristen aus. Im Vorbeigehen lächelte ich den Polizisten zu, einer von ihnen runzelte kurz die Stirn, als löste ich eine vage Erinnerung bei ihm aus.

Ein Taxi brachte uns zur fünfundzwanzig Kilometer entfernt gelegenen Stadt, und wir sahen, dass es, obwohl wir erst Februar hatten, weit weniger Schnee als bei unserem ersten Durchkommen gab, was beim Filmen einen komischen Eindruck machen konnte. Wir würden darauf achten und, wenn nötig, Verwehungen nutzen müssen.

Als wir die Strecke entlangfuhren, die wir gegangen waren, und die leere Wüstenlandschaft sahen, schien es bizarr, was uns in Erinnerung geblieben war.

»Da haben wir eine Nudelpause eingelegt«, sagte Leon und deutete auf eine Parkbucht.

»Und da bist du Mr Lax besuchen gegangen«, sagte ich und zeigte auf einen Felsen.

Neben dem Vorankommen und Filmen hatten sich unsere Tage um die einfachsten Bedürfnisse des Lebens gedreht.

Als wir den Dinosaurierbogen über der Straße erreichten, stiegen wir aus, filmten etwa eine Stunde lang, und ich versuchte zu reden und auszusehen, als machten wir unsere ersten, nervösen Schritte nach China hinein. Ich war nie ein großer Schauspieler gewesen – und als Kind fürchterlich scheu –, doch jetzt kam der Augenblick, mich für eine Oscar-Nominierung zu empfehlen. Auch in Erlian filmten wir uns in den Straßen, als hätten wir gerade erst die Grenze überschritten. Wir drehten die Zeit zurück.

Am nächsten Morgen wechselten wir in die Mongolei. Zamyn-Üüd hatte sich nicht verändert, sondern war immer noch die schmuddelige, eiskalte Grenzstadt, und die Atmosphäre von Eintönigkeit und Verfall sprang uns nach dem Gefühl von Fortschritt, das uns in den chinesischen Städten begegnet war, umso stärker ins Auge.

Unsere erste Aufgabe bestand darin, Molly zu finden. Wir hatten darauf gehofft, dass Urult immer noch in seinem glänzenden Auto vor dem Bahnhof stand und Coldplay hörte, und natürlich auch, dass er sein Versprechen gehalten und sich um Molly gekümmert hatte. Aber als wir zum Bahnhof kamen, waren weder er noch sein Wagen zu finden. Wir verdrehten die Augen. Das war das Letzte, was wir brauchten, nachdem wir extra wieder hergekommen waren. Leon ging Vorräte einkaufen, und ich machte mich auf die Suche. Endlich fand ich einen Jeep-Fahrer, der Englisch sprach und sagte, Urult sei nach Ulan-Bator gegangen.

Das war keine gute Nachricht. Wenn Urult nicht mehr da war, wie sollten wir dann Molly finden? Der Jeep-Fahrer schlug vor, ich solle Sasha fragen, Urults älteren Bruder, den großen Boss der Stadt. Ich wurde zu einem Gebäude gebracht und hinauf in ein Büro, wo dieser Sasha hinter einem Schreibtisch saß, ganz corleonehaft mit einem Kumpan an der Seite. Wir verstanden beide kein Wort von dem, was der andere sagte, nur »Urult«. Nachdem meine Versuche, Molly mit Quietschgeräuschen und dahinfahrenden Handgesten zu beschreiben, fehlgeschlagen waren, fiel mir der Laptop ein, und ich holte ein Bild von Molly auf den Bildschirm. Sashas Miene hellte sich auf. Er gab seinem Kumpel einen knappen Befehl, der mich nach draußen führte und unter einen geparkten Lastwagen zeigte. Ich bückte mich, und da stand Molly, sicher und gesund. Sie schien außer sich vor Freude, dass wir gekommen waren, um sie zu retten.

Am nächsten Morgen mieteten wir einen Jeep mit Fahrer, ließen uns fünfundzwanzig Kilometer weit nach Norden bringen und in der Wüste absetzen. Darauf folgten surreale sechsunddreißig Stunden, in denen wir Molly auf der Ebene und zwischen den Hügeln hin und her zogen und so taten, als kämen wir zum ersten Mal hier durch. Am Nachmittag des zweiten Tages erreichten wir den Gipfel einer Erhebung und beschlossen, dass wir genug Material gesammelt hatten.

Es wäre sehr schwer gewesen, mit Molly zurück in die Stadt zu trampen, und so ließen wir sie oben auf der Erhebung zurück, wobei wir eine genaue Karte der Umgebung anlegten. Ein Abenteuerfreund von Leon wollte in ein paar Monaten die Wüste durchqueren, und Leon würde ihm eine Art Schatzkarte schicken, damit er Molly fand.[1] Wir winkten einem vorbeikommenden Auto zu, lie-

---

[1] Unglücklicherweise war Molly nicht mehr dort, als Charlie kam. Hoffentlich hatte sie ein gutes Zuhause bei örtlichen Nomaden gefunden.

ßen uns nach Zamyn-Üüd mitnehmen, reisten erneut nach China ein (bekamen die gewünschten frischen Drei-Monats-Stempel) und flogen über Peking zurück nach Xi'an. Ein Taxi brachte uns an die Stelle, wo wir den Weg vor neun Tagen unterbrochen hatten.

Abends in einem Lùdiàn sagte ich zu Leon: »Ich glaube, es war ein großer Erfolg.«

»Ja, unter den gegebenen Umständen.« Leon wirkte erleichtert.

Wir hatten ausgiebig alle möglichen moralischen Bedenken diskutiert. Betrogen wir die Zuschauer? Nur innerhalb der normalen kreativen Grenzen, um eine gute Dokumentation zu erstellen, fanden wir. Kode Z hatte nichts damit zu tun, dass wir uns das Leben erleichtert hätten. Im Gegenteil, wir hatten uns eine Menge zusätzlich aufgebürdet und getan, was wir schon einmal getan hatten, und wir bereuten es nicht.

Leon holte den Whisky heraus, nahm einen Schluck und gab mir die Flasche.

Beim Zurückgeben sagte ich: »Ich denke, du verdienst heute eindeutig einen zweiten Schluck. Das hast du wirklich super gemacht. Kode Z war eine gewagte Idee, hat aber bestens funktioniert.«

»Danke«, sagte Leon. Er nahm einen zweiten Schluck, und ich konnte sehen, wie ihm eine mächtige Last von den Schultern fiel.

Kode Z hatte uns aber nicht nur das nötige Filmmaterial geliefert, sondern auch bewusst gemacht, dass wir uns zwar ziemlich unerfahren und naiv auf den Weg gemacht, als Team und mit der filmischen Dokumentation jedoch einiges auf die Beine gestellt hatten. Diese Unternehmung erwies sich als eine Art Feuertaufe (oder auch Eistaufe) für uns beide, besonders für Leon, da auf ihm die Hauptlast für den filmischen Part lag. Er zeigte sich der Herausforderung gewachsen.

Kapitel
40

Die Krieger
23.–25. Februar
Entfernung von zu Hause: 2783 Kilometer

Wir hatten jetzt keine Woche mehr, bis Christine uns besuchen würde, und als wir den Weg nach Xi'an wieder aufnahmen, fühlte es sich an, als wären wir in eine neue Phase unserer Expedition eingetreten. Der Frühling meldete sich noch deutlicher als vor Kode Z, und selbst nachts blieben die Temperaturen über null. Der Himmel war von einem trüben, diesigen Grau, dennoch war es warm genug, um unsere Daunenjacken und Handschuhe in den Rucksack zu stopfen und mit bloßen Händen und zwei Schichten Thermokleidung dahinzuwandern. Erstaunlicherweise fühlte sich auch mein Fuß wieder ziemlich kräftig an. Ich kam fast auf mein altes Tempo.

Die Landschaft veränderte sich ebenfalls. Die flachen Ebenen begannen sich mit knospenden Obstgärten und frisch gepflügten Gemüsefeldern zu füllen. Überall waren Bauern zu sehen, die der

Natur dabei halfen, das Leben zurück in die Welt zu bringen. Und die Städte: Ganze Straßenzüge mit neuen Wohnhäusern schossen in ihnen auf, und überhaupt schienen viele Gebäude noch kein Jahr alt zu sein. Die Straße, auf der wir gingen, war schmal und voll mit landwirtschaftlichem Verkehr und Bussen. Wann immer es ging, nahmen wir kleine Fußwege entlang an Bewässerungskanälen.

Wir schienen problemlos zurück in unseren gewohnten Rhythmus zu verfallen. Als wir uns jedoch am zweiten Tag mittags wieder wie gewohnt auf den leicht matschigen Boden setzten und die vertraute Prozedur begannen, Wasser zum Kochen zu bringen und über unsere Fertignudeln zu schütten (bei Pausen zwischendurch an der Straße waren die Nudeln immer noch das probateste Essen), kamen Leon und ich zur gleichen Erkenntnis.

»Hmm«, sagte ich, »die Nudeln schmecken heute nicht so gut.«

Leon blickte von seiner Schüssel auf. »Weißt du was? Genau das dachte ich gerade auch.«

»Ich hoffe, ich sehe mein Leben lang keine Fertignudeln mehr.«

»Ich auch. Magst du ein paar Erdnüsse?«

Nach drei Monaten mit Fertignudeln hatten wir unser Limit erreicht. Waren sie schon vorher ziemlich langweilig gewesen, kamen sie uns jetzt so verlockend vor wie schimmeliges Brot. Okay, ehe man verhungerte ... aber davon abgesehen taugten sie nur noch für den Müll. Bis jetzt hatten wir kein Takeaway-Essen von billigen örtlichen Restaurants mitnehmen können, weil es uns immer gleich eingefroren wäre. Mittlerweile schien das aber die passende Strategie gegen die Fertignudel-Tortur.

An diesem Abend schalteten wir unsere Kopflampen ein und wanderten auf der Suche nach einem Platz zum Kampieren in ein hübsches Feld. Aber sehr schnell schon schien die Taschenlampe eines Nachtwächters in unsere Richtung, begleitet von lauten Rufen. Wir machten uns davon und gingen ein, zwei Kilometer weiter, bevor wir es noch einmal versuchten. Dieses Mal verhielten wir uns weniger auffällig, ließen die Lampen ausgeschaltet und zogen in der Mitte des Feldes zum ersten Mal unsere Biwaksäcke heraus, dunkelgrüne, leichte GoreTex-Säcke, die sich anstelle eines Zeltes benutzen ließen. Wir hatten sie seit Datong dabei und darauf gehofft, die Zelte bald nach Hause schicken zu können, nur war es bis jetzt noch zu kalt gewesen. Heute jedoch waren sie ideal. Die Temperatur war gestiegen, und wir wollten möglichst unsichtbar sein. Nur die alleraufmerksamsten Nachtwächter würden uns in unseren Säcken entdecken können.

Ein gutes Dutzend Kilometer von unserem Schlafplatz entfernt hatten sich an einem Frühlingsmorgen vor achtunddreißig Jahren einige Bauern getroffen, um einen Brunnen zu graben. Nach ein paar Metern stieß Yang Zhifa, der Bauer, der gerade unten in der Grube stand, auf etwas Hartes. Es schien eine geformte Oberfläche zu haben, und er dachte, vielleicht sei es ein Stück Töpferware, das er verkaufen könnte. So grub er denn weiter und stellte fest, dass es eine Art Statue war. Pflichtgemäß wurden die örtlichen Behörden informiert, Archäologen kamen, sahen sich die Sache an und gruben weiter.

Zu ihrem Erstaunen begannen sie eine Statue nach der anderen auszugraben: eine ganze Armee militärischer Figuren. Und was noch erstaunlicher war, es waren nicht einfach irgendwelche alten Statuen. Nein, sie waren Teil des Grabkomplexes Qins, des berühmtesten aller chinesischen Kaiser, der China zu einem Reich vereint hatte.

In alten Schriften hatte es fantastische Beschreibungen des Grabes von Kaiser Qin gegeben. Es sollte ein Mausoleum von der Größe eines kleinen Berges sein, lebensgroße Nachbauten der Paläste Qins und ein riesiges Abbild seines Reiches enthalten – mit Quecksilberflüssen, um die großen Wasserstraßen des Landes nachzubilden. Offenbar hatte der Bau der Anlage achtunddreißig

Jahre gedauert und eine Sklavenarmee von siebenhunderttausend Mann erfordert. Das Grabmal war aber nie entdeckt worden, und so hatte die moderne Wissenschaft angenommen, die Berichte seien extrem übertrieben gewesen.

Nachdem sie zweitausend Jahre lang stumm und vergessen unter der Erde ausgeharrt hatten, rückten die Figuren, heute als die Terrakotta-Krieger oder die Terrakotta-Armee bekannt, diese Annahmen zurecht. Denn auch wenn die Statuen in den alten Berichten nicht auftauchen (vielleicht galten sie verglichen mit dem Hauptgrab nur als kleine Nebenattraktion), bewiesen sie doch die Größenordnung der Arbeiten, und nicht viel später wurde auch das Grab selbst entdeckt, knapp zwei Kilometer entfernt in einer von Menschenhand aufgeworfenen Erhebung.

Am Morgen packten Leon und ich unsere Biwaksäcke ein, und nach zweistündigem Marsch verwandelten sich die Felder um uns herum in eine Betonfläche. Die Felder, die Yang Zhifa einst bebaut hatte, waren heute mit einem riesigen Archipel aus Restaurants, Parkplätzen und Läden bedeckt, die lebensgroße Nachbildungen der Terrakotta-Figuren verkauften. Wir gingen durch diesen Irrgarten und schlossen uns der Touristenmenge an, die aus Bussen stieg und auf den Eingang zustrebte.

»Da ist der große Mann selbst«, sagte Leon und schaltete die Kamera ein.

Eine mächtige Statue Kaiser Qins blickte über die Parkplätze hinweg.

»Der sieht nicht unbedingt aus wie einer, mit dem man gerne ein Glas trinken würde«, sagte ich.

Die Statue zeigte einen mächtigen Mann mit einem harten Gesicht. In den historischen Schriften wurde er als herzlos, brutal und autoritär dargestellt. Mehrere Millionen Leben fielen seinen Bauprojekten zum Opfer – nicht nur seinem Grabkomplex, sondern auch den Straßen, Kanälen und der Großen Mauer. Er war ein militärischer Führer, der mit dem Ziel der Einigung des Reiches andere Königtümer zerstörte, und bezeichnenderweise war er im Gegensatz zu seinen Nachfolgern kein Anhänger von Konfuzius und dessen Betonung einer tugendhaften, beispielhaften Führung. Qin regierte nach der harten Doktrin des Legalismus, mit einem Strafkodex für alle, die ihm nicht völlig Gehorsam leisteten. Er schätzte es nicht, wenn man ihm widersprach. Mit zu seinen schändlichsten Taten gehörte, dass er Tausende wichtige konfuzianische Bücher verbrennen und vierhundertsechzig konfuzianische Gelehrte lebendig begraben ließ.

Wir zahlten unser Eintrittsgeld, passierten das Tor und gingen zum ersten und größten der Gebäude – etwa so groß wie ein Flughafenhangar –, in dem die berühmten Krieger standen. Ich war auf meiner Fahrradtour schon einmal hier gewesen, hatte aber praktisch noch nichts über die chinesische Geschichte gewusst, und ohne den entsprechenden Kontext waren die Statuen zwar äußerst beeindruckend, warfen mich aber nicht um. Dieses Mal wusste ich mehr über das Land, seine Geschichte und was dieser Kaiser geschaffen hatte. Sein Reich war so riesig gewesen, dass Leon und ich sechs Monate brauchten, um einmal von Nord nach Süd hindurchzulaufen – auf meist guten Straßen und in einer Zeit von Frieden und Sicherheit. Qin hatte dieses Land vor zweitausend Jahren geeint und beherrscht.

Wie gesagt wusste ich, was ich zu erwarten hatte, als wir das Gebäude betraten, und war doch überrascht. Die Krieger standen noch genauso da wie bei meinem letzten Besuch, ordentlich in Reihen angetreten. Immer noch bewachten sie ihren Kaiser, wie sie es all die Jahrhunderte hindurch getan hatten. Sie wirkten so menschlich, und doch verzaubert, wie schaurige Soldaten in einem Hollywoodfilm. Die Bücher sind voller interessanter Informationen über sie. Es wird angenommen, dass es insgesamt über achttausend Krieger sind, obwohl bisher nur etwa ein Viertel von ihnen ausgegraben wurde. Die Statuen sind nicht massenproduziert, sondern eher einer tatsächlichen Armee nachgebildet und völlig individuell geformt. Die Krieger haben verschiedene Ränge, tragen unterschiedliche Panzerungen, und jeder hat seinen eigenen Gesichtsausdruck. Sie sind verschieden alt, genau wie ihre Bärte verschieden lang sind. Gemeinsam haben sie die leeren, halb geballten Hände. Die Waffen wurden ihnen womöglich schon früh gestohlen, oder sie waren aus Holz und sind über die Jahrhunderte verrottet. Ihre Gesichter sind sehr menschlich und entschlossen, mit ein wenig Angst vielleicht, und doch gestählt für den Kampf und ihr Schicksal als Fußsoldaten des Kaisers.

Die Terrakotta-Armee spiegelt nicht nur die Macht und den Wohlstand des ersten Kaisers wider, sondern auch seine Besessenheit mit dem eigenen Leben und dem Leben nach dem Tod. Forschungen haben ergeben, dass es im alten China bemerkenswert konsistente Vorstellungen über das Leben nach dem Tod gab und ein Grab die Dinge enthalten sollte, die man im nächsten Leben brauchte. Qin wollte eine Armee nahe bei seinem Palastgrab, in dem er zusammen mit geopferten Konkubinen und Dienern begraben wurde.

Nach seinem unerwarteten Tod (womöglich wurde er von einem seiner Zauberer vergiftet, der ihm einen Becher reichte, in dem das »Elixier des Lebens« sein sollte) folgte eine Krise mit heimtückischen Eunuchen und Erben, die zum Selbstmord gezwungen wurden, mit Revolte und Bürgerkrieg. Die Dynastie, die Qin begründet und von der er gehofft hatte, sie würde tausend Generationen überdauern, überlebte ihn um nicht mehr als ein paar Jahrzehnte. Und so wurde der blutige Staffelstab des »Mandats des Himmels« durch die Jahrhunderte von einer abgetrennten Hand an die andere weitergegeben. Was Qin tatsächlich überdauerte, war die Idee eines zusammenhängenden, geeinten China.

Obwohl die Krieger aus der Erde befreit wurden, sind sie immer noch Diener des Staates, des neuen, kommunistischen China, und demonstrieren Millionen von Touristen jedes Jahr die ehemalige Pracht des Reiches. Wir gingen durch die Touristentrauben und auf dem Weg hinaus noch einmal vorbei an der Statue des Kaisers. Missbilligend sah er auf uns herab, die wir noch lebten, und ich sah hinauf in sein starres Gesicht. Wie die historischen Quellen belegen, war er zweifellos ein harter Mensch. Ich hatte jedoch gelesen, dass es womöglich etwas unfair sei, ihn diesbezüglich schlimmer darzustellen als andere Kaiser. Viele von ihnen waren unvorstellbar brutal.[1]

Zwanzig Minuten, nachdem wir die Touristenzone verlassen hatten, kamen wir zu einem großen Park, der von einem riesigen Hügel dominiert wurde. In diesem Hügel befand sich das Grab des Kaisers. Bis zur Entdeckung der Terrakotta-Armee war es zweitausend Jahre lang verborgen geblieben. Die Aufgabe, dieses Grabmal zu errichten, ist, was die Ausmaße betrifft, mit dem Bau der Pyramiden verglichen worden. Wehmütig sahen wir zu ihm auf, fünfzig Meter hoch, von Bäumen bedeckt. Obwohl bewiesen ist, dass es tatsächlich das Mausoleum des Kaisers enthält, ist es noch nicht geöffnet worden. Die Verlockung muss groß sein, doch die Entscheidung scheint mir weise. Es heißt, es fehlt noch die richtige Technologie für eine Öffnung, wobei es natürlich auch Verschwörungstheorien gibt. Ich meinerseits hoffe, den Tag noch zu erleben, an dem die Geheimnisse von Qins Mausoleum offenbart werden.

---

1   Viele europäische Herrscher waren natürlich nicht besser. Qins so schlechter Ruf ist teilweise dem Umstand geschuldet, dass Sima Qian, sein Hauptchronist, ein konfuzianischer Gelehrter der Han-Dynastie war. Um die eigene Herrschaft zu legitimieren, wollte die Han-Dynastie zeigen, dass Qin ein sehr schlechter Kaiser gewesen war.

Kapitel
41

Der Tunnel des Verderbens

26.–28. Februar
Entfernung von zu Hause: 2702 Kilometer

Am nächsten Tag endlich erreichten wir Xi'an, die alte Hauptstadt, heute eine Art Betondschungel. Es war schwer gewesen, unser Ankunftsdatum genau vorauszusagen, und so waren wir bereits achtundvierzig Stunden vor Christine und unserer so nötigen fünftägigen Erholungspause da. Statt wertvolle Tage wartend zu verschwenden, beschlossen Leon und ich weiterzugehen, den Punkt zu markieren, den wir in zwei Tagen erreichten, und zurück nach Xi'an zu trampen. Während unserer Pause würden wir ausreichend Zeit haben, Xi'an zu erkunden, was umso schöner wäre, da wir schon weitere Kilometer geschafft hatten.

Also verließen wir Xi'an auf der anderen Seite gleich wieder und kamen gegen Mittag auf eine weitere diesige Ebene.

»Ich könnte mich daran gewöhnen, über so flaches Terrain wie das hier zu laufen«, sagte ich. »Wie weit ist es bis zu den nächsten Bergen?« Von den Google-Karten wussten wir, dass wir südlich von Xi'an, fast bis zur Küste, einen zerklüfteten Landstrich nach dem anderen zu durchqueren hatten.

»Gerade mal eine Stunde«, sagte Leon, der während des Laufens die iPhone-Karte studierte, und tatsächlich nahm der riesige geisterhafte Schatten am Horizont bald darauf schon klarere Konturen an, und das Qin-Ling-Gebirge wuchs vor uns auf. Näherkommend sahen wir, dass die Berge ganz anders als die im Norden waren. Sie ragten eckiger und steiler in die Höhe, da sie aus hartem Kalkstein und nicht dem weitaus weicheren Löss bestanden, der so leicht durch Regen und Wind formbar war. Sie waren auch weit weniger trocken – dichte, subtropische Vegetation umrahmte die hellen Felsen und aus dem Nebel stechenden Gipfel, kleine Wasserläufe stürzten in die Tiefe. Ein sich windender Weg stieg zu den Bergen auf, die immer höher vor uns aufragten, bis sie hinter den nächsten Klippen aus dem Blick verschwanden. Es fühlte sich an, als beträten wir die Welt alter chinesischer Schwertkämpfer und fliegender Dolche. Eine enorme Autobahn tauchte auf und bohrte sich durch die Felswände. Unsere Straße wand sich unter ihr entlang.

Das Qin-Ling-Gebirge war eine beeindruckende Barriere. Direkt südlich der alten Hauptstadt gelegen, war es für China durch die Geschichte politisch wie kulturell immer von großer Bedeutung gewesen. Darüber dachten Leon und ich im Moment jedoch nicht nach, sondern wir überlegten, wie wir diese Barriere in den nächsten anderthalb Tagen überwinden könnten. Dass wir zu früh für Christine nach Xi'an gelangt waren, hieß nicht, dass wir vor unserem Plan lagen. Meine Fußverletzung und die neun Tage für Kode Z bedeuteten, dass die verbleibenden drei Monate in China ziemlich zermürbend ausfallen würden. Daran ließ sich nichts ändern, und es war äußerst sinnvoll, vor unserer Pause noch so weit wie nur möglich nach Süden vorzudringen, wofür es nur eine offensichtliche Route gab: durch den Zhongnanshan-Tunnel.

DER TUNNEL DES VERDERBENS

Der Zhongnanshan war nicht mit den kurzen Autobahntunneln zu vergleichen, durch die wir bisher gegangen waren. Die waren für gewöhnlich keinen Kilometer lang gewesen, und selbst wenn man in ihrer Mitte stand, konnte man an beiden Enden Tageslicht hereinfallen sehen. Der Zhongnanshan-Tunnel war mit seinen 18 040 Metern der längste Straßentunnel Chinas und weltweit der zweitlängste.

Dass wir ernsthaft überlegten, zu Fuß durch ihn zu gehen, war womöglich ein Indiz dafür, wie sehr unsere Erschöpfung uns alle Vernunft vergessen ließ. Wir waren uns bewusst, wie verrückt es war, durch den Tunnel zu laufen, den wir den »Tunnel des Verderbens« nannten, doch wir schienen der Versuchung nicht widerstehen zu können.

»Was ist mit den Abgasen da drin?«, sagte Leon.

»Der Tunnel ist ganz neu«, sagte ich. »Er wurde erst vor einem Jahr eröffnet, also werden die Ventilatoren sicher noch bestens arbeiten. Die Abgase sind nicht das Problem. Aber was ist mit der Polizei?«

»Vielleicht könnten wir in der Nacht gehen«, sagte Leon. »Selbst wenn es eine Videoüberwachung gibt, werden die Leute an den Monitoren wahrscheinlich schlafen. Das Letzte, womit die rechnen, sind zwei irre Ausländer, die da um vier Uhr morgens durchmarschieren.«

»Und in China wird einem leichter etwas vergeben, als dass man eine Erlaubnis dafür bekäme«, sagte ich. Das hatte ich irgendwo gelesen, und es klang gut. Es schien unseren Ansatz der Polizei gegenüber auf den Punkt zu bringen.

Nachdem der Entschluss also gefasst war, gingen wir bis in die Nacht hinein, da wir vorm Schlafengehen möglichst nahe an den Tunneleingang herankommen wollten. Um neun Uhr trafen wir auf eine Gruppe Wanderarbeiter, die um ein kleines Feuer saßen. Sie sagten, wir könnten in dem verfallenen Haus hinter ihnen schlafen, und zeigten uns ein leeres, türloses Zimmer nach vorne hinaus. An der Wand lehnten ein paar alte Türen. Einer der Männer legte eine davon auf den Boden und bedeutete uns mit einem Lächeln, dass sie ideale Betten abgaben. Wir dankten ihm und rollten unsere Schlafsäcke auf dem Holz aus.

Der Wecker schrillte, und ich brauchte einen Moment, um mich daran zu erinnern, warum ich um drei Uhr morgens aufstehen wollte, worauf sich ein unterschwelliges Gefühl des Grauens in mir regte. Durch einen achtzehn Kilometer langen chinesischen Tunnel zu gehen war so mit das Letzte, was ich im Moment tun wollte, und plötzlich kam mir das Ganze wie eine unglaublich schlechte Idee vor. Meine Hände zitterten leicht, als wir unsere Schlafsäcke zusammenpackten und in die Dunkelheit hinaustraten.

Wir kletterten auf die Autobahn und gingen hintereinander über den Standstreifen in Richtung Tunnel. Es war vollkommen still. Die Autobahnlaternen leuchteten hell auf uns herab, und hinter ihnen hoben sich die Konturen des Quin-Ling-Gebirges aus der Nacht. Der zweispurige Tunneleingang kam in den Blick. Er war hell erleuchtet, und neben ihm standen eine kleine Kontrollkabine und ein Polizeiwagen. Wir gingen weiter und sahen einen Mann in der Kabine hocken und fernsehen. Er bemerkte uns nicht, und einen Moment später schon waren wir im Tunnel des Verderbens.

Er wurde schnell dem Namen gerecht, den wir ihm gegeben hatten. Weiße Lichter und geschwärzte Wände stießen schnurgerade ins Herz des Gebirges, ohne dass ein Ende oder ein möglicher Fluchtweg erkennbar gewesen wäre. Tatsächlich handelte es sich um zwei parallele Tunnel, einen für jede Richtung, und wir gingen wie immer dem Verkehr entgegen. Es gab einen anständig breiten Seitenstreifen, sodass wir vor den Autos sicher zu sein schienen. Allerdings konnte ich die Abgase riechen und wusste eigentlich, dass wir der Sache ein Ende setzen und umkehren sollten, aber da der Anfang nun schon einmal gemacht war, hatten wir auf geradezu bizarre Weise das Gefühl, dass uns keine andere Wahl blieb als weiterzugehen.

Wir beschleunigten den Schritt und hörten das erste Fahrzeug, bevor wir es sahen. Es war ein schweres, von den Wänden widerhallendes Poltern und Dröhnen. Einen Augenblick später tauchten die Scheinwerfer auf, und der Wagen lärmte vorbei. Ich versuchte, flach zu atmen – wir würden wenigstens drei Stunden in diesem Tunnel verbringen müssen. Ich sah über die Schulter. Leons Ausdruck war unheilvoll, und die Tunnelöffnung hinter ihm verschwand langsam aus dem Blick. Nach zehn Minuten war sie nicht mehr zu sehen. Wir blieben stehen und blickten einander an.

»Himmel noch mal, ist das heiß hier drin«, sagte ich.

Leon schnaufte und stimmte mir zu. Wir setzten die Rucksäcke ab und zogen unsere Mäntel und Thermopullover aus, bis wir im T-Shirt dastanden. In der Wüste Gobi hatte ich manchmal überlegt, wie es wohl sein würde, wenn wir zum ersten Mal T-Shirt-Wetter hätten. Wenn das hier als Wetter galt, war die Frage beantwortet.

»Sehen wir mal, wie es geht«, meinte Leon.

Wir gingen, so schnell wir konnten, und hielten den Blick auf die Entfernungsmarkierungen auf der Tunnelwand gerichtet. Eine Meile, also 1,6 Kilometer, hatten wir geschafft, blieben noch zehn. Unsere Umgebung änderte sich nicht, sie folgte einem strengen Muster: Alle zweihundertfünfzig Meter gab es eine Parkbucht, alle tausend Meter Stahltüren in den Wänden. Videokameras reihten sich an der Decke entlang. Dazu gab es regelmäßig riesige Ventilatoren, genau wie wir gehofft hatten. Etwas beunruhigend war nur, dass zwei von dreien nicht liefen.

Rund alle zehn Minuten kam ein Auto vorbei und zog schwarze Abgase hinter sich her. Da war es nicht überraschend, dass die Luft dicker wurde, je weiter wir kamen. Nach drei Meilen legten wir eine weitere Pause ein und öffneten nervös eine der mysteriösen Türen. Dahinter war ein kleiner Durchgang zur anderen, in die Gegenrichtung führenden Tunnelröhre. Die Luft hier drinnen war etwas besser, und an der Wand lehnten ein paar Besen.

»Wenn hier drin Straßenfeger arbeiten, werden wir es wohl auch überleben«, sagte Leon.

»Wenn es wirklich schlimm wird, können wir immer noch ein Auto anhalten«, sagte ich und versuchte mich und Leon zu beruhigen, wobei ich den Umstand ignorierte, dass jemand, der um vier Uhr morgens durch Chinas längsten Straßentunnel fuhr, wohl eher nicht darauf aus war, für zwei Ausländer anzuhalten, die nur noch halb bei Bewusstsein waren. Ganz zu schweigen davon, dass wir es vielleicht gar nicht merken würden, wenn wir in den gefährlichen Bereich einer Kohlenmonoxydvergiftung kamen. Ich dachte plötzlich, wie schrecklich es für Christine sein würde, wenn sie am nächsten Tag mit dem Flugzeug käme und ich nicht da wäre, um sie abzuholen, und sie dann erführe, dass zwei Ausländer tot im Tunnel gefunden worden waren. Ich verdrängte den Gedanken, wir waren sowieso schon fast halb durch den Berg. Es war das Einfachste, sich möglichst schnell weiter voranzubewegen.

Wir marschierten und marschierten. Die Meilenmarkierungen zogen nur langsam vorbei.

Noch acht Meilen.

Weiter, geh weiter ... Konzentriere dich, Lilwall ...

Noch sieben Meilen.

Immer weiter ... Versuch, etwas schneller zu gehen ... Ich fragte mich, wie Leon sich fühlte.

Sechs ...

Warum kribbeln meine Hände? Ist das ein Vergiftungssymptom? Können wir uns bleibende Gehirnschäden holen? Was für ein unglaublich blöder Gedanke.

Parkbuchten über Parkbuchten. Etwa auf halbem Weg erreichten wir eine Bucht mit geschwärzten Plastikpflanzen am

Rand. Dämonische Nachbildungen aus der Unterwelt. Ich berührte eine – dicker Ruß bedeckte sie. Mein rechter Fuß begann wieder zu schmerzen, da ich nicht die Zeit zum Dehnen gehabt hatte, aber ich wollte keine Pause einlegen. Leon überholte mich und gewann nach und nach mehr Vorsprung.

Noch fünf Meilen ...

Ich konnte kaum glauben, dass wir fast schon zwei Stunden in dieser Röhre waren und noch mehr als eine ganze weitere Stunde vor uns hatten.

Vier Meilen ...

Wir machten noch eine kurze Pause in einem der Durchgänge, aber diesmal schien die Luft dort schlimmer als im Tunnel. Leon sagte, er fühle sich etwas schwindelig, und ich erzählte ihm von meinen kribbelnden Händen. Wir sahen einander an und lachten nervös, waren aber schon wieder ernst.

»Was zum Teufel machen wir hier eigentlich?«, sagte Leon.

Er schaltete die Kamera ein, und ich erklärte, ich dächte, wir sollten für den diesjährigen Darwin-Award nominiert werden, einen Preis für Leute, die so unglaublich dämlich seien, dass sie der Menschheit den Gefallen täten, sich selbst aus dem Genpool zu eliminieren, indem sie sich auf erstaunlich dumme Art umbrächten.

Zurück im Tunnel, begannen wir zu rennen.

Noch drei Meilen ...

Nicht mehr weit jetzt ... Vielleicht schaffen wir es ja ... Es ist 7.30 Uhr, draußen muss es jetzt hell sein.

Zwei Meilen ...

Leon war etwa fünfzig Meter vor mir, und ich gab mir alle Mühe, den Anschluss zu halten. Wir waren wie Ertrinkende, die verzweifelt auf Luft hofften, zwei in einem Berg Eingeschlossene, die sich nach Tageslicht sehnten. Wieder sah ich ein Auto näherkommen. Grelle Lichtblitze zuckten von seinem Dach, und mir sank das Herz in der Brust, als ein Polizeiwagen neben Leon hielt.

Das war jetzt nicht einfach nur eine Frage von Zurechtgewiesen-Werden – es würde eine sehr, sehr große Enttäuschung sein, wenn wir nach der ganzen Strecke nicht bis ans Ende kamen.

Zwei junge Polizisten saßen im Auto und redeten miteinander. Wir konnten es ihnen nicht verdenken, dass sie verblüfft waren. Ich glaube nicht, dass sie in der Polizeischule auf Situationen wie diese vorbereitet worden waren. Einer von ihnen stieg aus, langsam und vorsichtig, als träte er gefährlichen Straftätern gegenüber. Das war eindeutig eine Situation, in der wir die »Dumme-Ausländer-Karte« ausspielen mussten.

»Hallo«, sagte ich im Herankommen und bot mein fröhlichstes Mandarin auf. Leon lehnte an der Tunnelwand und versuchte, nicht krank zu wirken.

Der Polizist zog die Brauen zusammen. »Was machen Sie hier?«

»Wir können nicht nach Hongkong«, sagte ich noch fröhlicher. Das Kohlenmonoxyd hatte mir meine tonalen Fähigkeiten genommen.

»Was?«, sagte der Polizist, und die Furchen auf seiner Stirn vertieften sich.

»Wir sind in der Mongolei gestartet und seit drei Monaten unterwegs. China ist ein so schönes Land!« Ich machte eine Geste zu den Tunnelwänden hin, was sicher nicht so überzeugend war wie draußen in Bergen und Tälern. Leon versuchte zu nicken, aber die Rollbewegung seines Kopfes, die dabei herauskam, ließ ihn eher verrückt wirken.

»Aber Sie können nicht durch diesen Tunnel gehen«, sagte der Polizist und klang jetzt verärgert.

»Nein? Warum nicht?«

Der Polizist begann mit den Abgasen, begriff dann aber, dass es sinnlos war, mit Verrückten zu argumentieren. »Sie dürfen es nicht«, sagte er, drehte sich um, besprach sich mit seinem Kollegen im Auto und sah uns wieder an. »Sie müssen mit uns kommen.«

Wir protestierten, dass es doch nur noch zwei Meilen seien. Der Polizeiwagen sei in der Gegenrichtung unterwegs, was heiße, dass wir zu Fuß schneller aus dem Tunnel hinauskämen. Die Polizisten gaben jedoch nicht nach. Ganz gleich, wie oft wir es auch wiederholten, sie wollten uns nicht gehen lassen. Und so packten Leon und ich zum zweiten Mal innerhalb von zwei Wochen unsere Rucksäcke hinten in einen Polizeiwagen und kletterten auf die Rückbank.

Schon fuhren wir, und die Meilen, die wir heruntergezählt hatten, wurden wieder mehr: drei, vier, fünf, sechs, sieben, acht ... Leon sagte, in seinem Schädel poche es noch immer. Er war fürchterlich blass.

Neun, zehn, elf ... Unser Polizeiwagen schoss aus dem Tunnel zurück in die Welt der Lebenden.

Leon drehte sein Fenster herunter und keuchte.

Ich lachte nervös.

Teil 5

INS SÜDLICHE CHINA

一山不容二虎

Zwei Tiger können sich keinen Berg teilen.

Kapitel 42

Richtige Würstchen

29. Februar–3. März
Entfernung von zu Hause: 2702 Kilometer

Der Polizeiwagen raste über die Autobahn bis zurück nach Xi'an. Wir waren enttäuscht, dass wir so nahe vor dem Ende noch gefasst worden waren, und als wir in die Stadt kamen, hatten wir einen Moment lang Sorge, für eine weitere Befragung auf eine Polizeiwache mitgenommen zu werden. Tatsächlich aber wollten sie uns nur in der Stadt absetzen, möglichst weit vom Tunnel entfernt, um sicherzugehen, dass wir nicht einfach umdrehen und gleich wieder in ihn hineinmarschierten. Das wiederum kam uns bestens zupass, da Christine später am Tag ankommen würde.

Xi'an, die Provinzhauptstadt, bildete eine gigantische Ansammlung aus Straßen, Überführungen und Wohnblocks. Heute war es die Hauptstadt Shǎnxīs, fast tausend Jahre lang war es die Hauptstadt des ganzen Reiches gewesen. In seiner Blütezeit während der Tang-Dynastie, vom siebten bis zum zehnten Jahrhundert, war es die größte und kosmopolitischste Stadt der Welt gewesen. Aber dann fiel Xi'an in Ungnade, und da die Stadt fast ganz aus Holz bestand, ist heute kaum noch etwas aus jener großen Zeit zu sehen. Es gibt nur noch einige beeindruckende Teile der Stadtmauer aus der Zeit der Ming-Dynastie sowie eine Handvoll Tempel und Türme.

Im Zentrum der Stadt angelangt, suchten wir nicht wie sonst nach einem bescheidenen Bīnguǎn, sondern steuerten direkt auf das Fünf-Sterne-Hotel Shangri-La zu. Das lag zwar weit über unseren finanziellen Möglichkeiten, aber als die Hotelkette gehört hatte, dass wir unseren Marsch nutzten, um Geld für einen guten Zweck zu sammeln, hatte sie uns, was so unglaublich wie nett war, in zwei Städten auf unserer Route freie Unterkunft und Verpflegung angeboten.

Wir sahen aus, als wären wir gerade zweieinhalbtausend Kilometer gelaufen, als wir die gedämpft ruhige Hotel-Lobby betraten, und konnten nur staunen: Die Angestellten in ihren eleganten Uniformen hießen uns auf eine Weise willkommen, wie sie auch Staatsgästen zuteil werden mochte. Wir bekamen wohlduftenden Tee in feinen Porzellantassen, sie nahmen uns unsere übelriechenden Rucksäcke ab und zeigten uns unsere großartigen Zimmer. Ein paar Stunden später kam Christine. Ich war um drei Uhr morgens aufgestanden, durch einen höllischen Tunnel gewandert und in einen Polizeiwagen gezwungen worden – und entspannte mich jetzt mit meiner Frau in der luxuriösen Ruhe des Shangri-La-Hotels. Es war ein äußerst merkwürdiger Tag, und ein Teil von mir fragte sich, ob ich nicht vielleicht im Tunnel das Bewusstsein verloren hatte und in einem Kohlenmonoxyd-Traum gefangen war.

Und sogar noch besser als die weichen Betten und die glitzernden Bäder des Shangri-La war sein Frühstücksbüfett. Es gab eine schier gigantische Auswahl an Speck und Würsten, Pilzen und Melonen, Croissants, Müslis und Cappuccino: Das war genau das, was zwei müde China-Durchquerer brauchten, um zumindest den Eindruck einer Einheit von Geist und Körper wiederzuerlangen. Als Christine und ich an unserem ersten Morgen in den Frühstücksraum kamen, saß Leon schon da. Er war bei seiner vierten Portion und las die Zeitung. Seine großen Füße ragten über die Shangri-La-Slipper hinaus.

»Wie geht's den Kopfschmerzen?«, fragte ich.

»Noch da«, antwortete er, lächelte leicht benebelt und steckte sich ein weiteres richtiges Würstchen in den Mund.

Nach erst zweieinhalb Jahren Ehe war die wochenlange Trennung ziemlich schwer für Christine und mich. Dass wir regelmäßig telefonierten, machte die Sache etwas leichter, nur waren wir manchmal in sehr unterschiedlichen Situationen und Stimmungen verfangen. War ich einsam und bedrückt, fühlte sie sich möglicherweise in Hochstimmung und war voller Energie – oder es war andersherum -, was zu Missverständnissen und Streitigkeiten führen konnte. Wir gaben uns größte Mühe, bis zum Ende jedes Gesprächs möglichst alles zu klären und nichts in der Luft hängen zu lassen. Im Übrigen hatte Christine durch unsere Unternehmung bisher schon zwölftausend englische Pfund für Viva eingenommen, was uns zusätzlich das Gefühl gab, dass die Anstrengungen nicht umsonst waren.

Den Großteil unserer gemeinsamen fünf Tage in Xi'an verbrachten wir glücklich in unserer Fünf-Sterne-Zuflucht. Wir brauchten die Zeit zusammen und konnten später noch einmal herkommen und Touristen sein. Natürlich gingen wir gelegentlich zu kleinen Erkundungen in die Stadt. Einmal besuchten wir die vollen, engen Straßen des muslimischen Viertels, wo sich Rucksack-Hippies und wohlhabende junge Reisegruppen mit Gebetskappen tragenden chinesischen Muslimen vermischten. Es roch nach Kebab, und von der alten Moschee schallte der Gebetsruf herüber und hallte durch die Straßen. Der Islam war zur Blütezeit Xi'ans während der Tang-Dynastie über die Seidenstraße in die Stadt gekommen. Damals war das Reich sehr offen, und Christen, Buddhisten, Muslime und Konfuzianer waren in Xi'an willkommen.

Nur zu schnell, nach fünf Tagen, in denen Leon und ich sechsundfünfzig richtige Würstchen, fünfundvierzig Speckstreifen, einundzwanzig Cappuccino und fünfzehn Schüsseln Müsli (keine Fertignudeln!) verdrückt hatten, nach zweiundzwanzig heißen Duschen und vierzig Stunden mit Action-Filmen hieß es, von unserem Luxusleben Abschied zu nehmen. Trauriger jedoch stimmte mich der Abschied von Christine.

Kapitel 43

Chinas Nord-Süd-Scheide

4.–7. März
Entfernung von zu Hause: 2622 Kilometer

Wir waren versucht, es darauf ankommen zu lassen und auch noch die letzten beiden Meilen des Tunnels des Verderbens zu gehen, entschlossen uns aber am Ende dagegen. Leon wurde immer noch von seinen Kopfschmerzen geplagt, und wir nahmen nicht an, dass die Polizei auch ein zweites Mal so nachsichtig mit uns umgehen würde. Also nahmen wir ein Taxi, das uns zurück durch den Tunnel fuhr. Am anderen Ende angekommen, gingen wir ein paar Kilometer auf einem Feldweg zurück und nahmen unseren Marsch etwa auf der Höhe unseres Zusammentreffens mit der Polizei fünf Tage zuvor wieder auf.

Wir befanden uns jetzt mitten im Qin-Ling-Gebirge, und die Temperatur stieg bis auf zehn Grad Celsius. Der sanft dahinfließende Qianyou-Fluss, an dem wir entlanggingen, mündete rund dreihundert Kilometer weiter südlich in den weitaus größeren

Han Jiang. Nach einer Stunde sahen wir den Ausgang des Tunnels des Verderbens und die Autobahn, die daraus hervorkam. Auf Betonstützen führte sie das Tal hinunter und über unseren Weg.

Nachdem wir monatelang von braunen Lössbergen umgeben gewesen waren, blickten wir wie kleine Kinder in einer Stadt voller Wolkenkratzer zu den steil aufsteigenden Kalksteinfelsen auf. Wir mussten uns erst an das feuchte, steil zerklüftete Terrain gewöhnen. Die Gipfel über uns blieben in den Wolken verborgen, und auf den Hängen darunter führten Ziegenpfade im Zickzack zwischen Büschen und grauen Felsen her. Ich fragte mich, was für Tiere in den unzugänglichen Nachbartälern leben mochten. Wie ich gehört hatte, gab es im Qin-Ling noch frei lebende Pandas und Leoparden. Das Gebirge markierte eine bedeutende Grenzlinie, es galt als eine Art Scheidelinie zwischen dem schwer definierbaren Land im Norden und dem nicht weniger uneinheitlichen Süden Chinas.

Der Norden, aus dem wir kamen, war trocken, zum Hirse- und Weizenanbau geeignet und darüber hinaus die Wiege der chinesischen Zivilisation. Südchina dagegen war wesentlich feuchter und in der frühen Geschichte des Reiches weniger bevölkert und weniger mächtig. Im Laufe der Zeiten wanderten jedoch mehr und mehr Menschen nach Süden, oft von Hunger getrieben oder auf der Flucht vor einfallenden Nomaden und dem Leid verbreitenden Gelben Fluss. Das Leben im Süden war hart, und es kostete Jahrhunderte schmerzvoller Arbeit, die Malariasümpfe auszutrocknen und Reisfelder anzulegen. Aber nach und nach verhalfen die fleißigen, erfindungsreichen Menschen, der leichter schiffbare Jangtsekiang und neue, ergiebige Reissorten Südchina zur Blüte. Im 14. Jahrhundert brachte der Süden eine Dynastie hervor, die das Reich fast dreihundert Jahre lang regierte, und er war die Heimat wertvoller, historisch schicksalhafter Pflanzen wie des Tees. Im 20. Jahrhundert kamen die wichtigsten politischen Führer aus dem Süden, darunter Mao Zedong und Deng Xiaoping.

An unserem zweiten Tag im Qin-Ling erreichten wir eine der weniger wichtigen Touristenattraktionen des Landes, die Zhashui-Höhlen. Es waren sonst keine Besucher da, und die beiden Mädchen am Kartenschalter sagten, sie könnten uns herumführen. Wir folgten ihnen durch den riesigen Eingang in der Kalksteinwand.

Ein kleiner, bunt beleuchteter Pfad führte uns durch das Innere. Felsformationen mit Stalaktiten und Stalagmiten ragten in alle Richtungen. Dem sich dahinwindenden Pfad um zahllose Ecken, Stufen hinauf und Stufen hinab folgend, kamen wir in riesige Kavernen, die mitunter groß wie Kirchen waren. Sobald wir eine wichtige Stelle erreichten, spulten unsere Führerinnen auswendig gelernte Erklärungen herunter, von denen wir kaum ein Wort verstanden. Nach und nach begriffen wir jedoch, dass die Führung hauptsächlich darin bestand, darauf hinzudeuten, was für Tierformen in den Felsen zu erkennen waren.

»So, das hier ist ein Goldfisch«, sagten die beiden, deuteten auf ein knorriges Felsstück und erzählten eine lange, weitschweifige Geschichte, die von einem Mann handelte, der in diesen Höhlen nach einem Goldfisch gesucht hatte (und natürlich war das Gesicht dieses Mannes ebenfalls im Fels zu erkennen).

»Ah, wie interessant«, nickten Leon und ich und versuchten eine Ähnlichkeit zu erkennen. Leon stellte das Stativ auf und filmte, um ruhig auf die Motive zoomen zu können.

»Der Fels dort hat die Form einer Ente«, sagten die beiden und deuteten auf einen etwas spitzeren Brocken.

»Ja, tatsächlich«, nickten Leon und ich und kratzten uns die Köpfe.

Tief im Berg lagen buddhistische Stätten, die über die Jahrhunderte von Mitgliedern der kaiserlichen Familien besucht worden waren. Der Rundgang war fast zwei Kilometer lang. Es war der größte Höhlenkomplex, den ich je gesehen hatte.

Bevor wir uns verabschiedeten, holten wir ein paar DIN-A4-großen Formblätter aus unserem Gepäck. Es waren komplizierte, auf Chinesisch verfasste Dokumente, mit denen Leute die Erlaubnis gaben, in der geplanten Fernsehdokumentation zu erscheinen. Tiberius hatte uns aufgefordert, mehr Unterschriften zu sammeln, aber bisher hatten wir wenig Erfolg damit gehabt, hauptsächlich, da wir die Formulare nur ungern jemandem zeigten, damit die Polizei nicht gleich wieder auftauchte. Jetzt jedoch fragten wir unsere Führerinnen, ob sie die Erklärungen unterschreiben wollten, was beide taten.

Leon, der Ire, blieb stehen und hob das Gesicht zum Himmel. »Ich habe den Regen vermisst«, sagte er. Es war nur ein Nieseln, aber immerhin der erste Regen unserer Reise. Weitere Hinweise auf den Frühling waren überall um uns herum zu sehen: pflügende Männer, lärmende Raupenfahrzeuge, Dorfbewohner, die gemeinsam einfache Häuser bauten. Wir konnten jetzt bequem in unseren Biwaksäcken schlafen, auch wenn wir uns etwas wegen der Tausendfüßler sorgten, die in sie hineinkriechen konnten.

Wir genossen den Frühling und fühlten uns doch auch gleichzeitig weiter unter Druck. Vor allem war es die Zeit und unser Ziel, Ende Mai in Hongkong zu sein. Nicht nur, dass wir es Christine und Clare versprochen hatten, es gab jetzt noch einen weiteren Grund, den Termin einzuhalten: Das olympische Komitee für die Spiele in London 2012 hatte Leon gefragt, ob er Anfang Juni die Fackel für seine Heimatstadt tragen wolle. So mussten wir denn Tag für Tag vierzig Kilometer zurücklegen, mit einem Tag Pause jede Woche und zwei kurzen Unterbrechungen mit Christine. Dabei waren wir immer noch müde von den bisherigen Anstrengungen der Reise, und selbst die Tage im Shangri-La hatten uns nicht völlig wiederherstellen können. Also beschlossen Leon und ich ein weiteres Mal, uns auf eine Autobahn zu stehlen.

Erst ging es bestens, wir kamen gut voran. Nach drei Stunden jedoch griff uns die Polizei auf und brachte uns zurück an den Punkt, an dem wir morgens losgegangen waren. Wir mussten den Tag also noch einmal beginnen, diesmal allerdings auf der langsameren, kleinen Landstraße. Wir waren wütend, als hätte man uns die Kilometer gestohlen – die Wahrheit war jedoch, dass wir es gar nicht erst über die Autobahn hätten versuchen sollen! Nicht nur, dass wir Zeit verloren, wenn wir erwischt wurden, weit wichtiger war, dass uns die Autobahn nicht erlaubte, das »wirkliche« China zu sehen und zu erleben, worin doch überhaupt der Grund für diese Reise lag. Wir beschlossen, uns nicht mehr von Autobahnen verführen zu lassen. Wollten wir von jetzt an die Entfernungen verkürzen, mussten wir uns abenteuerlichere Abkürzungen über Hirtenpfade suchen.

Der andere Druck, der auf uns lastete, war natürlich das Filmen. Tiberius wurde nicht müde, nach mehr Sequenzen von höchster Qualität zu verlangen, und in gewisser Hinsicht taten Leon und ich uns schwer, ihnen ihre ständigen fast schon überhohen Anforderungen nicht übelzunehmen, andererseits war es gut, dass sie nicht lockerließen. Mittlerweile hatten wir das Gefühl, ziemlich gut mit der Kamera umgehen zu können, und es gefiel uns, darüber zu debattieren, was potenziell gute Geschichten wären, die wir aufnehmen könnten. Gleichzeitig aber war der Druck eine zusätzliche Belastung, die unser Leben weiter komplizierte.

An unserem fünften und damit vorletzten Abend im Qin-Ling kamen wir in eine kleine Stadt und entschieden, uns bei der Suche nach einer Bleibe für die Nacht zu filmen, das konnte eine gute Sequenz abgeben. Mit Leon und der Kamera hinter mir machte ich mich an unsere gewohnte abendliche Herausforderung.

»*Lùdiàn zài nǎr* – wo ist das Gästehaus?«, fragte ich jeden, dem ich auf der Straße begegnete.

Die Leute wirkten überrascht, stellten ein paar Fragen und übten sich im chinesischen Deuten. Nach und nach näherten Leon und ich uns einem Ort, an dem wir bleiben konnten. So ging es im Grunde immer, wenn wir nach einem Lùdiàn suchten, und auch, was dann kam, war typisch: das Aushandeln des Preises mit der Eigentümerin, die uns ein wenig mehr als normal in Rechnung stellen wollte. Als wir bei einem vernünftigen Preis angekommen waren, brachten wir die Rucksäcke in unser Zimmer und waren glücklich, einen weiteren Tag überstanden zu haben.

Leon setzte sich aufs Bett, um einen Videotagebuch-Eintrag zu machen, während ich ins Gemeinschaftsbad auf dem Flur ging und überlegte, wie uns die Lùdiàn-Suche filmisch gelungen war. Ich freute mich aufs Abendessen. Aber als ich aus dem Bad kam, sah ich einen Trupp Polizisten auf unser Zimmer zusteuern. Ich lief hin, öffnete ihnen die Tür, und Leon legte hastig die Kamera zur Seite.

Die Hotelbesitzerin war bei den Polizisten, und alle wirkten ernst und angespannt. Die Frau murmelte etwas und zeigte auf unsere Kamera, die schuldbewusst neben Leon auf dem Bett lag. Vielleicht war es doch nicht so eine kluge Idee gewesen, nach unseren letzten Episoden mit der Polizei heute Abend zu filmen.

Nach einem langen Tag war eine Befragung durch die Polizei nicht unbedingt das, wonach uns war. Zunächst stellten sie die gewohnten Fragen, sahen sich unsere Pässe an, und es schien eine der bekannten ermüdenden Fragestunden zu werden.

Aber als die Beamten mit den gewohnten Fragen fertig waren, zeigten sie auf die Videokamera und sagten: »*Zhè shì zuò shénme dé* – wofür ist die?«

»Äh, *wǒ xǐhuan* filmen«, sagte Leon. *Wǒ xǐhuan* heißt: »Ich mag«, was »filmen« auf Mandarin hieß, würde Leon wohl nie behalten. Die Polizisten zogen die Brauen zusammen.

Leon zeigte ihnen einige der Aufnahmen – die Straße, Dorfbewohner, die Höhlen, nichts Anstößiges. Sie wollten auch unsere GoPro-Sportkamera sehen, die ich losgebunden und aufs Bett gelegt hatte. Die GoPro sieht wie ein Fotoapparat aus und hat keinen Bildschirm. Ich gab sie ihnen und drückte dabei gleichzeitig auf den Aufnahmeknopf. Die Polizisten reichten sie herum, ohne zu wissen, dass sie sich für uns filmten.

Statt jetzt endlich zu gehen, zeigten sie sich besonders wissbegierig und wollten auch noch sehen, was wir in unseren Rucksäcken hatten. Das war ganz und gar nicht gut, denn da waren auch die Formblätter, aus denen zu ersehen war, dass wir fürs Fernsehen filmten. Fieberhaft suchte ich nach einem Ausweg.

»Unsere Rucksäcke!«, schnaufte ich und hob meinen in die Höhe, bevor ich mit einem Riesengewese einzelne Dinge daraus hervorholte.

»Unser Bett!«, sagte ich und bedeutete ihnen, dass wir auf den eingerollten Matten schliefen.

Die Polizisten nickten.

»Unser Essen!«, sagte ich, tat so, als hätte ich den Mund voller Kekse, ließ laute Kaugeräusche hören und bot ihnen einen an.

Die Polizisten lächelten und sagten: danke, nein.

»Unser Folterball.« Ich massierte mein Bein damit und ächzte. Ich gab ihn den Polizisten, die ihn ausprobierten und lachten.

Die Hauptteil des Rucksacks war fast leer. Ich schnaufte noch etwas. Die Polizisten wirkten jetzt eher verlegen.

»Unser Kindle ...«

Zum Glück beschlossen die Männer, genug gesehen zu haben, bevor ich zu der Tasche mit den Formblättern kam. Sie verabschiedeten sich.

Als die Tür hinter ihnen ins Schloss fiel, ließ ich mich aufs Bett sacken. Das Herz klopfte mir immer noch wild in der Brust.

»Das war knapp«, sagte Leon.

Kapitel

44

Abkürzungen

*8.–18. März
Entfernung von zu Hause: 2284 Kilometer*

Wir stolperten aus dem Qin-Ling-Gebirge und wurden vom Han Jiang begrüßt. Sein Wasser war blaugrau, mehrere Hundert Meter breit und voller kiesbaggernder Schiffe. Aber so beeindruckend der Han auch sein mochte, war er doch nicht mehr als ein Zufluss zum achthundert Kilometer entfernten Jangtsekiang. Wir überquerten den Fluss über eine Autobrücke und drangen in die nächste Berglandschaft vor, mittlerweile klar auf südchinesischer Erde und in einem anderen Klima.

Am auffälligsten war, wie schnell es wärmer wurde. Die Sonne brannte vom Himmel, die Mittagstemperaturen stiegen deutlich über zwanzig Grad, und der Himmel füllte sich mit Brigaden von Gewitterwolken. Farbe und Form der Landschaft änderten sich ebenfalls. War der Norden weitgehend braun, so war der Süden grün. Die Berge waren mit üppigen Wäldern bedeckt und senkten sich in Täler mit frisch sprießenden Feldpflanzen – Tabak, Reis und verschiedenen chinesischen Blattgemüsen.

Neben den geographischen und klimatischen Unterschieden sollten auch die Menschen hier anders sein. Im Gegensatz zu den abgehackten Dialekten der Nordchinesen, so hatte ich gehört, hätten die Südchinesen einen eher singenden Tonfall, seien weniger groß, dunkler und hätten statt der einfachen eine doppelte Oberlidfalte. Ich fragte mich, ob wir tatsächlich einen Unterschied feststellen würden.

Es waren auffallend viele Leute unterwegs. Ein gut aufgelegter Mann verkaufte uns frittierte Teigstangen aus einer Plexiglaskiste, die er auf den Gepäckträger seines Fahrrads gebunden hatte, ein freundlicher Trinker erzählte von seinen Hühnern, und der mittelalte Fahrer eines Motorradtaxis spielte laut moderne chinesische Rap-Musik und lächelte uns zu. In den meisten Dörfern gab es einen kleinen Laden mit einem Poster des Vorsitzenden Mao an der Wand. Wir machten immer wieder Halt, um Erfrischungsgetränke zu kaufen und unsere Erdnuss- und Keksvorräte aufzufrischen. Einmal, bei einer kurzen Pause, hielt ein Auto neben mir, und zwei junge Männer wollten ein Foto mit mir machen. Ich stand müde auf, und einer der beiden ging hinter mir in Positur. Kurz bevor sein Freund auf den Auslöser drückte, sprang er mir ohne Vorwarnung auf den Rücken, sodass ich ihn huckepack hatte und fast zusammengebrochen wäre, als das Foto gemacht wurde.

Hier im Süden spielte sich das Leben stärker draußen ab. Ganze Familien, oft mit ein, zwei Kindern auf dem Schoß, saßen auf Plastikstühlen vor ihren Häusern, sahen dem Lauf der Welt zu und schwatzten. Zwei bärtige, die Straße herunterkommende Ausländer waren da eine willkommene Abwechslung, und uns wurden oft fröhliche Hallos zugerufen. Manchmal blieben wir stehen, um uns zu unterhalten, und Jung wie Alt trat hinzu. Sie zeigten auf unsere Rucksäcke und unsere Bärte. Einmal nahm eine alte Frau meine Wanderstöcke und ging damit glucksend die Straße auf und ab.

Dabei ähnelten die Gespräche mit den Südchinesen ziemlich denen, die wir im Norden geführt hatten.

Ich: *Hallo! Könnten Sie mir bitte sagen, wie weit es bis zur nächsten Stadt ist?*

Darauf fragt die ganze Gruppe wie aus einem Mund:
Sprichst du Mandarin?
Geht ihr zu Fuß? Warum geht ihr zu Fuß?
Aus welchem Land seid ihr?

Mehr Leute kommen dazu, und alle sind sich fröhlich uneins, wie weit es denn nun noch bis zur nächsten Stadt ist.

Währenddessen starrten uns die Kinder scheu mit ihren leuchtenden kleinen Gesichtern an. Wenn wir sie begrüßten, schenkten sie uns ein breites Lächeln und versteckten sich hinter den Erwachsenen. »*What is your name?*«, ermutigte eine junge Mutter ihren kleinen Sohn, auf Englisch zu fragen, und er befreite sich von ihrem Griff und lief davon. Kinder waren überall zu sehen. Sie wurden in diesen ländlichen Gemeinden geliebt, und wir sahen kaum einmal eines weinen.

In einem Dorf kaufte ich mir einen billigen Strohhut gegen die Sonne, und ein vierjähriges Mädchen mit rosigen Wangen und kleinen Zöpfen kam herbeigelaufen und zeigte auf uns. »*Qíguài* – seltsam«, sagte sie und lief kichernd davon. Ich sah Leon an. Er trug keinen Sonnenhut, sondern ein Stirnband, das ihn wie einen Tennisspieler aus den 1980ern aussehen ließ.

»Ganz unrecht hat sie nicht«, sagten wir.

Eines Mittags machten wir an einer Straßengabelung in einer kleinen Stadt Halt, um etwas zu essen. Es gab Dutzende Marktstände, und die Leute liefen zu Hunderten in der Sonne herum. Viele der Stände verkauften Gemüse, aber es gab auch ungewöhnlichere Angebote: Eine mobile Zahnarztpraxis verkaufte Gebisse, eine Frau gebratene, süße Snacks – und hinter ihrem Stand führte sie noch einen kleinen, schicken Schuhladen. Jemand schweißte etwas an der metallenen Tür, Funken flogen, und wir sahen, dass der Schlosser eine normale Sonnenbrille trug, die er seitlich mit Pappe abgeklebt hatte.

In einem Straßenrestaurant machten wir uns über unsere gebratenen Nudeln her. Ein Mann an einem Tisch auf der anderen Seite fragte, ob er etwas ausländisches Geld sehen könne. Christine hatte uns mit frischen US-Dollar versorgt, und ich zeigte ihm einen Zehn-Dollar-Schein.

»*Wǒ kěyǐ kàn yī kàn* – kann ich den einmal sehen?«, fragte er. Wir gaben ihm den Schein.

»*Duō shǎo qián* – wie viel ist der wert?«, fragte er. Er blätterte durch einen Stapel Geldscheine und schien ihn kaufen zu wollen.

»Sechzig Kwai«, sagten wir und gaben ihm damit den ungefähren Tauschwert.

Der Mann zögerte. Leute blieben stehen und traten näher. Ein anderer Mann meldete sich zu Wort und sagte, er wolle die zehn Dollar kaufen. Wir willigten ein, und das Geld wechselte die Hände. Der erste Mann schien darauf enttäuscht und fragte, ob wir noch mehr hätten. Das hatten wir, und schon wechselte der nächste Schein den Besitzer, woraufhin auch der Nudelkoch, der das alles über die Köpfe der Leute hinweg verfolgt hatte, einen Zehner wollte. Wir dachten, wir hätten den Kurs leicht aufgerundet und einen kleinen Gewinn gemacht, mussten später aber feststellen, dass es umgekehrt war. Vielleicht waren dubiose Geldgeschäfte in China nicht unbedingt unsere Stärke.

Für unseren frischen, amateurhaften Blick unterschieden sich die Leute im Süden nur wenig von denen im Norden. Wir sahen, dass hier mehr Frauen Auto fuhren, aber dafür konnte es viele Gründe geben. Einmal fragte ich eine kleine, freundliche Gruppe, ob sie Nord- oder Südchinesen seien, woraufhin sie mich leicht verwirrt ansahen und dann zögerlich sagten, sie kämen aus dem Süden. Die Unterscheidung schien ihnen nicht wichtig, und so lautete mein laienhafter Schluss, dass sich die Menschen im Süden nicht wirklich von denen im Norden unterschieden. Vor allem anderen waren sie freundliche, überschwängliche, unverwüstliche, unberechenbare Festlandchinesen!

Die Wärme, so angenehm sie war, brachte eine andere Art von Erschöpfung mit als die Kälte. Die frühen Stunden des Tages waren herrlich, doch wenn sich die Luft erwärmte, begannen wir zu schwitzen, und bald schon bekamen wir Blasen von den feuchten Socken und Ausschläge, wo der Rucksack hing. Die Hitze nagte an unserer Kraft, und die Müdigkeit schien uns tief in Knochen und Denken zu dringen. Dennoch standen wir Morgen um Morgen auf und marschierten unsere vierzig Kilometer, Schritt für Schritt – durch die grünen Berge und tief verschattete Schluchten, vorbei an Dörfern, Bauern, Flüssen und Bäumen. Neue Straßen wurden durch die Berge gebaut, Tunnels brachen aus Felshängen, Brücken überspannten Abgründe. In schneller Folge sahen wir zwei äußerst gefährlich wirkende Manöver: Ein Mann schweißte etwas außen an einer hohen Brücke, ohne angeseilt zu sein, und ein Lastwagen fuhr so nahe an den Rand eines schroffen Abhangs, um seine Ladung abzukippen, dass nur noch zwei Handbreit des brüchigen Untergrunds unter den Hinterrädern hervorragten.

Ganz darauf aus, unseren Plan, abenteuerliche Abkürzungen zu nutzen, in die Tat umzusetzen, studierte Leon das iPhone. Als er eine gute Gelegenheit entdeckt zu haben glaubte, direkt durch die Berge den langen Weg um sie herum zu vermeiden, wandten wir uns vor einem Tabakfeld nach rechts und folgten einem Pfad vorbei an einer Reihe Bauernhäuser und Bienenstöcke. Eine Stunde ging es bergauf, dann verlor sich der Pfad. Durch einen Bambuswald kletterten wir weiter auf den Gipfel, stiegen, nicht ganz sicher, wo wir waren, über einige Reisterrassen an der anderen Seite wieder ab und stolperten zwei Stunden später zurück auf die Straße. Wir hatten vielleicht acht Kilometer gespart und ein kleines Abenteuer erlebt. Dadurch ermutigt und in unserem hoffnungsvollen Optimismus bestärkt, hielten wir nach weiteren Abkürzungen Ausschau.

Zwei Tage später entschlossen wir uns zu einem neuerlichen, längeren Versuch. Jeder mit zwei Takeaways von einem billigen Restaurant ausgestattet, folgten wir einem auf einer Satellitenkarte von Google verzeichneten Pfad in die Berge hinauf. Das Problem mit Satellitenkarten ist jedoch, dass sie die Konturen der Landschaft nicht richtig zeigen. Es war unmöglich zu sagen, wie hoch oder begehbar die einzelnen Hänge waren. Je höher wir kamen, desto steiler wurde der Pfad und wirkte immer weniger benutzt. Dennoch hofften wir trotz der Höhe, in der wir mittlerweile waren, und der Felswände um uns herum, dass wir auch weiter durchkamen.

»Das ist eindeutig ein von Menschen genutzter Pfad«, sagten wir und kletterten immer noch höher.

»Hier waren schon andere Leute unterwegs«, verkündeten wir, wenn wir eine alte Bierflasche oder ein Einwickelpapier fanden.

»Hier würde doch niemand hochklettern, wenn es auf der anderen Seite nicht wieder hinunterginge«, sagten wir, als die Dunkelheit hereinbrach.

Wir waren längst noch nicht oben, der Berg war weitaus höher, als wir gedacht hatten. Wir kampierten auf einer kleinen Insel in einem Bachlauf und waren entschlossen, am nächsten Tag weiterzugehen. Der Morgen kam, und wir machten uns erneut auf, aber der Pfad wurde immer noch unwegsamer. Wir mussten steile Felsen und Wasserfälle hinaufklettern, was mit den schweren Rucksäcken durchaus gefährlich war. Für den nächsten Tag war Regen angesagt, und wenn sich das Bachbett mit Wasser füllte, würde es extrem schwer werden, zurück ins Tal und in die Stadt unten zu gelangen.

»Das kann nur ein von Menschen angelegter Pfad sein«, sagte ich zu Leon, als wir einen anderen schmalen Weg durchs Unterholz entdeckten.

»Vielleicht stammt er auch von Tieren«, sagte Leon und wurde offenbar immer skeptischer.

Am Ende schafften wir es bis auf den Gipfel, hatten mittlerweile aber alle menschlichen Pfade verloren und fanden zur anderen Seite hin nichts als steil abfallende Felswände vor. Am Abend würde es zu regnen beginnen, und wir konnten es nicht riskieren, hier oben festzusitzen, also kehrten wir widerstrebend um. Länger als einen Tag hatten wir für den Aufstieg gebraucht, hatten einen Tag sparen wollen, kamen aber wieder da an, wo wir losgegangen waren. Statt Zeit gutzumachen hatten wir anderthalb Tage verloren, und das bei unserem sowieso schon engen Zeitplan.

Wir gelangten zurück auf die Straße, und während ich über den Asphalt lief, begannen sich die Gedanken in meinem Kopf zu drehen. Ich ärgerte mich über Leon, und ihm ging es zweifellos mit mir nicht anders. Tatsache war, dass wir uns gemeinsam zu dem Abkürzungsversuch entschlossen hatten – der Fehler lag bei uns beiden, wenn es auch einfacher war, dem anderen die Schuld zu geben. Ich schwitzte, war müde und frustriert, dass wir uns in diese zeitliche Zwangslage gebracht hatten. In Momenten wie diesem schien unsere Expedition nur wenig mit dem epischen Marsch zu tun zu haben, wie ich ihn mir vorgestellt hatte.

Aber das war nun mal die schlichte Wahrheit, wenn man sich auf Abenteuer einließ: Es gab gute und schlechte Tage, und wenn wir so ins Ungewisse vorstießen, mussten wir gelegentlich einfach in eine Sackgasse geraten. Auf einer so langen Unternehmung wie unserer gab es unausweichlich auch schwierige, schmerzvolle Situationen. Ohne schlechte gab es keine guten Tage. Auch diesen Rückschlag galt es durchzustehen, es würde auch wieder besser kommen. Wir liefen an einem Feld vorbei, auf dem ein Bauer in der brennenden Sonne die Erde mit einer Hacke umpflügte. Der Mann beschwerte sich nicht, und sein Leben war wesentlich härter als meins.

»Komm schon, reiß dich zusammen, Lilwall«, murmelte ich in mich hinein. Ich beschleunigte meinen Schritt und versuchte zu dem schnelleren Leon aufzuschließen, der mir wie gewohnt weit voraus war.

Kapitel

45

Der Jangtsekiang

*19.–24. März
Entfernung von zu Hause: 1881 Kilometer*

Um Zeit wiedergutzumachen, kümmerten wir uns während der nächsten vier Tage nicht um mögliche Abkürzungen durch die Berge, sondern marschierten zwölf bis vierzehn Stunden über den sicheren Teer der Straßen. Shǎnxī verlassend, gelangten wir gleich zweimal über die merkwürdig puzzleartig verlaufende Grenze in die Provinz Húběi, bevor es durch Chóngqìng weiterging. Die Straße mäanderte auf und ab durch gewaltige Täler und zwang uns Kilometer um Kilometer den sich windenden Talhängen zu folgen. Die Berge wuchsen in einem Wechselspiel von Grün und Fels um uns auf, und um ihre Spitzen tanzten Nebelwolken. Wir sahen, wie undurchdringlich die Hänge auf dieser Seite der Wasserscheide waren, was unsere Entscheidung, die letzte Abkürzung abzubrechen, noch einmal rechtfertigte. Womöglich wären wir hier nie heruntergekommen und hätten mit einsetzendem Regen da oben tagelang festsitzen können.

Trotz des schwierigen Terrains hingen einige neu wirkende Dörfer an den Talwänden. Ein alter Mann bearbeitete den Boden auf einer unglaublich steilen Terrasse, von deren unterem Rand es hundert Meter senkrecht in die Tiefe ging. Ich glaubte nicht, dass ich es wagen würde, da oben herumzuspazieren, geschweige denn, Gemüse zu ziehen.

Es begann zu regnen, und eine Reihe kleiner Wege führte uns durch einen Irrgarten von Mandarinenhainen, bis wir durch den nassen Schleier einen ersten Blick auf den Jangtsekiang erhaschten. Es war, als wären die Farben des dunklen, erdigen Ufers in das ruhig dahinfließende grüngraue Wasser getropft. Talabwärts zwangen zwei senkrecht aufsteigende Felsen den Fluss in einen engen Kanal, den Beginn der berühmten drei Schluchten. Eine Weile gingen wir am Fluss entlang und kamen in die Stadt Fengjie. Der nächste Tag war ein Ruhetag, aber wir beschlossen, statt unsere Füße auszuruhen, eine Fähre den Fluss hinunter zu nehmen und uns die erste der drei Schluchten anzusehen. Abends wollten wir die Fähre verlassen, zurück nach Fengjie trampen und tags darauf unseren Marsch fortsetzen.

Die Fähre legte tuckernd vom Ufer ab, und Leon baute das Stativ auf Deck auf. Ich sagte ein paar Worte in die Kamera. Auch an unseren freien Tagen mussten wir filmen, wann immer sich die Gelegenheit dazu ergab. Leon machte ein paar Aufnahmen von der Brücke, unter der wir langsam durchfuhren. Es gab auch noch anderen Schiffsverkehr: Frachter so groß, wie man sie eher auf dem Meer erwarten würde, und rote Tragflächenboote, die stromaufwärts in Richtung des achthundert Kilometer entfernten Chóngqìng schossen.

Unsere Mitpassagiere waren hauptsächlich Bauern und Schulkinder, die unter Deck saßen, Karten spielten und schwatzten.

Aber es gab auch Geschäftsleute, von denen einige herauskamen und Fotos von uns und dem Fluss machten. Wir fuhren langsam auf die hoch aufsteigenden Klippen zu und waren mit einem Mal zwischen ihnen. Nackt und selbstbewusst ragten die Felswände auf, wobei sie nur mehr ein Schatten ihres früheren Selbst waren, war der Flusspegel doch während der letzten zwanzig Jahre um einhundertsiebzig Meter gestiegen. Denn einhundertsechzig Kilometer weiter flussabwärts war damals der berüchtigte, alle Rekorde brechende Drei-Schluchten-Damm gebaut worden, der größte Staudamm der Welt, so hoch wie ein sechzigstöckiger Wolkenkratzer. Er hatte den gesamten Mittelteil des Jangtsekiang-Tales mit Wasser gefüllt.

Unsere Fähre kam aus der Schlucht und begann im Zickzack-Kurs die vielen Dörfer anzusteuern, die links und rechts vom Kanal an den steilen Hängen verteilt waren. Wir nahmen weitere Bauern und Kühe auf und setzten Kinder, Esel und Säcke voller Mandarinen ab. Die Tiere standen im Bug der Fähre, und wir sahen, dass eine Kuh eine fürchterlich eiternde Wunde am Bein hatte. Minuten später rutschte eine andere aus und stürzte beinahe in die Passagierkabine.

Überall entlang des Ufers sahen wir ein paar Meter über dem Wasser Schilder mit der Aufschrift »175«. Die Zahl gab an, wie weit der Wasserspiegel über die ursprüngliche Flusshöhe gestiegen war. Die Schilder waren vor zwanzig Jahren beim Bau des Dammes dort angebracht worden, damit jeder wusste, wie hoch er ziehen musste. Natürlich hingen sie damals hoch oben an den Talhängen. Als der amerikanische Journalist Peter Hessler in den späten 1990ern als Peace-Corps-Lehrer im Jangtsekiang-Tal arbeitete, ging er in den Bergen joggen und stieß nach langen Aufstiegen auf diese Schilder. Angesichts des Flusses, der so tief unten im Tal dahinzog, schien es völlig unwahrscheinlich, dass er einmal so hoch steigen würde. Aber es war so gekommen und alles darunter im Wasser versunken.

Eine Million Menschen musste damals umgesiedelt werden. »Gebt euer kleines Zuhause auf, um das große zu unterstützen«, war den Leuten gesagt worden, die gezwungen wurden, ihr Heim zu verlassen, und nur eine kleine Entschädigung erhielten. Ich sah über die Reling und stellte mir die zahllosen Dörfer vor, die kleinen und großen Städte, die dort unten lagen. Vielleicht hatten die Bauern, die Leon und ich während der letzten paar Tage auf den absurd steilen Feldern gesehen hatten, früher unten am Jangtsekiang gelebt, waren umgesiedelt worden und mussten jetzt dort oben um ihren Unterhalt kämpfen.

Der große Vorteil des Dammes bestand darin, dass er das Überschwemmungsrisiko einschränkte und riesige Mengen Strom produzierte (so viel wie zehn Atomkraftwerke). Aber es waren nicht nur sehr viele Menschen aus ihrem Zuhause vertrieben worden, auch in manch anderer Hinsicht hatte es Kontroversen gegeben: Die ursprünglich veranschlagten Kosten des Baus von fünf Milliarden englischen Pfund vervierfachten sich, die Fluten begruben nicht nur Dörfer und Städte, sondern auch archäologische Schätze – und natürlich litt die Umwelt. So trug der Bau zum wahrscheinlichen Aussterben der Jangtsekiang-Delphine bei. Dramatischer noch klangen die Fragen der Wissenschaft, ob derartig riesige Dämme nicht die Häufigkeit von Erdbeben erhöhen können, ganz zu schweigen von der (inoffiziellen) Sorge, der Damm könnte eines Tages einstürzen.

Die Fähre setzte uns in der Stadt Wushan ab, einer originalgetreuen Kopie des alten Wushan tief unter Wasser, und wir nahmen ein Motorrad-Taxi zur Autobahn, über die wir zurück nach Fengjie trampen wollten. Es würde bald dunkel werden, und der Taxifahrer blieb bei uns, um zu sehen, ob uns jemand mitnahm.

»Es ist zu spät, und niemand trampt von hier«, sagte er. »Warum soll ich euch nicht in ein hübsches Hotel bringen, und ihr nehmt morgen den Bus?«

Wir mussten am nächsten Tag aber schon früh wieder los, und so sagten wir, wir wollten es darauf ankommen lassen. Während wir dastanden, die Arme in Richtung der vorbeifahrenden Autos reckten und mit den Händen wedelten[1], sah uns Mr Motorrad-Taxi mit einem Grinsen zu.

Eine ganze Reihe SUVs kam vorbei, aber niemand hielt.

»Ich hab's doch gesagt«, meinte Mr Motorrad-Taxi.

Wir lächelten. Ein mit Schweinen beladener Viehtransporter rauschte vorbei.

»Warum fahrt ihr nicht mit den Schweinen?«, feixte Mr Motorrad-Taxi. »Die haben noch reichlich Platz.«

Wir verzogen die Gesichter. Der gepanzerte Transporter einer Bank kam vorbei.

»Oder wie wäre es mit dem? Die lassen euch sicher ihr Geld zählen.«

Es war jetzt fast dunkel, und wir fragten uns, ob der Mann vielleicht recht hatte, doch dann endlich hielt ein Auto, und wir waren froh, Mr Motorrad-Taxi widerlegen zu können. Eine halbe Stunde später waren wir wieder in Fengjie. Unser Fährausflug war eine schöne Abwechslung gewesen, aber er bedeutete auch, dass wir uns nicht wie sonst für die kommende Woche hatten ausruhen können.

Bevor wir uns am nächsten Morgen auf den Weg machten, hatten wir noch eine letzte Verabredung mit dem Jangtsekiang. Die Sonne hob sich über die Talhänge, und ich war nervös, als Leon und ich am Rand des Wassers verharrten. Einige Arbeiter hatten sich über uns auf der Straße versammelt, um uns zuzusehen. Ich holte tief Luft und sprang, und als ich tief in den kalten, uralten Fluss tauchte, spürte ich, wie wenigstens für Sekunden alle Müdigkeit, aller Schmerz und aller Druck von mir gewaschen wurden.

---

1 Das ist die verbreitete Tramp-Geste in China. Peter Hessler nennt es »den Hund tätscheln«.

Kapitel
46

Eine sinnlose Strafe

24.–27. März
Entfernung von zu Hause: 1720 Kilometer

Ich *wache um sechs Uhr vom Klingeln meines Weckers auf, öffne die Augen und sehe, dass ich in meinem Biwaksack liege. Ich drücke mein Gesicht an die kleine, mit einer Kordel verschlossene Öffnung und atme die frische Morgenluft ein. Rücken und Beine schmerzen, und ich stöhne, als ich mich aufsetze, muss aber lächeln, als ich die Kalksteinfelsen und bewaldeten Hänge um uns herum sehe. Ich liege mitten in einem auf einer Terrasse angelegten Kartoffelfeld, und alles ist mit einer dünnen Reifschicht bedeckt. So hoch die Temperaturen tagsüber auch steigen, wir haben immer noch März und befinden uns hoch in den Bergen.*

Wir stehen auf und packen zusammen. Nach vier Monaten hat alles seinen Platz im Rucksack. Hinein wandern der Schlafsack, der Laptop, Filmkabel, Festplatten, persönliche Dinge, Essen und Biwaksack. Wir gehen in den Kleidern los, in denen wir geschlafen haben. Während des Pa-

EINE SINNLOSE STRAFE

ckens schütte ich eine Tasse löslichen Kaffee auf, trinke, nachdem alles verstaut ist, auch noch den letzten Rest und schiebe die Thermosflasche in die Seitentasche. Wir schwingen die schweren Rucksäcke auf den Rücken und kehren auf die Straße zurück.

Wenn unsere Augen auch noch halb geschlossen und unsere Kleider klamm sind, ist der Morgen doch wie immer magisch. Ich frage mich, was dieses Land heute für uns bereithält. Wie aufs Stichwort erschallen in diesem Moment laute, lange Schreie von einem Berg neben der Straße. Wir gehen weiter und sehen eine Reihe Leute, die sich in einer Mischung aus Tai Chi und Aerobics üben, gelegentlich innehalten und einen kräftigen Schrei ausstoßen. Wir folgen einem kleinen Pfad, bis wir sie auf ihrem Felsvorsprung erreichen. Sie heißen uns willkommen und sagen, wir sollen mitmachen. Selbst nachdem ich den Rucksack abgenommen habe, vermag ich kaum auf einem Fuß zu balancieren, aber wenigstens kann ich mich an dem herzhaften Schrei beteiligen, mit dem ihre Morgenübung endet.

Weiter ziehen wir, und die Zeit verschwimmt von einem Tag zum nächsten. Wie zwei pensionierte alte Jungfern wandern wir dahin, die den ganzen Tag nichts anderes zu tun haben, als aufeinander einzubrabbeln. Manchmal reden wir über praktische Dinge, dann wieder über Belanglosigkeiten, mitunter aber auch über Bedeutenderes: unsere persönlichen Helden, an wen man sich in tausend Jahren noch erinnern wird, welche Berühmtheiten wir schon getroffen haben – Leons Großvater war der Bürgermeister von Aberdeen und hat Gorbatschow und der Queen die Hand geschüttelt. Ich selbst habe eigentlich noch keine Berühmtheit kennengelernt, abgesehen vielleicht von den Eltern von The Edge von U2 bei einer Veranstaltung des Rotary Club. Wir versuchen Tennysons Ulysses auswendig zu lernen und wechseln uns mit den Versen ab, bis wir glauben, gut genug zu sein, um auf jeder Dinnerparty damit zu glänzen.

Gleichzeitig setzen wir, was wenig überraschend ist, da wir sonst niemanden zum Reden haben, unseren stetigen Abstieg in den Wahnsinn der Erschöpfung fort und geben nicht selten eher sinnlose Kommentare von uns.

»Von jetzt an führt die Straße weder hinauf noch hinunter«, sage ich, als wir über ein flaches Stück Straße gehen.

»Der Lastwagen ist von irgendwo gekommen«, sagt Leon, als ein Lastwagen um eine Ecke biegt.

»Die Wärme ist schön, bis sie nicht mehr schön ist«, sage ich, als die Sonne aufgeht.

Wir haben unbeabsichtigt immer mehr eigene Ausdrücke für Dinge entwickelt – Orlandos, Jases, der Tunnel des Verderbens, ich muss mal Mr Lax besuchen. Ein Wort, das wir in letzter Zeit viel gebrauchen, ist bashing – »niedermachen, verprügeln« statt »gehen«. Wenn wir eine lange Asphaltstraße hinuntergehen, nennen wir das tarmac-bashing, und auch sonst lässt sich manches »bashen«: Abzweigungen, Serpentinen ... Tatsächlich aber sind wir es, die was abbekommen: Unsere Füße leiden unter der enormen Größe dieses Landes, unsere Köpfe bekommen die Kraft der Sonne zu spüren, unsere Schultern das Gewicht der Rucksäcke, und zu alldem kommt dann noch der Druck hinzu, gutes Filmmaterial zu produzieren.

Meine Tagebucheinträge werden zunehmend unlesbar:

14. März: noch 73 Tage, ich bin's leid, will heulen und nach Hause
Zeige wenig Initiative beim Filmen.
19. März: {die Lùdiàn-Besitzer} denken, wir sind irre ... hüpfen herum wie die Wahnsinnigen ... ächzen ... weigern uns, uns zu waschen ... essen nicht viel

Wir drehen durch.
20. März: lächerlich müde
widerliches Huhn
21. März: der Irrsinn – wir fühlen uns am nächsten Tag erholt – der menschliche Körper!

Erwarten Gewitter.

Ist das Leben ein Wettbewerb?, frage ich mich. Und wenn, wer ist der Gewinner? Der am besten gedeiht? Die Person, die das größte Bankkonto hinterlässt?

Körper werden erschlagen, wunde Füße,

müde, ChinesenPod
fürchterliches Huhn
25. März: Leon rülpst wie eine Kröte.
26. März: Stelle fest, dass unterdrückte Gefühle rausplatzen. Manchmal Wut. Ich bete viel.

Unsere Erschöpfung lässt uns auch weniger kontaktfreudig werden, und wir sind es zunehmend leid, unseren Katechismus herunterzubeten. Es scheint leichter, miteinander zu reden, obwohl auch das lächerlich und langweilig wird. Wie können wir uns aus dieser Verfassung befreien? Wir liegen zu weit hinter dem Plan zurück, um eine zusätzliche Auszeit zu nehmen, sind zu müde, um neuen Enthusiasmus zu entwickeln. Zwei Monate haben wir noch vor uns, und das ist eine lange Zeit, um sich durch einen Nebel aus Schweiß und Schmerz zu kämpfen.

Im Übrigen sind wir zwar mittlerweile ein gutes Team und haben eine stabile Freundschaft entwickelt, trotzdem blaffen wir uns immer wieder an. Kleine Ärgernisse bauschen sich auf und eskalieren: ob es um Leons Ungeduld mit meiner Langsamkeit nach einer Rast geht, um ein Missverständnis beim Filmen oder etwas so Dummes wie meinen Groll, weil ich denke, ich höre immer die Musik, die Leon mir empfiehlt und auf meinen iPod lädt, während er auch nicht ein einziges Mal meine Musik zu hören scheint!

Es ist nicht so, dass wir uns nicht mögen oder respektieren würden, aber wir verbringen zu viel Zeit zusammen und fühlen uns in der Gesellschaft des anderen wie eingesperrt. Das Filmen verlangt aber, dass wir zusammen sind – und der Umstand, dass wir nur ein iPhone zum Navigieren haben, nachts immer in den gleichen kleinen Lùdiàn-Zimmern schlafen oder uns ein Feld teilen, macht es nicht leichter. Unter unserer Erschöpfung und Klaustrophobie leidend, fragen wir uns, war wir tun können, um zu vermeiden, dass der Rest unserer Unternehmung zu einer sinnlosen Strafe wird.

Kapitel 47

Die radikale Lösung

27.–30. März
Entfernung von zu Hause: 1680 Kilometer

Leon und ich blitzten einander an.

Und endlich sagte ich: »Also gut, dann gehst du über die Straße, und ich gehe am Bach entlang.«

Leon zuckte mit den Schultern. »Okay. Ich sehe dich in der nächsten Stadt.«

Wir hatten darüber gestritten, welchen Weg wir gehen sollten. Ich wollte eine mögliche Abkürzung entlang eines Bachlaufs nehmen, während Leon jedes Risiko vermeiden und zurück auf die Straße wollte. Wir waren beide müde und bestanden auf unserer Entscheidung. Zum ersten Mal fanden wir keine Übereinkunft und wollten jeder unseren eigenen Weg nehmen. Zwei Stunden später trafen wir wieder zusammen.

Ein paar Tage später ging es wieder so. Wieder wollte ich eine Abkürzung probieren, durch einen Wald einen Berg hinauf, Leon

DIE RADIKALE LÖSUNG

wollte den Serpentinen der Straße folgen. Mein Optimismus war Leons um ein paar Schritte voraus. Diesmal jedoch brauchte ich für meine Abkürzung länger, und Leon musste oben auf dem Berg eine halbe Stunde warten. Als wir weiter wollten, musste ich dann auch noch feststellen, dass ich die flauschige Hülle für das Kameramikro verloren hatte, und mir blieb nichts anderes übrig, als zurück in die Büsche zu steigen und danach zu suchen. Worauf Leon noch eine Stunde warten musste. Als ich zurückkam, kochte er und stürmte voraus. Gott sei Dank blieb er ein paar Minuten später stehen, und wir entschuldigten uns beide.

Aus diesen kleinen Vorfällen entwickelte sich ein Gedanke, der bald schon weitreichende Folgen für die Expedition haben sollte. Wir beschlossen, uns zu trennen – nicht einfach nur für eine Stunde oder zwei, auch nicht nur ein paar Tage, sondern für mehrere Wochen. Das war genau das, was wir brauchten, um den Dingen eine neue Würze zu geben. Wir mussten komplett mit unserem Arrangement brechen und noch einmal neu Luft holen.

Während der letzten vier Monate waren wir voneinander abhängig geworden. Ich war hauptsächlich derjenige, der mit den Leuten redete und in die Kamera sprach, Leon kümmerte sich um das Kartenlesen und Filmen. Wenn wir uns trennten, waren wir beide gezwungen, alles zu tun, und das Wichtigste war: Unsere Alleingänge machten das Ganze erneut zu einer aufregenden Herausforderung. Gemeinsam hatten wir den Winter in der Wüste Gobi überlebt, die steilen Klippen am Gelben Fluss, hatten uns im Dschungel der Berge verlaufen, mittlerweile jedoch schien alles zu einfach. Vielleicht war es merkwürdig, dass wir uns die Sache schwerer machen wollten, aber so war es.

Natürlich brauchte unser Plan einen angemessenen Namen. Wir überlegten eine Weile, und dann hatten wir es: »Operation Einsame Wölfe«. Der Hauptgrund dafür, dass wir uns zu zweit auf diese Expedition begeben hatten, lag in den Filmaufnahmen, und so bestand die größte Herausforderung nun darin, uns selbst zu filmen. Wir wollten Christine bitten, uns die zweite Kamera wieder mitzubringen, wenn wir uns in der nächsten Woche in Enshi trafen. Danach würden wir uns trennen. Wir informierten Tiberius, die Verständnis zeigten und dem Plan zustimmten. Sie meinten, wir sollten nicht vergessen, auch ein paar wütende Worte über den jeweils anderen aufzunehmen, bevor wir allein weiterzogen. Aber da mussten wir sie enttäuschen: Den spektakulären Streit, auf den sie hoffen mochten, würde es nicht geben. Allerdings wollten wir uns beide im richtigen Augenblick über den anderen angemessen auslassen.

Wir stolperten einen Hang hinunter und kamen nach Enshi, eine kleine Stadt umgeben von riesigen Bergen. Leon und ich waren körperlich so gut wie tot, hatten es aber dennoch zum nächsten Boxenstopp geschafft. Voller frischer Neugier auf das, was jetzt kommen würde, deponierte ich meinen Rucksack in einem Bīnguǎn und sprang in ein Taxi, um meine Frau vom Flughafen abzuholen.

Es war einer der Vorzüge unserer Zeit, dass Christine mehrfach mit billigen Flügen zu uns stoßen konnte. Das und die absolut bezahlbaren Ferngesprächskosten machten alles viel leichter. Dennoch waren wir, abgesehen von ihren kurzen Besuchen in Datong und Xi'an, seit vier Monaten getrennt, und dazu kamen nach Enshi noch einmal zwei Monate. Es zog sich hin.

In vieler Hinsicht war die Unternehmung für Christine härter als für mich. Während ich Abenteuer erlebte und mehr als genug um die Ohren hatte, saß sie daheim in der leeren Wohnung. Sie hatte das Beste daraus gemacht, Freunde eingeladen, Besuch von der Familie bekommen, ihre Kontakte gepflegt. Und sie hatte große Energie darauf verwandt, die Geschäfte von Viva in Hongkong zu führen.

Dennoch war es manchmal für sie nicht ganz leicht, sich keine Sorgen zu machen, besonders wenn ich tagelang kein Netz hatte. Als ich in der Wüste Gobi mehr als eine Woche nicht erreichbar gewesen war, hatten die bösen Ahnungen sie schier verrückt gemacht.

»Ich dachte, wenn dir da etwas passiert«, sagte sie, »bleiben meine Mailbox-Nachrichten für immer ungehört, und ich spreche nie wieder mit dir.«

Ich hatte ein schlechtes Gewissen, weil ich ihr diese Sorgen bereitete, aber ich war auch unglaublich stolz darauf, wie sie damit umging und durchhielt. Dieser Fußmarsch war ebenso eine Prüfung für sie.

Und so erinnerten wir uns in Enshi daran, dass auch die nächsten zwei Monate vergehen und wir wieder gemeinsam zu Hause sein würden, wo das Abenteuer des »normalen« Lebens neu begann. Hoffentlich gingen wir stärker aus dieser Prüfung hervor, sodass wir den Herausforderungen der Ehe und des Lebens gewachsen waren, die zweifellos auf uns warteten.

Kapitel 48

Johei!

31. März – 5. April
Entfernung von zu Hause: 1503 Kilometer

Als Leon und ich uns trennten, brach der Himmel auf, und unser erstes chinesisches Gewitter ging auf uns nieder. Fünf Tage zuvor hatten wir Enshi verlassen und waren gerade in die Provinz Húnán gekommen. Das ganze Tal war mit Donner und Blitz gefüllt, und so ganz allein im strömenden Regen empfand ich ein merkwürdiges Gefühl der Befreiung. Leon war irgendwo vor mir, ja, aber heute würde er nicht warten, dass ich zu ihm aufschloss, würde nicht mit Stativ und Kamera dastehen und mich ins Visier nehmen. Tatsächlich hofften wir darauf, uns erst in dreieinhalb Wochen in Guilin wiederzusehen. Mein Kopf schien klarer und die Welt um mich herum mit neuem Leben erfüllt: Kühn und stattlich sahen die Berge auf mich herab, das Tal war üppig und einladend, der Regen kühl und wunderbar.

Aber obwohl ich so mit mir allein ziemlich glücklich war, fühlte ich mich doch auch verletzlicher und seltsam nervös. Nicht, dass das schlecht gewesen wäre. Das zusätzliche Adrenalin gab mir erneut das Gefühl eines Abenteuers. Ich spürte neue Energie in meinem Schritt, obwohl mein Rucksack schwerer geworden war. Um allein auszukommen, hatte jetzt auch ich eine Kamera dabei. Einige Dinge hatten wir aufteilen müssen. Ich hatte den Laptop behalten, um meine Artikel schreiben zu können, Leon das iPhone. Zur Orientierung würde ich mich auf die Seiten aus dem Straßenatlas verlassen müssen und darauf, das chinesische Deuten der Leute richtig zu interpretieren.

Der Regen ließ nach, als ich mich an einen langen Anstieg machte und schmale Pfade von einer Serpentine zur nächsten hinaufkletterte. Ich konnte jetzt Abkürzungen nehmen, wie es mein Herz begehrte, ohne Leon auf die Nerven zu gehen, wenn sie sich nicht auszahlten. Mein Fuß war fast ganz wiederhergestellt, und ich fühlte mich fit. Oben auf dem Berg baute ich Stativ und Kamera auf, kletterte ein Stück zurück, stieg noch einmal auf und wiederholte das Ganze ein paar Mal, bevor ich alles wieder zusammenpackte. Die Filmerei hatte eine halbe Stunde gedauert. Meine Wertschätzung von Leons Arbeit stieg erheblich.

Auf dem Weg hinunter ins nächste Tal flammten überall auf den Hängen Farben auf, rosa, weiße, gelbe Blüten reckten sich dem Licht entgegen. Den Talboden erreichte ich, als es bereits dunkel wurde. Jetzt, da ich allein war, hatte ich mich etwas ungezwungener und mit mehr Pausen voranbewegt, sodass ich am Abend sicher eine Stunde zugeben musste, um auf mein Tagespensum zu kommen. Die Stadt, die ich heute noch erreichen wollte, lag etwa acht Kilometer entfernt. Dort wollte ich mir ein Lǜdiàn suchen. Mein Telefon piepste, eine SMS von Leon.

»Bin in der Stadt, in einem Lǜdiàn gleich links, wenn du hereinkommst. Versuche, ein anderes zu finden.«

Die Gefahr, dass wir uns aus Versehen über den Weg liefen, war eine der Schwächen der Operation Einsame Wölfe. Wenigstens während der ersten paar Tage war es unmöglich, alternative Routen zu finden, ohne die Distanz drastisch zu erhöhen. Wir wollten uns deswegen warnen, wenn es möglich schien, dass wir aufeinandertrafen. Hoffentlich klappte es, selbst wenn wir im selben Ort übernachteten.

Ich marschierte in die Nacht, sah nach einer Stunde ein paar Häuser und erwartete, dass sie sich zu einer Stadt verdichteten, aber drei Kilometer später stellte ich fest, dass die Lichter seitlich zurückwichen, weit hinter ein paar Feldern. Ohne Leon und sein iPhone hatte ich die Abzweigung verpasst. Auf meiner chinesischen Straßenkarte waren nur einfache kleine Linien zu erkennen und einzelne Punkte für Siedlungen. Sie war viel zu ungenau, um sagen zu können, wo man abbiegen musste, um an einen speziellen Ort zu gelangen.

Ich zog weiter, allein in der chinesischen Dunkelheit, war von leeren Feldern umgeben und kam nur gelegentlich an einem Bauernhaus vorbei. Der Mond hielt sich hinter dicken Wolken versteckt. Ich rückte den schweren Rucksack auf meinen Schultern zurecht und fand mich damit ab, auf einem Feld biwakieren zu müssen, was nicht gerade ein glamouröser Beginn meines Solo-Auftritts war. Wobei ich in der Erwartung, eine Stadt zu erreichen, nicht genug Wasser mitgenommen hatte. Es war mir bereits ausgegangen, und da ich es hasste, durstig schlafen zu gehen, hielt ich nach einem Bauernhaus Ausschau, in dem noch jemand wach war, um dort hoffentlich meine Flaschen auffüllen zu können.

Ich entdeckte einen großen, weiß gefliesten Bungalow, an dem vorn Licht brannte. Neben dem Haus parkte eine Raupe, und drei Männer standen da und beendeten offenbar gerade ihr Abendessen. Sie hatten mich in der Dunkelheit noch nicht bemerkt, und ich zögerte, ob ich sie ansprechen sollte. Zusammen mit Leon wäre es keine große Sache gewesen, aber plötzlich hatte ich ein leicht flaues Gefühl im Magen.

»Stell dich nicht so an«, flüsterte ich mir zu. Ich brauchte Wasser, und was sollte schon Schlimmes passieren?

Ich trat also aus der Düsternis, ließ mein gewohntes fröhliches Hallo hören und rezitierte meinen Katechismus. Ich bin ein *Yīngguó rén*, ein Brite, und ich liebe China, sagte ich. Ich hielt ihnen meine Wasserflasche hin und fragte, ob sie die vielleicht auffüllen könnten. Es war komisch, meine Stimme zu hören.

Erst sahen mich die drei Gesichter mit großen Augen an, als wäre ich eine Erscheinung. Einer der Männer, der mit nacktem Oberkörper dastand und einen beeindruckenden Bauch vorzuweisen hatte, fang an zu grinsen.

»*Yīngguó rén*«, sagte er laut. »*Yīngguó rén.*«

Alle lachten, weitere Leute kamen aus dem Haus, und schon schoben sie mir einen Hocker hin und boten mir eine Zigarette an. Eine mütterlich wirkende Frau ging zurück nach drinnen und kam mit einer Flasche Tee und einer Schüssel mit knochigem Fleisch und dampfendem Reis wieder heraus. Unglaublich dankbar wandte ich mich dem unerwarteten warmen Essen zu, und es kamen immer noch mehr Leute.

»*Yīngguó rén!*«, riefen alle und bestaunten verblüfft meine abgetragenen Kleider und meinen Rucksack. Mir war, als sähen mich die Leute so allein etwas anders an als zusammen mit Leon. Hatten sie das Gefühl, mich schützen und mir helfen zu müssen (weil ich hier so allein auftauchte), oder ließ es sie argwöhnisch werden (weil nur seltsame Menschen allein reisen)? Ich wusste es nicht, beschloss aber, dass es nicht schaden konnte, nach einem Platz zum Schlafen zu fragen.

»Kann ich hier Dumpling?«, fragte ich und bekam die Töne schon wieder nicht hin.

Alle sahen mich an, als sei ich gestört. Ich wiederholte meine Frage noch ein paar Mal, bis sie mich verstanden, und erntete ein paar unbehagliche Blicke. Dann kam ein weiterer Mann, offenbar der Chef. Erst hatte ich gedacht, es handelte sich um ein Bauernhaus, aber angesichts all der Leute schloss ich, dass es sich um eine Art Arbeiterunterkunft handeln musste.

Der Chef musterte mich argwöhnisch. Ich sagte, ich nähme gern mit dem Betonboden vor dem Haus vorlieb. »Hier ist es sehr gemütlich und trocken«, schwärmte ich. Ganz sicher war es besser als ein matschiges Feld.

Seine Augen verengten sich, doch dann redeten alle auf ihn ein, und schließlich gab er ein zögerliches Ja von sich. Die Leute verschwanden zurück nach drinnen, und ich machte mich daran, meine Matte und meinen Schlafsack auszurollen. Aber noch bevor ich mich hinlegen konnte, tauchte die mütterliche Frau wieder auf. Sie schien so etwas wie eine Nachtwächterin zu sein, winkte mich nach drinnen und sagte, ich könne dort auf dem Boden schlafen. Dankbar zog ich meine Sachen ins leere vordere Zimmer und streckte mich auf meiner Matte aus. Ich schlief in einem Haus in China, in dem Dutzende geheimnisvolle Leute wohnten, aber es war warm, sicher und trocken, und das reichte mir allemal.

Um Viertel vor sechs erwachte ich vom Geräusch lauter Gespräche, Lachen und heftigem Regen draußen. Ich öffnete die Augen und sah eine ganze Armee chinesischer Bauern durch mein Zimmer wandern, die zu mir herstarrten, sich unterhielten und Zigaretten anzündeten.

Ich setzte mich auf, steckte die Kamera aufs Stativ, schaltete sie ein und legte mich zurück auf meinen Schlafsack. Zehn Sekunden lang tat ich so, als schliefe ich, bevor ich aufwachte, mir die Augen rieb und in die Kamera hinein erklärte, wo ich war. Mich selbst zu filmen würde eine Menge Motivation erfordern. Schließlich stand ich richtig auf und folgte den Männern und Frauen in die Küche hinüber, wo mir klar wurde, dass es gar nicht regnete:

JOHEI!

Das Geräusch kam von einer Reihe zischender Woks voller Essen. Ich wurde in die Schlange gedrängt, bekam eine Schüssel mit gebratenen Nudeln und ging mit den Leuten nach draußen.

Etwa fünfzig Männer und Frauen standen da, aßen, rauchten und sahen mich an. Sie winkten mich zu sich heran, und ich trat zwischen sie und schlang die fettigen, köstlichen Nudeln herunter.

»Was arbeiten Sie?«, fragte ich.

Alle antworteten auf einmal, doch ich verstand sie nicht. Sie begannen schaufelartige Bewegungen zu machen, doch ich wusste mir keinen Reim darauf zu machen. Schließlich sagten sie: »Komm mit und sieh's dir an.«

Minuten später stellten sie ihre Schüsseln in die Gemeinschaftsspüle und gingen hinters Haus, wo sich jeder eine Schaufel und eine Spitzhacke nahm. Wie ein Trupp lustiger Zwerge marschierten sie damit in einen nahen Kiefernwald. Es gab junge Burschen unter zwanzig, mittelalte Frauen in ihren Vierzigern, alte Männer, die derb und düster dreinblickten, und junge zerbrechliche, aber fröhlich wirkende Frauen. Das Lied der Zwerge, *Johei!, Johei!*, ertönte in meinem Kopf, während wir dahinmarschierten.

Schließlich kamen wir in einen Teil des Waldes mit vielen Löchern in der Erde. Ohne dass jemand einen Befehl dazu gegeben hätte, teilten sich alle in Zweier- oder Dreiergruppen auf und machten sich an die Arbeit. Sie gingen zu den Bäumen, die sämtlich um die drei Meter groß waren, und statt sie zu fällen, begannen sie, sie auszugraben. Wenn sie unter sie gelangt waren, zogen sie Baum und Wurzelwerk aus der Erde und umwickelten Letzteres mit Seilen, sodass große Ballen entstanden. Sie arbeiteten hart und schnell, fast ohne ein Wort. Ich versuchte zu fragen, was mit den Bäumen geschehen würde, verstand ihre Antworten aber nicht. Versetzten sie die Bäume, weil hier eine Straße gebaut werden sollte? Oder wurden sie verkauft? Ich wollte nicht im Weg stehen und musste sowieso weiter, und so verabschiedete ich mich von meinen hart arbeitenden neuen Freunden und ging zurück zur Straße, wieder allein.

Kapitel
49

Tee

*6.–8. April
Entfernung von zu Hause: 1474 Kilometer*

Die Kellnerin knallte eine kleine Porzellantasse vor mir auf den Tisch und schüttete heißen Tee hinein. Praktisch jedes Restaurant in China versorgte seine Gäste gratis mit Tee. Ich nahm einen Schluck. Es war der vierte Tag seit unserer Trennung, und ich war den Morgen über ein Tal hinaufgelaufen, das voller in sauberen Reihen angepflanzter Teebüsche stand. Zwei Frauen hatte ich darin stehen sehen, mit wettergegerbten Gesichtern und pechschwarzem Haar. Nur kurz hatten sie zu mir aufgesehen und sich gleich wieder an ihre Arbeit gemacht – sie pflückten und sammelten die kleinen Knospen in ihren Körben. China ist das Mutterland des Tees, der für die Menschen hier über Tausende von Jahren das Getränk der Wahl war. Am Ende jedoch war er ein eher zweifelhafter Segen für das Reich der Mitte, trug er doch mit dazu bei, die jahrtausendealte Dynastienfolge auf tragische Weise zu beenden.

Im alten England war Tee praktisch unbekannt. Im 17. Jahrhundert dann begann die British East India Company zunehmend Handel mit China zu treiben und war hocherfreut, festzustellen, dass es in London einen aufkeimenden Markt für die exotischen getrockneten Blätter gab. Im 18. Jahrhundert brachten sie den Tee in ganzen Schiffsladungen nach England, denn die Briten waren ihm völlig verfallen: Kannenweise tranken sie das Zeug, zum Frühstück, in »Tee-Pausen« und zur »Tee-Zeit«.

China verstand sich zu dieser Zeit noch als das Zentrum der Zivilisation und war vollkommen autark – seit Jahrtausenden schon. Dazu kam, dass China unter der Qing-Dynastie, vom 17. bis zum 19. Jahrhundert, ein nach außen hin abgeschlossenes Reich war und ganz sicher kein Interesse daran hatte, starke gegenseitige Handelsbeziehungen mit den merkwürdig aussehenden Europäern einzugehen, von denen immer mehr angereist kamen. Ferne Länder wurden allenfalls als Vasallenstaaten betrachtet und sämtlicher Handel auf den Hafen von Kanton beschränkt, das heutige Guangzhou, wo die Ausländer auf eine einzelne Insel sequestriert wurden und nicht einmal Chinesisch lernen durften. Wer auch immer versuchte, es ihnen beizubringen, wurde eingesperrt oder gar hingerichtet.

Die Briten wurden erniedrigt, hatten aber keine Wahl, und so kauften sie den Tee unter diesen strikten Bedingungen. Was die Sache für sie besonders hart machte, war, dass sie dem Reich der Mitte keine eigenen Waren anbieten konnten. So mussten sie ihren Tee mit Silber bezahlen, was China enorme Gewinne und den Briten ein klaffendes Handelsdefizit bescherte.

Dann aber stellten die Briten fest, dass es etwas gab, das sie den Chinesen verkaufen konnten: Opium. Die Substanz wurde aus den Mohnpflanzen gewonnen, die in ihrer neuen Kolonie Indien prächtig gediehen, und als sie es zu verkaufen begannen, dauerte es nicht lange und die Droge eroberte China. Mit den Erlösen wurde der Tee bezahlt, von dem ihrerseits die Briten nicht lassen konnten. Das Arrangement war für die Briten äußerst profitabel und ideal, für die Chinesen war es eine Katastrophe. Es kostete sie nicht nur die alten Gewinne aus dem Tee, sondern die stetig steigende Zahl Drogenabhängiger hatte auch gesellschaftlich verheerende Folgen. Die Chinesen verboten das Opium, protestierten bei den Briten, waren jedoch nicht in der Lage, den Handel zu unterbinden.[1]

Schließlich fuhr ein hochmotivierter, eifriger chinesischer Gerichtsbeamter schwere Geschütze gegen die ausländischen Drogenhändler auf. Er setzte sie in Kanton fest, bis sie ihm einen großen Opiumvorrat übergaben, den er sofort zerstören ließ. Die Briten waren außer sich vor Wut, und die Lage eskalierte schnell zum sogenannten ersten Opiumkrieg. An diesem Punkt der Geschichte waren die britischen Kriegsschiffe und Strategien denen Chinas weit überlegen, sie unterwarfen die Chinesen schnell und zwangen ihnen den ersten der berüchtigten »ungleichen Verträge« auf.

Dieser Vertrag zwang die Chinesen, den Briten eine Insel vor der Südküste zu überlassen und ihnen zum Zwecke eines freieren Handels den Zugang zu fünf »Vertragshäfen« zu gewähren.[2] Die-

---

[1] Zeitweise machten die Einkünfte aus dem Teehandel fast zehn Prozent der gesamten Einnahmen der britischen Regierung aus.

[2] Ihre enormen unmoralischen Profite aus dem Opium- und Teehandel reichten der East India Company nicht, sie wollten auch in den Besitz des Geheimnisses des Tees kommen, und so schickten sie in den 1840ern Robert Fortune nach China, einen gelehrten botanischen Spion, der sich als chinesischer Beamter verkleidete und unbemerkt die geheimnisvollen Teeplantagen im Inland besuchte, die die Chinesen bisher hatten abschotten können. Fortune stahl das Geheimnis der Teeproduktion und auch Ableger der Pflanzen selbst, und so gelangte das wertvolle »botanische Gold« nach Indien und darüber hinaus, wo es fortan angebaut wurde. China hatte sein Monopol damit verloren. Robert Fortunes Geschichte wird in Sarah Roses Buch *For All the Tea in China* bis ins Detail erzählt.

ser Erfolg der Briten war ein unheilvoller Anreiz für andere Nationen – und bald schon wollten auch Amerikaner, Japaner und einige europäische Nationen eigene Verträge abschließen. So blühten der Opium- und der Teehandel weiter auf, und die ausländischen Mächte mischten sich mehr und mehr in die Angelegenheiten des Reichs der Mitte ein.

Gleichzeitig – und zum Großteil wegen dieser Einmischungen – erschütterte innerer Unfriede das chinesische Reich, und als das 20. Jahrhundert heraufzog, zeigte vor allem Japan seinem alten Rivalen gegenüber verstärkt koloniale Ambitionen. Nachdem sie bereits Korea eingenommen hatten, drangen die Japaner aggressiv in den Nordosten Chinas vor und nahmen von dort noch größere Ziele ins Visier. In den nachfolgenden Jahrzehnten brach das alte kaiserliche System zusammen, und das Reich der Mitte taumelte in eine Ära sich befehdender Warlords, japanischer territorialer Übergriffe und schließlich des Bürgerkriegs.

Wie Sarah Rose in ihrem Buch über den chinesisch-englischen Teehandel bemerkt: »Niemand kann vernünftigerweise allein dem Tee die Schuld daran [dem Niedergang des Reiches] geben, aber man darf auch nicht die Rolle ignorieren, die das ausländische Verlangen nach dieser chinesischen Handelsware dabei gespielt hat, China dem Westen zu öffnen und seiner kaiserlichen Autarkie zu berauben.«

Leicht benommen hatte ich meine Tasse Tee geschlürft. Zwei Portionen gebratener Reis mit Ei wurden gebracht, eine davon in einer Styroporschachtel – mein Takeaway-Abendessen, falls ich mich wieder verlaufen sollte. In diesem Ort endete die Straße nach Süden, und ich wollte eine Abkürzung über einen Berg suchen, hinunter zu einem Stausee auf der anderen Seite. Der Gedanke, allein durch die Wildnis zu irren, machte mich nervös, war ich als Einzelperson doch noch viel verletzlicher. Dieses Mal jedoch hatte ich eine neue Strategie: Ich wollte die Ortskenntnis der Dorfbewohner nutzen und einen Führer anheuern.

Eine Gruppe zehnjähriger Jungen begann sich um mich zu versammeln. Ich unterhielt mich eine Weile mit ihnen, aß meinen Reis, ließ sie Fragen stellen und meinen Katechismus durchgehen. Endlich fragte ich sie, ob es einen Pfad über den Berg gebe.

»Ja, den gibt's«, sagten alle, einschließlich einer alten Dame, die lächelnd zu uns hersah. Das war ein guter Anfang.

»Könntet ihr mir den Weg zeigen?« Die Jungen hatten ein paar Skateboards dabei und wirkten, als wären sie offen für ein kleines Abenteuer.

»Das können wir«, sagten alle.

»Gut!«, sagte ich.

»Gut!«, sagten alle, und wir lachten.

Also zogen wir los, ich mit meiner sorglosen kleinen Führertruppe. Eines der Kinder schlitterte auf seinem Skateboard voraus, während ein anderes, der selbstsicherste Junge, mir ein fröhliches Lied vorsang, das ich nicht verstand. Als Antwort darauf sang ich *For He Is an Englishman* von Gilbert und Sullivan, das er eindeutig auch nicht verstand, aber wir gratulierten einander zu unseren sängerischen Fähigkeiten.

Ein Feldweg brachte uns zu einem schmalen Pfad, wo mir die Jungen einige Instruktionen gaben, die ich vage verstand. Dann sagten sie, sie müssten zurück ins Dorf.

»Okay, und vielen Dank«, sagte ich und winkte ihnen etwas niedergeschlagen hinterher. So war das mit meinem Führer eigentlich nicht gedacht gewesen, aber wenigstens hatten sie mich an den Anfang des richtigen Pfades gebracht. Ich kletterte über ein paar terrassierte Felder und kam in ein Dorf, in dem alle draußen zu sein schienen, um Gemüse zu säen und zu pflanzen. Sie zeigten mir mit Gesten, wo es weiterging, und ich fand einen mit Steinplatten ausgelegten Weg, der mich innerhalb von zwei Stunden auf den Gipfel brachte. Dort oben gab es einen kleinen buddhistischen Tempel, der den verschiedenen Gaben nach zu urteilen immer noch regelmäßig besucht wurde.

»So weit, so gut«, sagte ich laut zu mir selbst. »Und jetzt finde den Weg nach unten.«

Die Steinplatten führten ein paar Minuten lang in die gewünschte Richtung, bis ich ein Gebiet mit weiten Reisfeldern erreichte, die ein, zwei Handbreit hoch mit Wasser bedeckt waren.

»Das sieht ja vielversprechend aus«, murmelte ich und balancierte über eine Reihe Erdwälle, die mich durch sie hindurchführten.

Ich war aber immer noch hoch auf dem Berg und kam jenseits der Felder an einen felsigen Abgrund. Diese Seite des Berges war erheblich steiler als die andere, und ich stand mitten über einem dichten, jäh abfallenden Dschungel, aus dem große, mondförmige Kalksteinfelsen herausragten. Das schien bei chinesischen Bergen im Trend zu liegen: dass man sie auf der einen Seite relativ leicht erklettern konnte, auf der anderen Seite aber kaum wieder hinunterkam.

Die nächste Stunde brachte ich damit zu, an den Reisfeldern entlangzugehen und nach einem Weg Ausschau zu halten, fand tatsächlich auch einen vielversprechenden Anfang, aber schon Minuten später wurde der Pfad steiler und steiler, und mir blieb nichts anderes übrig, als umzukehren und zurück nach oben zu steigen. In ein paar Stunden würde es dunkel werden, und ich wurde langsam nervös. Wenn ich hier oben umknickte, gab es keinen Leon, der ging und Hilfe holte.

Zum Glück fand ich nach einer weiteren halben Stunde eine aussichtsreichere Route, die hinter ein paar Büschen verborgen gewesen war. Der Weg führte bergab, weiter und weiter, bis ich zwei Stunden später, bei Einbruch der Dämmerung, wieder auf einer Teerstraße stand.

Ich war ungeheuer erleichtert, aber auch sehr müde, ohne dass ich gewusst hätte, wo genau ich mich befand. Ich wusste nur, dass die Straße parallel zu einem langen Wasserreservoir verlaufen musste, das irgendwo unter mir in der Düsternis verborgen lag. Irgendwie würde ich morgen schon einen Weg um es herum finden, oder eine Fähre, die mich auf die andere Seite brachte. Aber erst musste ich mir einen Platz zum Schlafen suchen. Es gab keinerlei Verkehr auf der Straße, und als ich sie weiter hinunterwanderte, dachte ich, dass ich wahrscheinlich irgendwo biwakieren würde.

Augenblicke später tauchte ein Motorrad mit einem landwirtschaftlichen Anhänger auf. Ein junger, knapp zwanzigjähriger Mann saß darauf und hielt neben mir an.

»Ich wohne ein paar Kilometer die Straße hinunter«, sagte er. »Warum kommst du nicht mit und übernachtest dort?«

Das war perfekt. Ich bedankte mich und sagte, ich sei in etwa einer Stunde da. Eine halbe Stunde später rief Christine an. Während wir uns unterhielten, setzte ich mich an den Straßenrand und zog die Stiefel aus, um mir die Füße zu massieren. Da tauchte erneut ein Scheinwerfer auf, es war der Mann mit dem Motorrad.

»Es ist nicht mehr weit«, sagte er.

»Toll«, sagte ich.

Aber jetzt begann er von Geld zu reden. Ich hatte nicht gedacht, dass er mir eine Rechnung stellen wollte, und verstand ihn nicht richtig. Christine war immer noch am anderen Ende, und erschöpft, wie ich war, bat ich sie, mit ihm zu reden. Ich gab ihm das Telefon. Sie sprachen kurz, und er gab mir das Telefon zurück.

»Rob, bist du in Sicherheit?«, fragte Christine – eine unheilvolle Frage.

»Ja, ich glaube schon. Warum?«

»Nun, der Typ verlangt 300 RMB dafür, dass du auf seinem Boden schlafen darfst. Und er klingt nicht gerade freundlich.«

Ich griff ostentativ nach meinen Stöcken und tat mein Bestes, den harten, groben, irren Engländer zu geben. »Ist schon gut, Schatz. Ich sag ihm einfach, ich bin nicht interessiert, und schlafe auf einem Feld«, sagte ich, um Christine zu beruhigen, bevor wir das Gespräch beendeten.

Ich legte auf, leuchtete dem jungen Mann mit meiner Kopflampe in die Augen und versuchte zu verhandeln.

»Du zahlst 300 RMB«, wiederholte er und wirkte mit einem Mal ziemlich aggressiv.

»Das ist zu viel, ich kann höchstens 100 RMB zahlen.« Das war eine großzügige Summe für ein Stück Fußboden.

»Nein, 300 RMB.« Vielleicht begriff er nicht, dass ich auch einfach irgendwo kampieren konnte.

»Tut mir leid, dann nicht. Auf Wiedersehen.« Damit drehte ich mich um und ging davon, verzagt und ein wenig zittrig. Ich spannte alle Muskeln an, als der Kerl noch einmal an mir vorbeifuhr, doch er verschwand in der Nacht, ohne sich umzusehen. Ich ließ einen Seufzer hören. Er hatte natürlich alles Recht dazu, eine Bezahlung zu verlangen, doch es war eine unverschämte Summe, und er hätte sie gleich bei seiner Einladung nennen sollen. Einen Moment lang fühlte ich mich verunsichert, allein da draußen in der Dunkelheit einer unbekannten chinesischen Straße. Das ländliche China schien für gewöhnlich ein sicherer Ort zu sein, besonders, wenn ich mit Leon zusammen war, doch ich hatte auch schon Geschichten von Fahrradfahrern gehört, die ausgeraubt worden waren. Ich wäre ein Narr, wenn ich dächte, mir könnte so etwas nicht passieren.

Es war zehn Uhr. Ich war seit fast fünfzehn Stunden unterwegs, und es war an der Zeit, ein Versteck zu suchen und mich schlafen zu legen. Ich entdeckte einen Orangenhain, suchte einen Platz für meinen Biwaksack und kroch hinein. Mit dem Stativ drapierte ich mein Moskitonetz über dem Kopf und schloss die Augen.

Ich fragte mich, wie es Leon erging, der zweifellos in einem luxuriösen Lùdiàn übernachtete. Wir hatten ein paar Nachrichten ausgetauscht, und es klang, als fühlte auch er sich durch das Abenteuergefühl des Alleinseins neu belebt. Wir waren während der letzten Tage auf unterschiedlichen Routen unterwegs gewesen, würden jetzt aber beide nach Yuanling kommen, um dort unseren freien Tag einzulegen, und hofften, uns nicht zufällig zu begegnen.

Kapitel
50

Kentucky Fried Chicken

9.–14. April
Entfernung von zu Hause: 1246 Kilometer

»**K**fc ist frei« – Ich las die SMS von Leon und verließ das Hotelzimmer. Wir hatten uns angewöhnt, an unseren freien Tagen bei Kentucky Fried Chicken zu essen, der beliebtesten westlichen Fast-Food-Kette Chinas, und da wir uns im Moment in derselben Stadt befanden, in der es nur eine KFC-Filiale gab, mussten wir uns miteinander abstimmen, sonst würden wir uns am Ende dort treffen. Wir taten alles, um das Einzelgänger-Abenteuer nicht zu gefährden.

Am nächsten Morgen ließ ich Leon zwei Stunden vor mir losziehen, damit er ausreichend Vorsprung hatte. Während der nächsten paar Tage würden wir dieselbe Route nehmen müssen, hofften aber, da er schneller war, dass Leon vorne blieb. Es regnete heftig, als ich um neun Uhr losging. Später am Vormittag klingelte das Telefon.

»Hi, Rob«, sagte Leon. »Etwa fünfzehn Kilometer hinter der Stadt hat mich die Polizei angehalten und mit auf die Wache genommen.«

»Warum? Sind wir in einer verbotenen Zone?«

»Nein, ich glaube, sie wollen nur wissen, was wir vorhaben. Du bist bereits von einem Streifenwagen gesichtet worden, und sie sagen, ich soll warten, bis du ankommst.«

Und so betrat ich eine Stunde später die Polizeiwache. Leon saß auf einem Stuhl, immer noch tropfnass und genervt, umgeben von ein paar Polizisten. Es war gut, ihn wiederzusehen. Eine halbe Stunde lang führten wir unser gewohntes Frage-und-Antwort-Spiel mit der Polizei, dann ließen sie uns gehen.

Unsere gemeinsame Route würde uns während der nächsten Tage auf eine Abkürzung durch ein paar mächtige Berge zwingen, und wir beschlossen, dass es sicherer sei, sie gemeinsam zu nehmen.

»Was ich mich schon eine Weile lang frage«, sagte ich und nahm damit unsere letzte Filmdiskussion wieder auf. »Warum ist Al Pacino eigentlich nur noch so selten in einem guten Film zu sehen?«

»Das ist eine sehr gute Frage«, sagte Leon, »obwohl ich sie mir eher bei Robert De Niro stelle.«

Tags darauf wurde aus der Straße ein schlammiger, unbefestigter Weg. Die Berge um uns herum waren dicht bewaldet, die Dörfer bestanden aus Holzhäusern, und ihre Bewohner schienen vom Wald zu leben. Wir sahen Sägewerke, und regelmäßig kamen mit Baumstämmen beladene Lastwagen vorbei. Um durch den Schlamm zu kommen, mussten wir Schuhe und Strümpfe ausziehen und folgten den Dorfbewohnern in ihren Flipflops. Die Berge stiegen höher und höher um uns herum auf, und wir wussten, der Weg würde bald schon ganz auslaufen. Da der Wald so dicht war, beschlossen Leon und ich, uns einen Führer zu suchen.

Bei einem der letzten Häuser vor dem Ende der Straße fragten wir einen jungen Mann, ob er jemanden kenne, der uns den Weg durch die Berge zeigen könne. Der Mann legte die Stirn in Falten und rieb sich das Kinn. Offenbar versuchte er uns einzuschätzen, wobei er ganz ähnlich wie Mr Wolf, der Taxifahrer, zu begreifen schien, dass wir uns in einer schwachen Verhandlungsposition befanden.

Er begann mit 300 RMB, also rund 30 englischen Pfund, und einigten uns schließlich auf 200 RMB. Dafür würde er uns zu essen geben, uns in seiner Holzhütte übernachten lassen, und am nächsten Tag sollte uns jemand durch die Berge bringen.

»Wer?«, fragten wir.

»Er«, sagte Mr Wolf II und deutete auf einen kleinen alten Mann, der in diesem Augenblick ums Haus kam. »Das ist mein Vater.«

Der alte Mann reichte mir kaum bis zu den Achseln, hatte ein faltiges Gesicht und ging leicht gebeugt. Wir fragten uns, ob er fit genug war für einen langen Marsch durch die Berge, hatten aber kaum eine Alternative und besiegelten den Handel mit einem Handschlag.

In diesem Moment kam ein anderer kleiner alter Mann vorbei. Er trug ein mächtiges Stück Holz mit sich (eigentlich war es ein ganzer Baum), schenkte uns ein breites Lächeln und legte seine Last ab. Mit zwinkernden Augen trat er zu uns und schüttelte den Kopf. Es sah aus, als könnte er nicht glauben, uns zu sehen.

»Woher seid ihr?«, fragte er immer noch lächelnd und mit einem Staunen in der Stimme.

»Wir sind *Yīngguó rén*«, sagten wir auf Mandarin.

»*Yīngguó rén!*«, wiederholte er verblüfft. »Aber dann seid ihr ja Ausländer!«

Wie es schien, hatte er noch nie einen Ausländer gesehen, war noch nie aus den Bergen hier herausgekommen und hatte sein Leben lang Bäume hin- und hergeschleppt. Seine Hand fühlte sich ledrig an.

»Darf ich mal probieren, ob ich Ihren Baum tragen kann?«, fragte Leon.

»Natürlich«, sagte der Mann, der einen halben Meter kleiner war als Leon.

Leon beugte sich vor, umfasste den Stamm und bekam ihn kaum in die Höhe. Da er so stark war, nannten wir den Alten »Mr Steel«.

Mr Steel sah auf unsere Karte und staunte über unsere Lesefähigkeiten. »Ihr könnt kein Chinesisch und lest englische Buchstaben!«, rief er.

Am nächsten Morgen regnete es wieder heftig, und der Vater von Mr Wolf II führte uns in die Berge. Bald schon nannten wir ihn Mr Iron, denn wenn er auch nicht so stark wie Mr Steel sein mochte, war er doch ein zäher Kerl. Er trug Gummistiefel und einen Regenmantel und trottete mit stetigem Schritt voraus. Wir folgten einer ganzen Reihe sich windender Pfade, die mitunter von Erdrutschen verschüttet waren, über die wir hinwegklettern mussten. Dann wieder ging es durch Bachläufe und verlassene Holzfällercamps. Ohne Mr Iron hätten wir uns niemals zurechtgefunden. Nach fünf Stunden erreichten wir den Kamm, und der Alte zeigte uns einen Weg hinunter in ein anderes, weit weniger dicht bewaldetes Tal mit einer richtigen Straße, die mitten hindurchführte.

Tags darauf trennten Leon und ich uns wieder und hofften, uns jetzt tatsächlich bis Guilin nicht mehr zu sehen, das wir in etwa zwei Wochen erreichen würden.

Wieder allein auf uns gestellt, hatten wir gleich ein weiteres Problem zu lösen: eine zweite verbotene Zone, von der wir wussten, weil ein paar Rucksacktouristen Schwierigkeiten bekommen und in einem Online-Forum davon berichtet hatten. Ganz offenbar war es keine kleine Zone, sondern sie war im Gegenteil riesig groß, im Durchmesser vielleicht einhundertfünfzig Kilometer. Den Gerüchten nach gab es darin einen monumentalen Bunker, komplett mit Atomraketen und Tausenden Kilometern unterirdischer Tunnels.

Die Informationen waren jedoch ziemlich vage, und es war schwer zu sagen, wo genau die Zone begann und endete. Die Aufgabe, das im Einzelnen herauszufinden, fiel der hart arbeitenden, Mandarin sprechenden Christine zu. Sie rief die Polizeistationen der entsprechenden Kreise an und fragte, ob sie »verboten« oder »offen« seien. Manche Beamte wussten es nicht zu sagen, nicht für den eigenen und schon gar nicht für die benachbarten Kreise. So hatte Christine viel zu telefonieren, mailte mir und Leon schließlich die Ergebnisse zu, und wir trugen sie auf unseren Karten ein.

Da wir beide, Leon und ich, unbedingt weitere Fahrten in Polizeiwagen vermeiden wollten, blieben uns nur zwei mögliche Routen. Die eine war eine direkt nach Süden führende Straße, die immerhin noch durch ein äußeres Eck der Zone schnitt. Die andere folgte einer kleineren Straße, die ganz außerhalb der Zone verlief, für die man aber einen zusätzlichen Tag brauchen würde. Über das Telefon warfen Leon und ich eine Münze, um zu entscheiden, wer welchen Weg gehen sollte. Leon gewann und wählte den direkten Weg mit einem etwa fünfzehn Kilometer langen, auf verbotenem Terrain liegenden Abschnitt, den er in der Nacht durchqueren wollte. Ich nahm den längeren Weg und griff auf meine Spezialität zurück, mich für ein, zwei Tage in den Bergen zu verlaufen und schließlich irgendwo auf der anderen Seite wieder herauszukommen.

Kapitel
51

Mao

14.–20. April
Entfernung von zu Hause: 1102 Kilometer

Ausnahmsweise einmal hatte ich mit einer Abkürzung Erfolg, kam nach zwei Tagen in den Bergen zurück auf eine Straße und ging Richtung Dongkou. Fünfzehn Kilometer vor der Stadt sah ich einige Dorfbewohner vor einem Aushang versammelt, und ein junger Mann mit einem Mikrofon hielt sie sehr, sehr laut zu etwas an. Aus der Ferne sah es aus wie eine Kundgebung während der Kulturrevolution in den 1960ern mit jungen, begeisterten Rotgardisten. Als ich jedoch näher kam, sah ich, dass es keine jungen, sondern mittelalte Leute waren, und sie machten ganz und gar keinen begeisterten Eindruck, sondern wirkten eher müde und genervt.

Ich trat hinten zu der Menge und versuchte jemanden zu fragen, was da vorging, doch der Lärm aus dem Lautsprecher war so groß, dass wir uns unmöglich verstehen konnten. Ich schob mich weiter vor und sah ein mächtiges Plastikplakat voller Fotos von Mao Zedong. Der Mann mit dem Mikrofon entdeckte mich in der Menge, grinste glücklich und redete noch lauter, schneller und leidenschaftlicher, da er jetzt auch einen Ausländer unter seinen Zuhörern hatte. Ich konnte im Einzelnen nicht ausmachen, was er sagte, nur dass es eindeutig darum ging, wie wundervoll der große Vorsitzende Mao gewesen sei.

Ich betrachtete das Plakat, das Mao bei verschiedenen erstaunlichen Taten zeigte: als charismatischen Führer auf dem Langen Marsch in den 1930ern, als heldenhaften Soldaten im Kampf mit den Japanern in den 1940ern, als den glorreichen Führer, der 1949 die Volksrepublik ausrief, und als im Jangtsekiang schwimmenden starken alten Mann. Er hatte das Land nach dem Bürgerkrieg mit fester Hand geeint, hatte China zu einer Atommacht gemacht und geholfen, die wundersamen Wohltaten des Sozialismus zu verbreiten.

Ich zog die Kamera heraus, entfernte mich so weit, wie es ging, von Mr Microphone und fragte ein paar gelangweilt aussehende Dorfbewohner, was sie von Mao hielten.

»*Hào bu hǎo* – war er gut?«, fragte ich. Es war eine dumme Frage, aber wir waren in der Öffentlichkeit, und mein Mandarin taugte nicht unbedingt für investigativen Hintergrund-Journalismus.

»*Hǎo* – gut«, murmelten sie mit einem vielsagenden Mangel an Enthusiasmus.«

»*Mao cóng Húnán lái* – Mao kommt aus Húnán«, sagte ich. Ich befand mich immer noch in der Provinz des Vorsitzenden.

»*Duì* – richtig«, sagten sie und nickten ausdruckslos.

Ich bekam Kopfschmerzen von dem Lärm, verabschiedete mich und setzte meinen Marsch fort. Was hielten die Dorfbewohner wirklich von Mao? Waren sie stolz darauf, dass er aus ihrer Provinz stammte? Knapp fünfhundert Kilometer weiter östlich war er vor etwas mehr als hundert Jahren geboren worden. Sein Dorf lag so abgelegen, dass er vom Tod der Witwe des Kaisers 1908 erst erfuhr, als er es zwei Jahre später verließ. Er wuchs in einer Zeit großer Veränderungen auf, und als er ins Erwachsenenalter kam, hatte der Kaiser abgedankt, das Land begann zu zerfallen, und die Japaner hatten sich im Nordosten festgesetzt. Er wechselte die Berufe und wurde in den 1920ern – da arbeitete er als Bibliothekar in Peking – von der jungen, von Russland unterstützten kommunistischen Partei rekrutiert, der KPCh oder einfach »der Partei«. Zuerst wurden ihm nur kleinere Aufgaben übertragen, und er ließ keine außergewöhnlichen Führungsqualitäten erkennen. Aber was ihm an Charisma fehlte, machte er mit List und Tücke wett, und so manövrierte er sich während der nächsten Jahrzehnte an die Spitze der Partei, bis er zu Ende des Langen Marsches[1] 1936 ihr unumstrittener Führer war. Das Wichtigste war, dass er vom glühendsten Förderer der Partei, Joseph Stalin, als solcher betrachtet wurde.

1937 begann der zweite japanisch-chinesische Krieg, und als Japan 1945 geschlagen wurde, brach zwischen den beiden Hauptkräften Chinas, den Kommunisten und den Nationalisten, ein Bürgerkrieg aus. Zunächst wurde erwartet, dass ihn die Nationalisten für sich entscheiden würden, doch mit Hilfe der Sowjetunion behielten Maos Kommunisten am Ende die Oberhand. Die Nationalisten flohen nach Taiwan, wo sie sich zur wahren chinesischen (Exil-)Regierung erklärten – die Zweiteilung dauert bis auf den heutigen Tag an.

Zur Zeit seines bemerkenswerten Sieges war Mao bereits sechsundfünfzig Jahre alt, seine »großen Taten« für das Land standen aber noch aus. Zwar war es ihm gelungen, das tief zerrissene Land wieder zu einen, das Ausmaß der Misswirtschaft, die nun folgen sollte, ist jedoch in der Weltgeschichte so gut wie ohne

---

1 Die Flucht der unterdrückten KPCh vor der Auslöschung, ein gefährlicher, nach wie vor sagenumwobener Marsch durch das südliche und zentrale China.

Beispiel. In seiner Kampagne des »Großen Sprunges nach vorn« von 1959 bis 1962 versuchte er die Nahrungsmittelproduktion des Landes zu steigern, unter anderem dadurch, dass er die Landbewohner dazu verpflichtete, Tag und Nacht Jagd auf Spatzen zu machen, die bestimmte Feldfrüchte fraßen. Sie sollten nicht mehr landen dürfen, und so fielen sie irgendwann tot vom Himmel, was jedoch – da damit die Spitze der Nahrungskette ausfiel – zu einer ungeheuren Insektenplage führte, die die Ernten dezimierte und zu der großen Hungersnot beitrug, die mehrere zehn Millionen Menschen das Leben kostete.[2]

Noch folgenschwerer war die Entfesselung der Kulturevolution in den 1960ern, mit der er seine politischen Gegner auslöschen wollte. Jugendliche wurden zu Rotgardisten und wüteten, bis zur Hysterie aufgestachelt, im Land, schlugen ihre Lehrer zusammen und zerstörten, was immer zum »alten China« gehörte. Millionen Menschen kamen um, unzählige historische Schätze wurden vernichtet, die Kampagne geriet außer Kontrolle, und beinahe wäre China implodiert.

Die Schrecken dauerten bis in die 1970er an, und es kam mir merkwürdig vor, dass das alles noch nicht länger zurücklag. Die Dorfbewohner, die ich eben erst getroffen hatte, waren alle im richtigen Alter, um selbst Rotgardisten gewesen zu sein. Ich fragte mich, wie sie mich betrachteten – als den ausländischen Teufel, den es, wie ihnen in ihrer Jugend beigebracht worden war, zu hassen galt?[3] Ich konnte es nicht sagen und wollte nicht fragen.

2 Mao war ein großer Verfechter von Eingriffen in die Natur. Der Journalist Jonathan Watts fasst die Einstellung des Großen Vorsitzenden mit den Worten zusammen: »In großen Maßstäben denken, schnell reagieren, und sich erst später um die Folgen sorgen.«
3 Während seiner Reisen durch China in den 1980ern war Colin Thubron in einer Schule auf einen Stapel alter Englischbücher gestoßen, die aus den Zeiten der Kulturrevolution stammten und in denen den Kindern beigebracht wurde, wie man ausländische Kriegsgefangene verhörte.

Und was hatten sie tatsächlich von der Mao-Propaganda des so begeisterten jungen Mannes gehalten? Während der letzten fünf Monate in China hatte ich fast täglich Mao-Plakate entdeckt, an Ehrenplätzen in privaten Häusern und in Geschäften. Die Porträts zeigten den Vorsitzenden üblicherweise mit einem angedeuteten, selbstgefälligen Lächeln. Die große Stirn bildete das Zentrum, eingerahmt von seinen charakteristischen Haarbüscheln. Es machte mich innerlich wütend, dass Mao trotz seiner Taten immer noch so hochgehalten wurde.

Tröstend war jedoch, dass er für immer weg war. Noch in den 1990ern war China ein berüchtigt tristes Land gewesen, ein mürrisches Volk, grau gekleidet und zum Teil in extremer Armut lebend. Diese finsteren Zeiten waren trotz aller immer noch bestehenden Menschenrechtsprobleme vorbei. Damals hatte es kaum Freude gegeben in diesem Land, das heute vor Leben und Optimismus geradezu überschäumte.

Kapitel

52

Einsamkeit

21.–27. April
Entfernung von zu Hause: 941 Kilometer

Es war jetzt Ende April. Die Temperatur stieg bis auf fünfunddreißig Grad, und die Luftfeuchtigkeit nahm immer noch weiter zu. Am Ende des Tages war mein Hemd schweißnass, und was ich vor allem in meinem Lùdiàn brauchte, war ein Eimer kaltes Wasser, den ich mir über den Kopf gießen konnte. Ich eilte weiter, durch Berg und Tal. Die Täler waren voller unberührter, in der Sonne glitzernder Felder mit oft greinenden alten Männern hinter Ochse und Pflug. Das Trio aus Mensch, Tier und Gerät zog auf und ab und verwandelte die weiche Erde in morastige Beete für den Reis. Mitunter gab es auch schon mechanische Pflüge, was ein Zeichen dafür war, dass die Ergebnisse des chinesischen Wachstums auch die ländlichen Gebiete erreichten. Die Berge waren mit dichten Bambuswäldern bedeckt, und ich sah Gruppen von Männern, die ihn schnitten und die dicken Stangen auf Lastwagen verluden.

In der Hitze trug ich meinen breitkrempigen Hut, und der Schweiß tropfte mir von der Nase und stach mir in die Augen. Die langen Tage des Gehens ließen mein linkes Knie schmerzen, und ich bandagierte es, was auch half, allerdings bildeten sich in der Wärme durch den Schweiß Blasen unter dem Stoff. Nicht mehr lange, und ich würde Guilin erreichen und mit Leon zusammentreffen. Dort würde mich auch Christine ein letztes Mal besuchen. Bis nach Hause waren es noch neunhundert Kilometer, und ich hoffte, dass mein Körper bis dahin durchhielt.

Schwitzend und müde wanderte ich mitunter wie auf Autopilot geschaltet dahin, winkte und antwortete den Leuten, die mir einen Gruß zuriefen, Hunderte Male am Tag mit einem »Nǐ hǎo – guten Tag«. Einmal kam ich an einem Haus mit einem wütend kläffenden Hund vorbei und begriff erst kurz darauf, dass ich auch den Hund mit einem »Nǐ hǎo« begrüßt hatte. Mein Bart war nach Kode Z lange wieder nachgewachsen, und mit dem großen Hut auf dem Kopf gab ich sicher ein anstarrenswertes Objekt ab.

Eines Tages wanderte ich durch ein Tal voller Reisfelder, als ein Moped an mir vorbeiknatterte. Der junge Mann, der es fuhr, und die mittelalte Frau hinter ihm starrten mich wie gewohnt an. Momente später hörte ich einen Schlag, drehte mich um und sah, wie sie von der Straße abkamen und in einem Reisfeld landeten. Ich lief zu ihnen, um zu sehen, ob ihnen etwas passiert war. Zum Glück waren sie ohne Verletzung davongekommen, nur der Motor schien das Bad übelzunehmen. Die Frau schimpfte auf den jungen Mann ein und deutete auf die Straße – offenbar waren sie über einen Stein gefahren, der sie von der Bahn abgebracht hatte, und mir schwante, dass sie ihn wegen mir nicht gesehen hatten.

Kurz vor der Grenze der Provinz Húnán machte ich mich an meine letzte Abkürzung, die mich an einem Stausee vorbei in die Berge führte. Abends schlug ich mein Camp am Rand einer Wiese auf, wenigstens fünfzehn Kilometer vom nächsten Dorf entfernt und nur von Natur umgeben. Ich befand mich genau auf der Wasserscheide zwischen den Provinzen Húnán und Guǎngxī, der vorletzten Provinz unserer Unternehmung. Wolken schoben sich über den Horizont und färbten sich im Licht der untergehenden Sonne rosa. Es war wahrscheinlich mein friedlichstes Nachtlager bisher. In der Wüste und in Shānxī hatten wir ebenfalls oft fernab von allem kampiert, aber da war Leon immer dabei gewesen. Jetzt war ich völlig allein, und kein Mensch auf dieser Erde wusste, wo ich mich befand.

Die Wochen ohne Leon waren gut gewesen: Den Herausforderungen allein entgegenzutreten, aus der Kuschelecke vertrieben zu werden, China allein zu begegnen, das alles hatte mich belebt, und genau das hatte ich gebraucht. Gleichzeitig freute ich mich darauf, ihn wiederzusehen. Die Zeit allein hatte mich schätzen gelehrt, was wir gemeinsam bestanden hatten. Ich hatte viel von Leon gelernt – was das Filmen anging, das Durchhalten und das Über-den-Tellerrand-Hinaussehen, die Medizin eines hoffnungsgeleiteten Optimismus, das Geheimnis des schauspielerischen Erfolges von Jason Statham und auch, was das Funktionieren eines Teams anging: dass es die Stärken des anderen anzuerkennen galt, Starrköpfigkeit gefährlich, die Fähigkeit sich zu entschuldigen wichtig und Verzeihen von wesentlicher Bedeutung war.

Eine Expedition ist eine Feuerprobe. Oft brechen Leute als Freunde auf, und noch während der ersten Hälfte werden sie zu lebenslangen Feinden. Leon und ich waren offenbar von der Vorsehung zusammengeführt worden und aufgebrochen, ohne dass wir uns wirklich gekannt hatten. Schlecht vorbereitet und unerfahren, da hätte viel schiefgehen können. Und tatsächlich hatte ja auch nicht alles funktioniert, wir hatten einiges an Höhen und Tiefen erlebt, aber die gemeinsamen Erlebnisse und Prüfungen hatten eine sich vertiefende Freundschaft zwischen uns entstehen lassen, und sosehr ich das Alleinsein während der letzten

Wochen genossen hatte, freute ich mich auf das Wiedersehen mit Leon in Guilin und war neugierig zu hören, was er alles erlebt hatte. Ich hoffte, dass er es zu unserem Treffpunkt schaffte, und nahm an, er würde, wie gewöhnlich, vor mir da sein.

Teil 6

AUF DER ZIELGERADEN

铁杆磨成针

Ausdauer kann aus einer Eisenstange eine Nähnadel machen.

Kapitel 53

Zwei abgezehrte Wilde

28. April – 16. Mai
Entfernung von zu Hause: 748 Kilometer

Ich kam nach Guilin und ging durch das Tor am Yushan-Park. Leon stand oben auf ein paar Stufen, neben einem Blumenbeet. Ich hob eine müde Hand und winkte. Er sah mich, hob die Kamera und filmte. Es war wie immer. Ich ging zu ihm und sah, dass er immer noch derselbe alte Leon war, nur seine Kleider schienen etwas schmutziger, und sein Bart hatte einen leicht rötlichen Ton angenommen. Sein Gesicht wirkte sonnenverbrannt. Vor unserer Trennung hatte er gesagt: »Diese Expedition hat mich irrsinnig altern lassen.« Der Alterungsprozess setzte sich augenscheinlich fort.

Wir umarmten uns typisch männlich unbeholfen.

»Gut zu sehen, dass du es überlebt hast«, sagte ich. »Wie war das Leben in China ohne mich als furchtlosen Führer?«

»Einfach toll!«, sagte er. »Und wie war das Leben für dich ohne den hartgesottenen Kameramann, der dafür sorgt, dass du dich nicht wieder verläufst?«

»Es war witziger, mich allein zu verlaufen, ohne dass ständig jemand was zu meckern hatte.«

Leon holte seine kleine Flasche hervor. »Einen Whisky?«

»Ich hatte schon gedacht, du würdest gar nicht mehr fragen.«

Wir setzten uns ins Gras und nahmen einen Schluck darauf, beide unbeschadet durchgekommen zu sein. Leon erzählte, wie er mitten in der Nacht durch die verbotene Zone gelaufen war und dass es ihm gefallen habe, selbst mehr Mandarin sprechen zu müssen.

»Das Verrückteste war allerdings, als ich von einem fliegenden Gleithörnchen angegriffen wurde«, sagte er.

»Einem Eichhörnchen?«, sagte ich und hob die Brauen.

»Nein, keinem Eichhörnchen, einem *Gleit*hörnchen. Ich sah es über der Straße auf einem Felsen sitzen, dachte tatsächlich, es sei ein ganz normales Eichhörnchen, und fing an zu filmen. Da plötzlich sprang es in die Tiefe und flog direkt auf meinen Kopf zu. Ich musste mich wegducken, damit es mich nicht erwischte.«

»Wow, Leon, du steigst auf in der Welt der unerschrockenen Fernsehabenteurer.«

Es tat gut, ihn wiederzusehen ... als wären wir alte Freunde.

In Guilin wohnten wir nirgendwo anders als im Shangri-La. Die Hotelkette hatte uns auch hier großzügig eingeladen, und der Gedanke an die Klimaanlage, die sauberen Zimmer und die enormen Frühstücksbüfetts hatte mich während der letzten drückend heißen Wochen ständig begleitet. Nach meiner dringlich benötigten Dusche stieg ich in ein Taxi, um meine geliebte Christine vom Flughafen abzuholen. Hier in Guilin würden wir uns zum letzten Mal vor meiner Heimkehr sehen. Der Druck der letzten Monate schien sich von meinen Schultern zu heben – es waren nur noch vier Wochen bis zur Rückkehr in unser normales Leben. Christine würde während dieser vier Wochen viel zu tun haben. Sie organisierte einen gesponserten Marsch für Viva, auf dem Freunde und Unterstützer Leon und mich auf den letzten Kilometern unseres langen Marsches zurück nach Hause begleiten sollten. Es war aufregend, dass das Ende fast in Sicht war.

Die freien Tage gingen schnell vorbei, und irgendwie wollten wir auch alle, dass es mit der letzten Etappe losging. Christine flog zurück nach Hause, und Leon und ich zogen durch eine weitgehend flache, mit Turmkarst gesprenkelte Landschaft aus Reisfeldern. Die großen Kalksteinfelsen waren in Grün gehüllt und erhoben sich wie riesige getarnte Soldaten aus dem üppigen Land.

Nach drei Tagen näherten wir uns der letzten Touristenattraktion unserer Reise, der Stadt Yangshuo, die an einem ruhigen Abschnitt des Li Jiang lag. Vor sieben Jahren war ich schon einmal hier gewesen und erinnerte mich, dass Yangshuo voller westlicher Reisegruppen und Rucksacktouristen gewesen war. Als wir uns dem Stadtzentrum näherten, sah ich jedoch nicht nur viele neue Hotels und Restaurants, sondern auch, dass die westlichen Besucher zahlenmäßig weit von großen chinesischen Touristengruppen übertroffen wurden.

In ganz China, bereits hoch im Norden, war der wirtschaftliche Boom des Landes zu erkennen gewesen, an Fabriken und Bergwerken, ganzen Straßenzügen mit neuen Wohnblöcken und Straßen voller neuer Autos.[1] Hier nun konnte ich einen weiteren Hinweis auf die wachsende Mittelklasse sehen: den Tourismus. In den letzten Jahren sind die Festlandchinesen mit ihrem neuen Wohlstand zur größten Einzelquelle des globalen Tourismusumsatzes geworden.

Neben diesem neuen Massentourismus waren Leon und ich

---

1 Im Jahr 2000 gab es vier Millionen Autos in China. Bis 2010 hat sich die Zahl auf über achtzig Millionen verzwanzigfacht, und das Wachstum ist noch lange nicht am Ende.

gelegentlich auch unabhängigeren, abenteuerlustigeren chinesischen Touristen begegnet, unter anderem einigen jungen Leuten, die mit ihren Fahrrädern Langstreckentouren unternahmen. Es freute mich zu sehen, dass die Chinesen anfingen, ihr eigenes Land zu erkunden und wertzuschätzen, nicht nur die bekannten Touristenattraktionen, und ich fragte mich, ob es vielleicht eines Tages einen nationalen Wanderweg geben würde, der durch das Reich der Mitte führte, von Ost nach West und von Nord nach Süd. Vielleicht eine Route, die ein wenig der unseren glich, aber mit mehr Wegen durch die Berge und weniger Möglichkeiten, sich zu verlaufen.

An diesem Abend bestiegen wir zusammen mit dreißig anderen Touristen ein Schiff, das auf den Li Jiang hinaustuckerte und auf dem wir das traditionelle Kormoranfischen erleben sollten. Unser Schiff fuhr neben ein hölzernes Ruderboot, in dem ein grauhaariger, drahtiger Mann mit einem alten chinesischen Strohhut stand. Es wurde schnell klar, dass er kein normaler Fischer war, sondern jemand, der Touristen diese besondere Art zu fischen vorführte. Im Bug seines Bootes hatte er ein halbes Dutzend Kormorane sitzen, die auf seinen Befehl in den Fluss sprangen und tief ins Wasser tauchten. Mit ihren großen Schnäbeln fingen sie dort unten Fische, die sie wegen einer Schnur, die ihnen um den Hals gebunden war, nicht herunterschlucken konnten. Stattdessen sprangen sie mit ihrer Beute zurück ins Boot und spuckten sie dort aus. Wir sahen nur ein paar kleine Fischchen, die so im Boot landeten, und nach einer halben Stunde fuhr der Kormoranfischer an Land und fütterte seine fleißigen Vögel mit Fisch, den er auf dem Markt gekauft hatte. Alle applaudierten.

Zurück ging es aufs Land, und wir wussten, dass wir bis zum Erreichen der Mega-Industriestadt Guangzhou an der Mündung des Perlflusses, die noch knapp fünfhundert Kilometer entfernt lag, keinen freien Tag mehr haben würden. So bewegten wir uns denn in den nächsten zwei Wochen wie zwei programmierte Roboter voran und setzten einen Fuß vor den anderen, links, rechts, links, rechts. Jeder Tag folgte dem gleichen Muster. Wir wachten auf, tranken löslichen Kaffee, marschierten, aßen und fielen erschöpft in Schlaf. Nach sechs Monaten war das unsere Lebensweise geworden, unser Tagesjob, unser Nachtjob, unser Sinn und unser Ziel. Wir waren zwei abgezehrte, frei durch Südchina laufende Wilde.

Die Temperaturen lagen jetzt weit über dreißig Grad, und wir trugen Shorts und T-Shirts. Wir hatten Running-Shorts von einem deutschen Sponsor, die uns an die Shorts mittelalter deutscher Urlauber erinnerten, und so nannten wir sie unsere »Deutschen«. Die Sonne brannte auf uns herunter, und meine Gedanken füllten sich mit Erinnerungen an das, was wir erlebt hatten: an die kalte, harte Leere der Wüste Gobi, die öden Lössberge Shānxīs und die unsicheren Geröllhänge entlang des zugefrorenen Gelben Flusses. All das kam mir so unwirklich vor. In der Kälte der Wüste hatte ich gedacht, dass ich mich niemals beschweren würde, wenn es wärmer wurde, und jetzt marschierte ich durch die sengende, mit Feuchtigkeit gesättigte Luft, geblendet von mit üppigen grünen Feldfrüchten bedeckten Talgründen, grauen, aus dem Land aufwachsenden Karstfelsen und alternden Bauern, die mit ihren Ochsen von früh bis spät auf den Feldern zu sein schienen.

Leon und ich genossen es, unsere weitschweifigen Unterhaltungen wieder aufnehmen zu können. Wenn unsere Stimmung sank, rezitierten wir Tennysons *Ulysses*, den wir in Shānxī auswendig gelernt hatten, oder arbeiteten an einem Skript für Jason Statham, für das uns eine Idee gekommen war. Unsere Erschöpfung ließ uns jedoch manchmal etwas dünnhäutig werden. Einiges von dem, was jetzt seit Monaten zu unserem Alltag gehörte, begann uns lästig zu werden. Eines Abends, als wir in ein Lùdiàn kamen, übernahm Leon die Preisverhandlungen. Sein Gespräch mit der Besitzerin verlief locker und nett, aber sehr langsam. Ich stand dabei, verlor plötzlich die Geduld und verlangte grob einen niedrigeren Preis. Leon warf mir einen Blick zu, und ich verstummte. Später entschuldigte ich mich und versuchte besonders nett zu der Lùdiàn-Besitzerin zu sein.

Andererseits regten uns Dinge, die früher Anlass für Stress gewesen waren, kaum noch auf – Polizeibefragungen zum Beispiel. Wir wurden immer noch gelegentlich angehalten und gefragt, was wir hier machten, und wenn wir erklärten, dass wir nach Hongkong gingen, ernteten wir längst nicht mehr so viel Unglauben wie früher, lag Hongkong doch nur noch eine Provinz entfernt. Nach einer kurzen Unterhaltung und vielleicht einem kurzen Blick in unsere Pässe ließen sie uns wieder ziehen. In den Aktenschränken längs durch das Reich der Mitte gab es Vermerke über uns: dass wir in verschiedenen Gobi-Lùdiàns übernachtet hatten, in einer verbotenen Zone aufgegriffen worden, durch den längsten Tunnel der Nation gegangen und auf Autobahnen unterwegs gewesen waren, dass wir Lùdiàn-Besitzer gefilmt und uns bei mehreren Gelegenheiten merkwürdig benommen und darauf bestanden hatten, China zu Fuß zu durchqueren. Angesichts der Größe des Landes und der Nichtigkeit und Beliebigkeit unserer Verfehlungen war kaum anzunehmen, dass wir auf einer Liste der »Meistgesuchten« landen würden. Vielleicht hätten wir uns von Anfang an keine Sorgen zu machen brauchen, dass die Polizei von unseren Fernsehplänen erfuhr.

Leon zog den Regenschutz über die Kamera, da ein Gewittersturm den Himmel erhellte und schwere Regentropfen auf die Reisfelder niedertrommelten. Wir durchquerten unsere letzte Provinz, Guǎngdōng. Ausländer hatten sie früher Kanton genannt, woher der Name für den örtlichen Dialekt rührte: Kantonesisch. Bald schon hörte ich Ladenbesitzer sich in dem Singsang unterhalten, was mir das Gefühl gab, vertrauteres Terrain zu betreten, wurde doch auch in Hongkong Kantonesisch gesprochen, Christines Muttersprache. Wir zählten die verbliebene Zeit jetzt nicht mehr in Monaten oder Wochen, sondern in Tagen. Mein Schritt wurde schneller, von dem unglaublichen Gedanken beschleunigt, dass ich wirklich bald wieder zu Hause sein würde.

Kapitel

54

Ehrengäste

*17.–19. Mai
Entfernung von zu Hause: 266 Kilometer*

»Das sind fünf McDonald's und acht KFCs«, sagte ich.
»Nein, vier McDonald's und neun KFCs«, sagte Leon.
»Wirklich?«
Wir hatten während der vergangenen anderthalb Tage achtzig Kilometer durch die Industrievororte von Guangzhou zu gehen. Endlich näherten wir uns dem Zentrum, und während der letzten paar Stunden hatten wir mehr McDonald's und KFCs gesehen als während der gesamten letzten sechs Monate. Die Straßen wurden nobler, mit Modeläden, Luxusmarken und eleganten Bürogebäuden. Durch den Smog konnten wir unsere ersten Wolkenkratzer erkennen.
Guangzhou ist die Hauptstadt der Provinz Guǎngdōng und eine der größten Städte Chinas und dieser Welt. Es ist Teil eines

mächtigen Ballungsraumes, der als Perlfluss-Delta bekannt ist und über einhundertsechzig Kilometer Küste einnimmt. Ein Viertel aller chinesischen Waren wird hier hergestellt oder kommt hier durch. Es ist eine wohlhabende, boomende Region. Nicht weit von hier hat sich das Nach-Mao-China zum ersten Mal der Welt geöffnet.

1978, zwei Jahre nach Maos Tod, verkündete sein Nachfolger Deng Xiaoping einen neuen wirtschaftlichen Kurs, einen neuen Kommunismus chinesischer Prägung. Er entließ Bauern aus der Kollektivierung und erlaubte ihnen, ihre überschüssigen Erzeugnisse zu verkaufen, was ihnen einen größeren Anreiz zur Arbeit geben sollte. Er erlaubte auch Unternehmertum und befreite damit das schlummernde, außergewöhnliche Geschäftstalent der Chinesen. Besonders bemerkenswert war die Öffnung für ausländische Investitionen, wodurch das riesige Potenzial der zahllosen ebenso fleißigen wie billigen Arbeitskräfte des Landes freigesetzt wurde.

Das Ergebnis war atemberaubend. Fortan wuchs Chinas Wirtschaft mehr als drei Jahrzehnte lang im Durchschnitt jährlich um mehr als zehn Prozent. Sechshundert Millionen Menschen lösten sich aus der Armut. Mehrere Hundert Millionen zogen vom Land in die aufblühenden Industriestädte an der Küste und machten sie zu den mit am schnellsten wachsenden Städten der Weltgeschichte. Das bedeutete, dass das Nord-Süd-Gefälle durch ein weit stärkeres Küste-Inland-Gefälle überlagert wurde.[1]

Als wir uns Guangzhou und dem Perlfluss-Delta näherten und die Karte studierten, wirkte die schiere Größe des urbanen Gebiets durchaus einschüchternd. In was wir da kamen, war so viel größer als all die anderen Städte, in denen wir bisher gewesen waren. Wie Spinnenbeine wuchsen Verkehrswege daraus hervor: Im

---

1 Zu einem ähnlichen Arm-Reich-Gefälle zwischen Küste und Inland war es im 19. Jahrhundert gekommen, als sich die Küstenregionen dem Auslandshandel öffneten.

Versuch, den neuen Wohlstand des Landes besser zu verteilen, hatte die Regierung mehr und mehr in taugliche Transportverbindungen investiert und die auf billige Arbeitskräfte angewiesene Industrie ermutigt, weiter ins Landesinnere zu ziehen. In dieses Bild passten die zahlreichen neuen Straßen und Zugverbindungen, die wir unterwegs gesehen hatten.[2]

Wir erreichten den Perlfluss in der Nähe des Stadtzentrums, genau dort, wo die Briten im 18. Jahrhundert ihren Tee- und Opiumhandel betrieben hatten. Unser Ziel war eine amerikanische internationale Schule, die uns eingeladen hatte, den Schülern von unseren Erfahrungen zu berichten. Völlig durchnässt von einem Gewitter kamen wir an, wurden aber herzlich von Plakaten auf der Fassade der Schule begrüßt: »Willkommen, Rob und Leon! Haltet durch!«

Mehrere Hundert Kinder etlicher Nationalitäten waren in der Aula versammelt. Die Schüler saßen im Schneidersitz da und machten große Augen, als wir von unseren Abenteuern berichteten und einzelne Begebenheiten mit Fotos illustrierten. Wir erzählten ihnen, wie wir Molly durch die Wüste Gobi gezogen hatten, der Großen Mauer gefolgt waren und uns in den Bergen verirrt hatten. Natürlich führten wir ihnen auch unser über die Monate verfeinertes Filmsystem vor, bei dem ich die Kamera aus Leons Rucksack und er das Stativ aus meinem zog und wir innerhalb von Sekunden aufnahmebereit waren. Anschließend leerten wir noch unsere Rucksäcke aus, um zu zeigen, was wir alles

---

2   Im Jahr 2000 umfasste das chinesische Straßennetz 15 000 Kilometer, bis 2009 waren 60 000 daraus geworden. 2020, so die Voraussagen, sollen es 90 000 Kilometer sein, genauso viel wie in den USA. Der Ausbau der chinesischen Infrastruktur bekam einen ungeheuren Schub, als die Regierung 2008 vier Billionen RMB, also etwa 400 Milliarden englische Pfund, in die Wirtschaft pumpte. Verkehrsprojekte gehörten zu den Hauptempfängern dieser Gelder.

dabeihatten, und fragten nach einem Freiwilligen, der in einen der Rucksäcke steigen sollte. Ein sechsjähriges Mädchen kletterte mutig bei mir hinein, und ich nahm sie auf den Rücken und trug sie über die Bühne. Im Vergleich mit meiner normalen Last fühlte sie sich unvorstellbar leicht an. Alle kicherten.

Am Ende unseres Vortrags schossen mehrere Dutzend kleine Hände in die Höhe.

»Was war das Schönste, was ihr gesehen habt?«, fragte ein Mädchen.

»Die Wüste Gobi«, sagte Leon.

»Die Mauer«, sagte ich.

»Wo seid ihr zur Toilette gegangen?«, fragte ein Junge. Wieder kicherten viele.

»Hinter Felsen und Bäumen«, erklärten wir.

»Warum habt ihr die Reise gemacht?«, wollte ein etwas ernster wirkendes Kind wissen.

»Weil wir ein Abenteuer erleben und China erkunden wollten«, sagten wir.

Es waren alles gute Fragen, doch besonders diese letzte gab mir zu denken. Warum *hatten* wir uns das angetan? Es war leicht, eine kurze, einfache Antwort darauf zu geben, unterwegs hatte die Sache jedoch manchmal nicht so einfach ausgesehen. Wenn ich wegen der Kälte nicht schlafen konnte oder mein Fuß rebellierte, wenn der Druck wegen des Filmens unsere Begeisterung erstickte oder ich das Gefühl hatte, Leon schlagen zu müssen (wie er sicher auch mich), hatte ich mich manchmal gefragt, ob ich das alles nicht nur aus Eitelkeit und Ehrgeiz tat oder vielleicht auch aus Dummheit. Doch als wir jetzt einen Schritt zurück machten und unsere Geschichte erzählten, sah ich, wie viel wir gelernt hatten und wie weit wir gekommen waren. Und die Dinge, die schiefgegangen waren und uns Kummer bereitet hatten, waren Teil des Abenteuers, Klippen, die es zu bestehen galt. Letztlich machten sie das Ganze erst zu dem, was es war.

Die amerikanische internationale Schule blieb nicht unser einziger Termin in Guangzhou. Durch unseren kleinen Auftritt dort hörte auch der örtliche Ableger der amerikanischen Handelskammer von uns, die zufällig an diesem Wochenende ihren jährlichen Sommerball veranstaltete und uns als »Ehrengäste« einlud.

Der Ball klang nach einer aufwendigen Veranstaltung, die Karten kosteten ungefähr so viel, wie wir in einem Monat unterwegs ausgegeben hatten. In der Annahme, dass unsere Expeditionskleider dem Anlass nicht ganz angemessen wären, gingen Leon und ich einkaufen. Wir erstanden die elegantesten Schuhe, Hosen, Hemden und Krawatten, die für insgesamt fünfzig englische Pfund zu haben waren, wobei ich mir eine Hose in meiner gewohnten Größe kaufte und völlig vergaß, dass ich einiges an Gewicht verloren hatte.

Trotz unserer etwas unpassenden Bärte fühlten wir uns ziemlich präsentabel, als wir so neu ausstaffiert die noble Halle des Hotels betraten. Eine Jazz-Band spielte, Hunderte Gäste liefen umher, und der Nicht-Báijiǔ-Alkohol floss in Strömen. Endlich nahmen alle Platz, doch bevor die Vorspeise serviert wurde, sollten Leon und ich, die zufälligen Ehrengäste, einige Worte sagen. Leicht verschreckt traten wir vor. Damit hatten wir nicht gerechnet, und mit einem Mal fühlten wir uns wie zwei im Scheinwerferlicht eines Autos gebannte Igel. Das Publikum im Bankettsaal war erlesen, mehrere Botschafter und Generalkonsule befanden sich darunter, ein paar chinesische Milliardäre und einer von Barack Obamas Brüdern.

»Das hier unterscheidet sich doch ziemlich vom Biwakieren auf einem chinesischen Feld«, sagte ich, hielt in der einen Hand das Mikrofon und mit der anderen meine Hose hoch.

»Und das Essen wird zweifellos besser sein als die Fertignudeln, die wir uns regelmäßig aufgebrüht haben«, erklärte Leon.

Einen Moment lang herrschte ein etwas peinliches Schweigen, und ich dachte, dass die Jungs von der Handelskammer bei ihrer Einladung womöglich gedacht hatten, wir seien so etwas wie All-American Heroes. Und jetzt standen da zwei Brits, die wie Landstreicher aussahen, mit schlecht sitzenden Hosen. Aber dann lachten die freundlichen Amerikaner, ihre Gäste applaudierten höflich, und Leon und ich kehrten erleichtert zu unseren Plätzen zurück und freuten uns auf ein wohlverdientes Festessen.

Angesichts des Überflusses um uns herum war es schwer, sich nicht merkwürdig losgelöst vom China außerhalb dieses Ballsaals zu fühlen. In diese riesige, prosperierende Stadt zu kommen hatte uns während der letzten zwei Tage eine ganz andere Seite dieser Nation gezeigt, ein China, das sich doch sehr vom Inneren des Landes unterschied. War das hier die Zukunft?, fragte ich mich.

In seinem Bestseller *When China Rules the World* sagt Martin Jacques, dass China dafür gerüstet ist, sich über den Status einer bloß ökonomischen Supermacht hinauszubewegen und bald schon einen weitreichenden kulturellen wie politischen Einfluss auf die Welt ausüben wird. Tatsächlich ist dieser Einfluss längst sichtbar – man muss sich nur ansehen, wie wenige westliche Restaurants es in China gibt und welch eine Unzahl chinesischer Restaurants überall im Westen.

Ich kam mit dem sauber rasierten Wirtschaftsberater eines Konsulats ins Gespräch. Er war wahrscheinlich keine zehn Jahre älter als ich, aber eindeutig erheblich intelligenter. Dennoch meinte ich, ihn womöglich mit Jacques' Thesen beeindrucken zu können, und fragte ihn, was er von ihnen halte. Für mich als Laien, erklärte ich, wirkten sie durchaus überzeugend.

»Ach, wenn Sie mich fragen, ist das nichts als Schwachsinn!«, sagte er.

»Oh!«, sagte ich und gab mir alle Mühe, nicht zu überrascht zu klingen. »Sehen Sie das anders?«

Der Wirtschaftsfachmann erklärte mir, dass all die »China-wird-die-Welt-regieren-Theorien« von der Annahme ausgingen, das Wachstum der vergangenen dreißig Jahre werde sich auch weiter so fortsetzen. Das sei aber nicht unbedingt so, sagte er. China sehe sich einer Vielzahl von Herausforderungen gegenüber.

Von einigen dieser Herausforderungen hatte ich gehört und die eine oder andere auf unserem Weg selbst erlebt: die zunehmend ernste Umweltkrise, die wachsende soziale Ungleichheit, das subversive Potenzial des Internets,[3] die enorme, gefährliche Wohneigentums-Blase, den rabiaten Nationalismus, das schreckliche »prüfungs«-basierte Ausbildungssystem und das korrupte Kreditsystem, das Darlehen eher auf der Basis politischer Verbindungen als wirtschaftlicher Solidität vergibt. Vielleicht aber bestand das größte Problem auch darin, dass ein generationenlanges spektakuläres Wachstum hohe Erwartungen geweckt hatte. Wenn die Wirtschaft jetzt ins Stocken geriet, würde es weit verbreitete soziale Unruhen geben, mit denen das autoritäre System womöglich nicht zurechtkam.

Aber dann erinnerte ich mich an das Argument, mit dem Jacques auf diese Einwände reagierte: Die chinesische Regierung hat erfolgreich den größten wirtschaftlichen Wandel der Geschichte gemanagt, für 1,3 Milliarden Menschen, da wird sie auch fähig sein, mit diesen neuen Herausforderungen umzugehen.

Es schien so viele unterschiedliche Prognosen zu geben. Vielleicht war es sinnlos, die Zukunft voraussagen zu wollen, besonders für China. Sehen wir uns nur das letzte Jahrhundert an. Wer hätte angenommen, dass Marx' radikale Lehre das uralte Königreich der Mitte so völlig in den Griff bekommen könnte? Wer hätte vorausgesagt, dass Mao in den letzten zwanzig Jahren sei-

---

3 Chinesische Internetnutzer schreiben fünfmal mehr Blogs als amerikanische, und die chinesische Regierung hat zunehmend Schwierigkeiten, den Ausdruck divergierender Ansichten zu kontrollieren. Es heißt, es gibt 30 000 Cyber-Polizisten, die die Große chinesische Firewall bilden.

nes Lebens einen solchen Schaden anrichten würde? Und wer hätte zu guter Letzt gedacht, dass dieses Land, nachdem es in den 1970ern beinahe implodiert wäre, in nur dreißig Jahren zur zweitgrößten Wirtschaftsmacht weltweit aufsteigen würde?

Die Chinesen, denen wir auf unserer Reise begegnet waren, gehörten zweifellos zu den lebendigsten und fleißigsten Menschen, denen ich je begegnet war. Und schon Chinas Größe sorgt dafür, dass es eine der wichtigsten Nationen der Zukunft sein wird. Aber wie genau diese Zukunft aussieht – darüber zu streiten würde ich lieber den Experten überlassen.

Mein Gespräch mit dem Wirtschaftsberater wechselte zu einem anderen Thema.

»Ich werde versetzt«, erklärte er, »und bevor ich meine neue Stelle antrete, werde ich einen Monat lang durch mein eigenes Land reisen.«

»Nun, wenn das so ist«, sagte ich und fühlte mich auf sichererem Boden, »sollten Sie sich definitiv einen Bart wachsen lassen.«

Er überlegte einen Moment lang und nickte dann. »Wissen Sie, ich hatte noch nie einen Bart, also sollte ich vielleicht genau das tun.«

Kapitel
55

Countdown

*20.–24. Mai
Entfernung von zu Hause: 129 Kilometer*

»**D**ein Mandarin ist mittlerweile ganz gut, Rob«, sagte Leon, nachdem er mich bei einem Schwatz mit einem Passanten gefilmt hatte.

»Danke.« Wir nahmen unsere Stöcke und setzten unseren Marsch fort. »Deine Filmerqualitäten sind auch nicht gerade schlecht.«

»Ich glaube, mit deiner Kenntnis der chinesischen Geschichte und Sprache und meiner Filmerfahrung könnten wir eine grandiose Expedition starten: einmal quer durch China, natürlich zu Fuß, und gleichzeitig drehen wir das Ganze fürs Fernsehen mit.«

»He, das ist eine tolle Idee. Ich nehme an, wir würden etwa sechs Monate brauchen. Wann hast du im nächsten Jahr Zeit?«

Und so redeten wir weiter, während wir die Stadt über eine Promenade entlang des Perlflusses verließen. Aber so aufgeräumt wir uns auch unterhielten, Leon war ruhiger als sonst und darüber hinaus ziemlich blass. Vor ein paar Tagen schon, als wir nach Guangzhou gekommen waren, hatte er gesagt, dass er sich nicht so gut fühle, was wir unserer Erschöpfung zugeschrieben hatten. Der lange Abend auf dem Ball der Handelskammer hatte die Sache nicht besser gemacht, und jetzt sagte er, er spüre, dass er Fieber bekomme. Trotzdem war er entschlossen weiterzugehen, würden uns doch achtzig Freunde und Unterstützer auf unseren letzten Kilometern begleiten. In fünf Tagen erwarteten sie uns, und wir wollten keinesfalls zu spät kommen.

Bei ein paar Stufen, die hinunter zum schmutzig-trüben Fluss führten, blieb ich stehen.

»Wir waren im Gelben Fluss und im Jangtsekiang«, sagte ich. »Sollen wir den Hattrick perfekt machen?«[1] Leon fühlte sich zu schlecht, aber ich zog mich schnell aus und sprang in meinen Deutschen ins Wasser, sehr zur Überraschung einiger chinesischer Fischer, die entlang des Ufers standen. Das Wasser war wunderbar kühl, roch aber übel, und ich konnte jede Menge Müll darin herumschwimmen sehen, und so stand ich nach weniger als einer Minute wieder bei Leon auf der Promenade.

Bald schon ließen wir Guangzhou hinter uns, doch das war nicht das Ende der Bebauung. Auch weiterhin säumten Industriekomplexe und Fabriken die Straße. Die schwere, versmogte Luft war voller Staub, und der Ruß blieb auf unserer verschwitzten Haut kleben. Tatsächlich würden uns die Industrieanlagen bis zur Grenze nach Hongkong begleiten.

Am frühen Abend füllten sich die Straßen mit Zehntausenden jungen Männern und Frauen, die nach einem harten Arbeitstag in

---

[1] Wenn er im Vergleich zum Gelben Fluss und zum Jangtsekiang auch klein ist, ist der Perlfluss doch der drittgrößte Strom Chinas. Andere große Flüsse wie der Mekong, der Amur und der Brahmaputra fließen nur durch Teile des Landes.

ihren Fabriken essen gingen. Viele waren in Gruppen unterwegs, unterhielten sich und telefonierten mit ihren Handys. Zwei Leute auf dem Handelskammer-Ball hatten uns eingeladen, unterwegs ihre Fabriken zu besuchen, und wir freuten uns, einen Blick auf Chinas berühmte junge Arbeiterschaft werfen zu können, die dabei war, die Welt zu verändern.

Die erste Fabrik stellte medizinisches Zubehör her, zum Beispiel Tupfer und Gesichtsmasken für den Export nach Amerika. Wir wurden in eine Halle geführt, in der Hunderte Frauen arbeiteten. Jede Tätigkeit war hochspezialisiert, ob es um das Zuschneiden, Abmessen oder Zusammenfügen von etwas ging. Die Frauen arbeiteten unglaublich schnell und sahen kaum auf, als wir vorbeikamen. Sie wurden pro Stück bezahlt, und damit war Zeit Geld.

An dem Tag, bevor wir die Grenze erreichten, besichtigten wir die Faltrad-Fabrik Dahon, die einen Marktanteil von zwei Dritteln am weltweiten Klappradumsatz hat. Wir hatten Glück, denn Dr. Hon, der Kopf hinter dem Ganzen, war ebenfalls da. Er hatte viel zu tun, und so sagte man uns, wir hätten nur ein paar Minuten, um ihn in seinem Büro zu interviewen. Ich hoffte, dass ich nach den unzähligen Stunden vor der Kamera einen fähigen Interviewer abgab.

Wir kamen in sein Büro. Dr. Hon hinter seinem Schreibtisch machte einen intelligenten, ehrwürdigen Eindruck, und mir wurde mein verschwitzter, ungepflegter Zustand bewusst. Wir schüttelten uns die Hände, und ich setzte mich ihm gegenüber. Ich dachte, es sei das Beste, etwas für die Atmosphäre zu tun, bevor ich zu meinen ernsteren Fragen kam, und so erzählte ich von unserer langen Reise und dass wir bald nach Hause kämen.

»Meine Frau ist aus Hongkong«, sagte ich und deutete über meine Schulter grob in die Richtung Hongkongs.

Dr. Hon runzelte die Stirn.

»Das ist Ihre Frau?«, fragte er.

Ich sah mich um, und da stand der bärtige, sich leicht schwindelig fühlende Leon mit der Videokamera.

»Ähm, nein, das meinte ich nicht.«

Wir lachten, und Dr. Hons Bemerkung war wahrscheinlich der Höhepunkt des Interviews.

Wieder draußen, ließ uns der Verkaufsleiter auf dem Hof ein paar Runden mit den letzten Modellen drehen.

»Unsere nächste Unternehmung, Leon«, rief ich und genoss das wunderbar gleichmäßige Trampeln, »machen wir mit Falträdern. Die Dinger sind toll!«

Zu Fuß zurück auf der Straße überlegte ich, wie sehr sich dieser Fußmarsch doch von meinem dreijährigen Fahrradabenteuer unterschied. Auch wenn ich auf meinem Weg von Sibirien durch weit gefährlichere Orte gekommen war, war das jetzt vom Gefühl her die härtere Unternehmung – was sicher mit daran lag, dass ich mittlerweile verheiratet war und wir ständig ans Filmen denken mussten. Der Hauptgrund bestand aber wohl darin, dass das Gehen einem körperlich viel mehr abverlangte als das Fahrradfahren.

Mit Pedalkraft hatte ich leicht viermal so viel Kilometer am Tag zurückgelegt, und das Entscheidende war, dass das Gepäck nicht auf dem Körper lastete. Auch beim Radfahren war ich oft erschöpft gewesen, hatte aber nie ernsthaft Schmerzen gehabt, und wenn ich hinter den Plan zurückfiel, war es leicht gewesen, den Rückstand mit ein paar zusätzlichen Stunden aufzuholen, ohne sich so fürchterlich dafür quälen zu müssen wie beim Laufen.

Trotz allem bedauerte ich es nicht, dass wir zu Fuß gegangen waren und auf das Rad verzichtet hatten. Dadurch hatten wir hier und da alle Straßen und Wege verlassen können und China gleichsam auf Bodenniveau erlebt, so wie ich es gehofft hatte.

Wir waren jetzt noch vierundzwanzig Stunden von der Grenze nach Hongkong entfernt. Fast seine ganze Geschichte über war Hongkong Teil des chinesischen Reiches gewesen, bis dieses winzige Stück Land im 19. Jahrhundert fast zufällig zum Herrschaftsgebiet eines anderen Reiches wurde.

1841, vor dem ersten Opiumkrieg, wurden die Briten von den Portugiesen aus der Handelsniederlassung Macau vertrieben. Sie setzten die Segel und fuhren auf der Suche nach einer geeigneten neuen Basis in Richtung Osten. Dort trafen sie auf eine nicht unbedingt vielversprechende, dem chinesischen Festland etwa anderthalb Kilometer vorgelagerte bergige Insel. Sie landeten und waren immer noch wenig beeindruckt. Es gab nur ein paar Dutzend kleine Dörfer auf der Insel, und das felsige Terrain war kaum zu bebauen. Der Raum zwischen Insel und Festland bildete jedoch einen gut geschützten Tiefwasserhafen, was ein wichtiger Faktor war, schließlich war die Gegend für ihre Taifune berüchtigt. Und so blieben die Neuankömmlinge. Der kantonesische Name der Insel bedeutete »wohlriechender Hafen«, und die Briten übernahmen ihn: Hongkong.

Nach dem britischen Sieg im ersten Opiumkrieg waren die Chinesen gezwungen, ihnen die Insel und ein winziges Stück Festland, Kowloon, dauerhaft abzutreten. Die Kolonie weitete sich noch aus, als die Briten 1898 ein weiteres Stück Land für neunundneunzig Jahre pachten konnten, das sich dreißig Kilometer ins Land hinein erstreckte, die New Territories.

Die Geschichte polterte weiter, und während des Zweiten Weltkriegs und des chinesischen Bürgerkriegs füllte sich das britische Territorium mit Flüchtlingen.[2] In den nachfolgenden Jahren erlaubten es die auf engem Raum konzentrierte Arbeitskraft und die strategisch günstige Lage Hongkongs der Kolonie aufzublühen. Dennoch kam das Ende der neunundneunzigjährigen Pacht unaufhaltsam näher, und 1984 willigte Margaret Thatcher

---

2 Hongkong war während des zweiten Weltkriegs mehrere Jahre von den Japanern besetzt.

ein, dass 1997 nicht nur die New Territories, sondern ganz Hongkong wieder in den Besitz Chinas übergingen. Die eiserne Lady verhandelte hart, und sie konnte es vertraglich durchsetzen, dass Hongkong zwar ganz an Peking zurückfiel, dennoch aber seine Gesetze, das Recht auf freie Meinungsäußerung und seine Währung behielt (für fünfzig Jahre nach der Übergabe).

So entstand die einmalige Situation eines Landes mit zwei Systemen, und zur Überraschung der meisten Leute funktioniert dieses Arrangement bis heute ziemlich gut.

Am 24. Mai, auf den Tag genau, kamen wir in die Grenzstadt Shenzhen, selbst ein riesiger Ballungsraum mit über zehn Millionen Einwohnern, voller Wolkenkratzer und geschäftiger Straßen. Leons Zustand hatte sich weiter verschlechtert. »In meinem ganzen Leben habe ich mich nicht so schlecht gefühlt«, murmelte er. »Das ist noch schlimmer als die Malaria in Kambodscha.«

Wenn er auch noch alles konnte und filmen wollte, was es zu filmen gab, machten sich Dr. Leon und ich doch langsam Sorgen. Dr. Leons Diagnose war ursprünglich auf einen Hitzschlag hinausgelaufen, doch das schien jetzt nicht mehr zu passen. Vielleicht war es ja Malaria (die in China selten ist) oder das Dengue-Fieber, das ebenfalls durch Mücken übertragen wird und häufiger vorkommt. Als ich merkte, wie sich Dr. Leon zunehmend sorgte, erinnerte ich mich daran, dass es nicht zuletzt sein Sinn für Humor gewesen war, der uns bis hierher gebracht hatte, und so erklärte ich ihm, es sei sicher eine »Mädchenkrankheit«, mit der Zimperliesen wie er nun einmal zu kämpfen hätten. Genau das hatte Dr. Leon hören wollen. Er drehte sich zu mir um und sagte, da sei er sich nicht so sicher. Tatsächlich handele es sich seiner Expertenmeinung nach eher um »Heldenfieber«.

So übernahm ich denn in den übervollen Straßen Shenzhens die Navigation und das Filmen. Dr. Leon stützte sich schwer auf seine Stöcke und konzentrierte sich darauf, nicht zu stürzen. Unsere letzten 20 RMB gaben wir für Eiskrem und Wasser aus, und kurz vor dem Dunkelwerden starrten wir überwältigt auf einige Schilder, die nach Hongkong zeigten.

Sie führten uns zu einem Einreisegebäude, in dem wir schnell aus China hinausgestempelt wurden und uns an der Schlange zur Einreise nach Hongkong anstellten. Die meisten Leute, die da anstanden, waren Geschäftsleute und Pendler. Ich erreichte den Kopf der Schlange, und die Einwanderungsbeamtin verengte die Augen angesichts meines dichten Bartes und der sonnenverbrannten Haut, unsicher, ob ich der Mann auf meinem Passfoto sein konnte. Ich lächelte sie an: Vor den Grenzbeamten hier hatte ich keine Angst. Hier war ich zu Hause.

Kapitel
56

Das Ende der Reise

25./26. Mai
Entfernung von zu Hause: 64 Kilometer

Ich öffne die Augen und brauche einen Moment, um mich daran zu erinnern, dass ich nicht mehr in Festlandchina bin. Ich liege in der Wohnung von Christines Onkel, in Sheung Shui, direkt hinter der Grenze.[1]

Es sind nur noch anderthalb Tage bis nach Hause. Ich stehe auf, ziehe mich an und packe zum vorletzten Mal. Leon ist im Wohnzimmer, er sieht schlechter aus als je zuvor.

»Wie fühlst du dich? Wie geht's der Mädchenkrankheit?«, frage ich.

»Immer noch ziemlich mies«, sagt er. »Aber ich schaffe es. Da braucht's schon eine Menge mehr Heldenfieber, um mich zu stoppen.«

---

1 Am Abend zuvor, nachdem wir die Grenze überquert hatten, waren wir gezwungen gewesen, mit der Metro gut drei Kilometer durch Niemandsland zu fahren.

Ächzend hieven wir uns die Rucksäcke auf den Rücken. Die Dinger haben uns gute Dienste geleistet, aber Junge, wir freuen uns darauf, sie loszuwerden und wieder wie freie Männer herumlaufen zu können. Heute haben wir vierzig Kilometer bis zum Hongkonger Hafen vor uns. Ich habe Christine gesagt, dass ich sie dort bei Sonnenuntergang treffe.

Wir gehen nach Sheung Shui hinein und suchen nach der Straße nach Süden. Das hier ist eine andere Welt: Die Autos fahren auf der linken Seite und halten an den Ampeln, die Fußgängerüberwege machen komisch klickende Geräusche, die Straßenschilder sind auf Englisch und Chinesisch, und auch die Leute sind anders. Immer noch sind es meist Chinesen, aber sie schreien und rauchen nicht so viel. Auch hier sehen die Leute zu uns her, aber sie starren uns nicht an. Wenn wir ihre Blicke erwidern, sehen sie schnell weg. Hongkong ist ein anderes China.

Wir folgen der Hauptstraße in die offene Landschaft. So berühmt die Silhouette der Stadt ist, der Großteil Hongkongs, besonders die New Territories, ist grün und wild, das Land zerklüftet und steil. Wir kommen durch eine weitere Stadt und steigen hinauf in die Berge. Auf der anderen Seite des nächsten Berges beginnt das Stadtgebiet Kowloons, durch das wir müssen, um das Wasser zu erreichen.

Es wird wieder heiß, einunddreißig Grad. Leon wird immer schwächer und sagt, sein Fieber steigt. Aber er wankt weiter voran, und selbst beim Aufstieg bringt er bemerkenswerterweise noch die Kraft auf zu filmen. Nach wie vor besteht er auf dem Stativ und dem drahtlosen Mikro, um die beste Qualität zu erzielen. Von Beginn bis Ende war diese Unternehmung eine berufliche Initiation für ihn, mit vielen dramatischen und verzweifelten Momenten, und er hat den Test bestanden, das kann niemand mehr in Abrede stellen.

»Da sowohl deine Fahrradtour als auch unser Fußmarsch bei mir zu Hause enden«, sage ich, »solltest du vielleicht zwei Bücher schreiben und sie Mit dem Fahrrad zu Rob *und* Zu Fuß zu Rob *nennen. Das wäre eine tolle Marke.«*

Leon ist nicht beeindruckt. »Wie wäre es mit Wenn du denkst, Rob ist ein harter Bursche, sieh dir Leon an *– Teil 1 und Teil 2?«, sagt er.*

Ich grinse. Ich werde das Geplänkel mit Leon vermissen.

Nach zwei Stunden erreichen wir den Gipfel und treffen auf zwei örtliche Mountainbiker. Die beiden lächeln und zeigen uns den richtigen Weg. Wir steigen ab, über uns in den Bäumen turnen ein paar Affen. Ich wusste zwar, dass in Hongkong Affen leben, habe aber nie welche gesehen. Es gibt so viele Orte zu erkunden, selbst so nahe von zu Hause. Vielleicht muss ich nicht wieder fünftausend Kilometer mit einem einfachen Ticket fliegen, um ein Abenteuer zu erleben.

Über einen Pfad oben auf den Klippen folgen wir dem Ufer eines Stausees und erhaschen durch eine Lücke zwischen den Bergen den ersten, lange ersehnten Blick auf den Ozean. Er ist riesig, eine endlose graublaue Ebene. Superfrachter sind auf ihm unterwegs, bringen Rohstoffe ins Land und fertige Industriewaren hinaus in die Welt.

DAS ENDE DER REISE

Es war ein langer Weg aus der Wüste Gobi bis hierher. Die meisten Menschen in der Mongolei haben den Ozean nie gesehen, die meisten Menschen in Hongkong die Wüste nicht. Der Ozean gleicht der Wüste in mancher Hinsicht: Er ist eintönig, steril und gefährlich – und doch gleichzeitig auch friedlich und verlockend.

»Ich habe das Meer so vermisst«, sagt Leon, steht da und lächelt in seiner Benommenheit. Er ist an der wilden Nordküste Irlands aufgewachsen.

Hinter einer weiteren Biegung teilen sich die Berge erneut, und wir sehen Stahl und Beton aus der Erde schießen. Zehntausend Wohnblöcke recken sich in Habachtstellung zum Himmel. Fern dahinter sehen wir Hongkong Island. Dutzende Wolkenkratzer sind vor die Berge gebaut. Hubschrauber schwirren wie winzige Insekten über ihnen herum.

»Das ist es«, sagen wir. Ein langer Hang bringt uns hinunter zu einem komplizierten Autobahnkreuz, und eine Stunde später erreichen wir die Nathan Road, die uns zum Hafen führen wird.

Es ist Freitagnachmittag, fünf Uhr. Hongkong ist immer in Eile, und wir biegen auf seine geschäftigste Straße ein, zur Stoßzeit, mit enorm großen Rucksäcken. Sofort werden wir von einer Flut hektischer Einkäufer, junger Paare, genervter Angestellter, lachender Teenager und ruppiger Händler mitgerissen. Die Läden sind hell erleuchtet und präsentieren köstliche Speisen, modische Outfits und futuristische Elektronik. Brutzelnde Straßenrestaurants drücken sich in die Gassen unter klotzigen Hochhäusern. Je weiter wir kommen, desto dichter wird das Gedränge. Jede Frau, jeder Mann folgt seinem, ihrem Weg. Die Leute nehmen keine Notiz von uns, diese Stadt hat schon alles gesehen.

Um halb sieben sinkt die Sonne, und wir sind die Nathan Road erst halb hinunter. Es sind noch knapp fünf Kilometer. Dafür brauchen wir wenigstens eine Stunde, vielleicht auch zwei bei diesem Verkehr. Ich schicke Christine eine SMS und entschuldige mich. Ich kann kaum glauben, dass sie nur ein paar Kilometer entfernt ist.

KAPITEL 56

Anderthalb Kilometer vorm Wasser treffen wir auf das Team von Tiberius, das gekommen ist, um beim Filmen der Ankunft zu helfen. Es ist gut, sie zu sehen. Während unserer Monate unterwegs war das Verhältnis gelegentlich etwas angespannt, jetzt erinnert uns ihr Lächeln und das Händeschütteln daran, dass sie auf unserer Seite sind.

Während wir weiter die Straße hinuntergehen und uns alle Mühe geben, niemanden anzurempeln oder angerempelt zu werden, wird uns bewusst, wie schön der Abend ist. Sanfte, von den Lichtern der Stadt angeleuchtete Wolken treiben über den Himmel. Die Luft ist ungewöhnlich klar. Endlich erreichen wir den Star Ferry Clock Tower, der 1921 zu ticken begann. Wir steigen die wenigen Stufen zur Aussichtsplattform über dem Wasser hinauf, sie ist voll mit fotografierenden Touristen. Hongkongs epische Wolkenkratzer scharen sich um uns, und auf dem Wasser spiegeln sich Millionen Lichter.

Ich gehe weiter, gefolgt von Leon und dem filmenden Tiberius-Team. Hier auf der Plattform soll ich Christine treffen, aber wie kann ich sie finden? Ich gerate in Panik.

Dann sehe ich sie. Wartend sitzt sie da und sieht so schön aus und zart. Was hat sie alles durchmachen müssen, um an diesen Punkt zu gelangen? Das Warten und die Sorgen. Ich darf nie vergessen, wie besonders sie ist.

Ich gehe in ihre Richtung, und sie entdeckt mich und meinen sperrigen Rucksack in der Menge.

»Hallo, Schatz«, sage ich.

»Oh, macht die Kameras aus!«, sagt sie, als sie Tiberius und Leon hinter mir sieht.

Und dann endlich liegt sie in meinen Armen.

Am nächsten Morgen wache ich mit Christine in einem Hotel am Wasser auf. Ich bin immer noch nicht zu Hause. Das ist die heutige Aufgabe.

Mein alter Freund Tobi hat uns angeboten, uns mit seiner Dschunke auf die Insel zu fahren, auf der wir wohnen. Christine nimmt die schnelle Fähre, um die Sponsoren zu treffen, die das letzte Stück mit uns gehen werden.

DAS ENDE DER REISE

Leon und ich sitzen an Deck, während die Dschunke über das Wasser tuckert. Überall sind Frachter. Der Himmel ist grau. Leon sieht krank aus, ist aber entschlossen, bis zum Ende durchzuhalten.

Die Dschunke steuert auf den Anleger von Discovery Bay zu, wo die Sponsoren-Wanderung beginnen soll. Ich sehe eine kleine Menschenmenge, alle mit weißen T-Shirts, auf denen zu lesen ist: »Von der Mongolei zu Fuß nach Hause, für Viva.« Ich stehe an der Reling und winke. Applaus schallt herüber, hundert Arme winken zurück.

»Willst du an Land schwimmen?«, frage ich Leon.

»Tut mir leid, das habe ich heute nicht drauf. Schwimm du.«

»Okay. Gut gemacht, Leon, wir sind fast da.«

Ich lasse meinen Rucksack auf Deck, springe und bin plötzlich unter Wasser, komme zurück an die Oberfläche und beginne zu schwimmen. Ich bin zu früh gesprungen, bin noch mehr als hundert Meter von der Küste entfernt und werde sicher fünf Minuten brauchen, um das Land zu erreichen. Die Leute applaudieren wieder und lachen.

Ich lache ebenfalls und paddle langsam voran. Es ist mein letzter Moment allein, bevor ich ankomme. Ich hebe den Blick, erkenne vertraute, lächelnde Gesichter und muss an die Unzahl Gesichter denken, denen ich auf dem Weg hierher begegnet bin.

An Sahana, der mir an die Gurgel ging.

Urult, den Geldwechsler.

Mr Cheerful, den Bahnbeamten.

Gaoyu, den gastfreundlichen Studenten.

Chinese Li, den Mao-Sänger.

Mr Wolf, den Taxifahrer.

Mr Steel, den Baumträger.

Ihre Gesichter werde ich wahrscheinlich nie wiedersehen. Sie alle haben sich gut um mich gekümmert.

Endlich erreichte ich das Ufer und greife nach einem Seil, das von den Felsen hängt, klettere, das Seil reißt, und ich lande wieder im Wasser. Mehr Lachen und mehr Applaus von den Freunden über mir. Ich klettere die Felsen hinauf, habe wieder festen Boden unter den Füßen, bin tropfnass und werde umarmt und begrüßt. Leon kommt von der Dschunke.

Für das letzte Stück bildet unsere fröhliche Gruppe Nach-Hause-Geher eine Prozession am Wasser entlang. Die Kinder laufen voraus. Leute fragen mich, wie es war. Das ist schwer zu beantworten. Es ist so viel geschehen. Wir haben so viel gelernt. Es gab so viel, wofür wir dankbar sein sollten.

»Was kommt als Nächstes?«, fragt jemand.

Das ist eine gute Frage. Ich frage mich, wie es sein wird, mich zu Hause wieder einzugewöhnen.

Wir kommen über die Klippen und erreichen einen Aussichtspunkt. Von hier aus kann ich auf unser Dorf hinuntersehen. Mit Christine neben mir gehe ich eine lange Treppe hinunter und erreiche das Ende der Felsen. Wir schlendern auf den Strand zu und setzen unsere Rucksäcke zum letzten Mal ab.

»Bist du jetzt bereit für einen Sprung ins Wasser?«, sage ich.

»Ja«, sagt Leon.

Wir sprinten über den Sand ins Wasser und tauchen kopfüber hinein. Einen Augenblick später folgt die Hälfte unserer Begleiter.

Wir haben es geschafft.

Heute Abend wird es am Wasser ein Festessen geben. Aber vorher brauche ich eine Dusche. Christine und ich entfernen uns von den anderen und gehen Hand in Hand durch unser Dorf.

Bald darauf kommen wir um eine vertraute Ecke, und da ist unsere Wohnung. Ich schließe auf.

Wir sind wieder zu Hause. Gemeinsam. Endlich. Zu Hause.

Epilog

Ein paar Tage nach unserer Rückkehr flog Leon nach England und kam gerade zur rechten Zeit, um die olympische Fackel durch seine Heimatstadt in Nordirland zu tragen, in der vorgeschriebenen weiten, weißen Fackelträgeruniform. Wir witzelten, dass er mit dem zauseligen Bart und seiner kränkelnden Haltung auf den Fotos wie ein aus dem Irrenhaus Geflohener aussehe. Er fühlte sich auch weiter unwohl, aber nachdem sie ihn im Tropeninstitut negativ auf Malaria, Dengue-Fieber und mögliche Hirnkrankheiten getestet hatten, lautete der Schluss, er müsse sich einen Virus eingefangen haben, den sein erschöpfter Körper erst in ein, zwei Monaten ganz würde besiegen können.

Ein paar Monate später war ich in London, um meine Familie zu besuchen, und Leon kam zum Haus meiner Eltern. Den Whisky hatte er vergessen, aber seine »Deutschen« hatte er dabei, und so gingen wir gemeinsam joggen. Es hatte etwas Surreales, sich mit einer solchen Geschwindigkeit an einem flachen, trüben Kanal entlangzubewegen, nachdem wir monatelang schwer beladen durch die Wüsten und Berge Chinas gewandert waren.

»Würdest du lieber achtzig Kilometer pro Tag ohne Rucksack joggen oder vierzig mit Gepäck gehen?«, fragte ich ihn.

»Definitiv joggen«, sagte Leon. Ich stimmte ihm zu, und wir unterhielten uns über mögliche Jogging-Expeditionen. In der sicheren Bequemlichkeit von zu Hause konnte man sich leicht aufregende Unternehmungen ausdenken.

Leon stand aber tatsächlich bereits vor einer neuen Expedition. Mein alter Freund Al hatte ihn für eine Durchquerung der Rub al-Chali rekrutiert, des »leeren Viertels« der arabischen Halbinsel. Sie entwarfen und bauten einen Anhänger, der um einiges größer war als Molly, und beluden ihn mit den beiden wichtigsten Dingen für ein Wüstenabenteuer: Wasser und Fertignudeln. In Oman zogen sie los und kamen sechs Wochen später in Dubai an, sanddurchtränkt, aber lächelnd.[1]

Mitten in China, wenn alles schiefzugehen schien, hatten Leon und ich manchmal gewitzelt, dass wir »die schlimmste Fernsehdokumentation aller Zeiten« produzierten. Tatsächlich hatten wir ein paar ernste Fehler gemacht, die die Sache beinahe gekippt hätten. Zum Teil war das unserer etwas lässigen Einstellung geschuldet, mit der wir losgezogen waren, völlig unerfahren in der Welt des Fernsehens. Aber hätten wir das alles nicht so locker gesehen, hätten wir es womöglich gar nicht erst versucht.

Tiberius kämpfte sich durch die zweihundertvierzig Stunden Filmmaterial, die wir geliefert hatten, und tat alles, um daraus eine Dokumentation zu produzieren, die der Wildheit, den Menschen und gelegentlich auch der Verrücktheit unserer Reise Ausdruck gab. Ein paar Folgen der Serie schenkten den eher clownesken Momenten einige Beachtung, was mir eher peinlich war, doch dann sagte ich mir, dass es wahrscheinlich gar nicht so schlecht war, über meine eigene Tollpatschigkeit und Dummheit lachen zu können. Im Übrigen ließ die Magie des Fernsehens mein Mandarin ziemlich gut wirken![2]

Die Serie wurde zu der Zeit im National Geographic Adventure Channel in Australien und Asien ausgestrahlt, als ich dabei war, dieses Buch zu beenden. Ein Foto des im White-Out der Wüste Gobi tanzenden Leon schaffte es sogar auf die Titelseite des Fernsehteils der *South China Morning Post*.

---

1 Leons letzte Abenteuer und Streiche finden sich auf seiner Website: www.leonmccarron.com

2 Weniger als eine Minute des Kode-Z-Materials fand schließlich Eingang in die Dokumentation, hauptsächlich, um ein paar Bergpanoramen zu zeigen. Trotzdem waren wir froh, den kleinen Nebenausflug unternommen zu haben, um uns zu versichern, dass die Produktion realisiert wurde, und Tiberius mehr Material zu verschaffen.

EPILOG

Zurück im normalen Leben, nahm ich meine Arbeit für Viva wieder auf und schrieb dieses Buch. Nebenher rannte ich die Berge Hongkongs hinauf, um mir meine Fitness zu erhalten. Die Mittelfußknochen meines rechten Fußes schmerzten auch weiterhin, besonders wenn ich meine Dehnübungen vergaß. Vielleicht war ich tatsächlich mit einem gebrochenen Fuß durch China gelaufen, obwohl ich denke, dass er mittlerweile so gut verheilt ist, dass man auf einem Röntgenbild nichts mehr davon sehen würde.

Ich überlege, ob ich noch eine weitere große Expedition in mir habe. Die Frage wird mir oft gestellt: Was kommt als Nächstes? Werde ich mich wieder irgendwo weit in die Ferne und auf eine lange Reise zurück nach Hause begeben? Nach seinem Ausflug durch die arabische Wüste hat mir Leon eine neue Idee gemailt – er will einen Weltrekord brechen, nicht weniger. Wir haben verabredet, im nächsten Monat ausführlich zu telefonieren.

Dann, neulich beim Schreiben, glaubte ich ein leises Flüstern zu hören: »Ich habe auch hier genug Abenteuer für dich, Rob.«

Hier gibt es tatsächlich einiges – zum Beispiel das Abenteuer, für eine wohltätige Sache zu arbeiten, an die ich fest glaube. Ich halte es für ein Privileg, Teil davon zu sein. Und das Abenteuer, meine Freundschaft und Ehe mit Christine zu vertiefen.

Unterwegs habe ich manchmal über Tennysons Gedicht nachgedacht, das Leon und ich auswendig gelernt hatten, über Odysseus, der so lange Jahre auf der Reise heim nach Ithaka war. Ich kannte Joseph Campbells Theorie über die Heldenreise: dass sie das Motiv vieler großer Geschichten dieser Welt ist, der irgendwie unwillige Protagonist, der sich weit von zu Hause wiederfindet und alle möglichen Torturen auf sich nimmt, um zurückzukommen. Wie Dorothy, die aus Oz zurück will, wie Frodo und Sam, die sich heim ins Shire sehnen, oder Luke Skywalker, der herausfinden will, worin sein Schicksal besteht.³

All das brachte mich zu der Überlegung, was der Begriff »Zuhause« eigentlich bedeutet. Für viele Menschen ist das Zuhause der Ort, an dem sie aufgewachsen sind. Ich habe einmal ein paar Teenager danach gefragt, und einer von ihnen sagte: »Wo mein Kram ist.« Während unserer Reise hatte ich viele temporäre Zuhause: in den Wüstenebenen, den Lùdiàns, als Gast in den Häusern anderer Menschen. Und natürlich hatte ich immer unsere Wohnung vor Augen, den Ort, an dem ich lebte. Aber war das wirklich mein Zuhause?

Und dann habe ich neulich eine Gruppe weiser Leute darüber debattieren hören, wie die menschliche »Glückseligkeit« wohl aussieht. Einer der Schlüsse, zu dem sie kamen, war, dass es zur Glückseligkeit kommt, wenn man sich vorbehaltlos geliebt weiß. Mir scheint, der Ort, an dem wir vorbehaltlos geliebt werden, an dem wir Glückseligkeit empfinden, der ist unser Zuhause.

Ich habe das große Glück, an einem solchen Ort aufgewachsen zu sein.

Ich gehöre einem Glauben an, der besagt, dass ich rundum geliebt werde, und mich auffordert, als mutiger Pilger zu leben. Auf dieser Pilgerreise durch das Leben wird es vorkommen, dass ich falle. Aber statt aufzugeben und zu verbittern, muss ich wieder aufstehen, weiterziehen und die Behauptung zurückweisen, dass es im Leben nur ums Gewinnen geht. Ich muss mir ein weiches Herz bewahren, das trotz aller Tests und Prüfungen zu lieben lernt.

Ich kann mich glücklich schätzen, Christine gefunden zu haben, jemanden, der sich verpflichtet hat, mich zu lieben. Wir be-

---

3 Oder aus jüngerer Zeit: Tony Mendez in Argo, der seine Landsleute aus dem Iran nach Hause bringen will und dabei sein eigenes Zuhause neu entdeckt.

finden uns gemeinsam auf dieser Pilgerreise, und doch bin ich immer, wenn ich mit ihr zusammen bin, zu Hause.

> *Quell der Gnade, rufe den zurück, der vor Dir flieht.*
> *Ziehe an Dich den, der zu entfliehen versucht.*
> *Hebe den auf, der gefallen ist.*
> *Stütze den, der steht.*
> *Führe den, der auf einer Reise ist.*
> THOMAS VON AQUIN

Danksagung

Es gibt viele Menschen, denen ich danken muss – für ihre Hilfe bei der Expedition selbst und beim Schreiben dieses Buches.

Zuerst die Expedition:

Ich danke den zahllosen gastfreundlichen Menschen in der Mongolei und in China, die sich um uns gekümmert und uns weitergeholfen haben. Einige von euch werden in diesem Buch genannt, die meisten jedoch nicht. Ich hoffe, meine Versuche, euren Überschwang und eure Güte darzustellen, werden euch gerecht. Ganz besonderer Dank gilt Gaoyu und der Familie Li dafür, dass sie uns an jenem kalten Abend vor dem chinesischen Neujahrsfest bei sich aufgenommen und beherbergt haben. Dank auch an Enoch und Tim, die uns in Peking auf dem Weg zu Kode Z eine Bleibe geschenkt haben.

Dank an die Freunde, die wir in Ulan-Bator gefunden und die uns die Stadt gezeigt haben, bevor wir den Zug nach Sainschand nahmen, besonders Uuree Sangi, Trish Neufeld, Kyle Gunther, Sharon Goldhawk und Marti Lambert.

Dank auch an Ripley Davenport für Molly.

Dank an die wunderbaren Sponsoren der Expedition, die geholfen haben, sie überhaupt zu ermöglichen (für eine detaillierte Ausrüstungsliste besuchen Sie bitte die Website www.walkinghomefrommongolia.com):

Berghaus – die in letzter Minute zu Hilfe kamen und uns die gesamte warme Kleidung samt Accessoires zur Verfügung gestellt haben:

Kobold – für eine ausgezeichnete Expeditionsuhr

Osprey Packs – für unsere Rucksäcke

Mountain Hardwear – für die warmen Schlafsäcke

Hilleberg – für die robusten Zelte und Bivoanoraks

ECCO Shoes Oxford – für drei Paar bequeme Yakleder-Stiefel für jeden von uns

DANKSAGUNG

Aquapac – für die hilfreichen wasserdichten Beutel

Casio – dafür, dass sie uns noch in letzter Minute mit Kompaktkameras ausgestattet haben

ChinesePod.com – für den brillanten Podcast-Unterricht, mit dem es so großen Spaß gemacht hat, auch unterwegs weiter Mandarin zu lernen

Karina Moreton von Panoramic Journeys – die uns hilfreich war bei der Unterkunftssuche und uns Ulan-Bator gezeigt hat.

Sports Performance, besonders Doug Horne und Aaron Smith – für ihre physiotherapeutischen und podologischen Behandlungen und ihren fachlichen Rat während der Expedition. Wenn ich in Hongkong eine physiotherapeutische oder podologische Behandlung brauche, weiß ich, wohin ich gehe.

Giovanni Tomaselli, der in letzter Minute half, die GoPro-Kamera zu beschaffen

Tobi Doeringer für seine großzügige Unterstützung und die Dschunkenfahrt ganz am Ende

Ward Platt, Sun Young Moon, Mark Francis und Stephen Hunter für die Möglichkeit einer Fernsehdokumentation, Luxson für die innovative Punkt-App

Kalun-Lau für das Design der Expeditions-»Marke«, Mark Nam, der uns mit einer tollen Website gerettet hat, nachdem unsere abgestürzt war. Josh Boyle, der uns schwere Ausrüstung aus den USA gebracht hat, Ashu Kher für das unersetzliche iPhone und Chris Niem, der Leon einen iPod Shuffle geschenkt hat. Dr. Aric Hui für seinen medizinischen Rat auf der Reise – der definitiv glaubhafter war als Dr. Leons!

Dank auch allen Freunden, die uns ermutigende Nachrichten geschickt und während der Unternehmung für uns gebetet haben. Christines guter Freundin Sarah dafür, dass sie während der Wintermonate mit ihr *Ugly Betty* geschaut und Scrabble gespielt hat. Den mehr als achtzig Freunden und Unterstützern, die uns auf den letzten Kilometern begleitet und geholfen haben, über

63 000 englische Pfund für Viva und ihre Arbeit für gefährdete Kinder aufzubringen.

Dank auch an das Team von Tiberius, Cohen Leung, Kate Kun, Nicholas Shay, Philip Yang und Elain Yu, für seine hingebungsvolle und außerordentlich harte Arbeit. Dank euch, Charmaine und Duncan Jepson, für euren Druck und dass ihr die Sache am Ende an Land gebracht habt. Wir hatten ganz eindeutig unsere Höhen und Tiefen, und ich bin froh, dass wir durchgehalten haben. Danke für euer Beharren und die so ausgezeichnete wie unterhaltende Dokumentation, die ihr mit dem Material produziert habt.

Dank an Jeanette Wang (*South China Morning Post*), Esther Au Yong und Olivia Lim (*Silverkris online*) und Jill Alphonso (*MyPaper*), die Artikel über die Expedition in Auftrag gegeben hatten.

An Todd Miller, Colin Brown und Steven Ballantye für ihren unbezahlbaren Rat.

Dank an Al Humphreys – für tolle Ratschläge und die regelmäßige Erinnerung daran, uns nicht zu ernst zu nehmen. Und für sein schonungsloses Feedback auf die erste Version dieses Buches.

An Clare Symons – dafür, dass du deine verrückte andere Hälfte sechs Monate mit mir hast ziehen lassen.

Dank natürlich auch an Dich, Leon McCarron, dass du mich auf diesem verrückten Trip begleitet und meine Marotten, meine Reizbarkeit und meinen Verdruss ertragen hast. Ich denke, du hast dir da weit mehr eingehandelt, als du ursprünglich wolltest, aber du hast deine Sache bestens gemacht!

Und nun zum Buch:

Eine Anzahl Freunde hat sich trotz aller Belastungen die Zeit genommen, mein Manuskript gelesen und mir äußerst hilfreiche Hinweise zu einzelnen Teilen und dem Ganzen gegeben. Ich danke euch: Sarah Cheng, Andrew Gardener, Pam Golafshar, LaDonna Hall, Ian Huen, Alastair Humphreys, Queenie Lau, Leon McCarron, Kate McGeown, Anneli Matheson, Mary Ann Mhina,

Will Ng, Jacinta Read, John Snelgrove, Martin Thomas, Nury Vittachi und meiner Schwester Rosanna Brodie.

Dank an Gus Seebaran, der mich vor all den Jahren zu einem Creative Writers' Forum in Oxford eingeladen hat.

Allen bei Viva, für eure Gebete, eure Ermutigungen und dafür, dass man so wunderbar mit euch arbeiten kann. Dank ganz besonders an Martin Thomas für seine Geduld und seine Unterstützung, als ich mir freinehmen musste, um das hier fertigzustellen, und an Justine Demmer und Chris Niem für ihr Verständnis, dass ich mit dem Schreiben beschäftigt war.

Tim Steward, für deine Großzügigkeit und die wunderbaren Illustrationen zu Anfang eines jeden Teiles dieses Buches.

Meinen Schwiegereltern, TW und Mazi Susie, für eure Ermutigung und eure Gebete, und für all die köstlichen Essen, das Eis und die Schokolade, als ich in eurer Wohnung geschrieben habe.

Joanna Davey, meiner Lektorin bei Hodder. Dafür, dass sie das Buch angenommen hat, für ihre Geduld mit unzähligen verpassten Terminen, ihre brillante Arbeit beim Verbessern des Textes und einige gute, mutige Entscheidungen zu notwendigen Kürzungen.

Meinen Eltern, für eure Reaktion auf das Buch und noch mehr für eure großzügigen Ermutigungen und eure erstaunliche Geduld mit eurem unkonventionellen Sohn.

Und vor allem danke ich meiner geliebten Mit-Pilgerin Christine. Wir haben ein verborgenes Talent bei dir entdeckt – es ist erstaunlich, wie du meine Wort-Wälder zu durchschauen verstehst und erkennst, was ich eigentlich sagen will. Danke für die zahllosen Male, die du das Manuskript gelesen hast, und für etliche großartige Vorschläge. Und danke, dass du mich so wunderbar liebst.

Bibliographie

Die folgenden Bücher haben mich mit Hintergrundinformationen für Expedition und Buch versorgt:

Jung Chang, *Wilde Schwäne*, Knaur 2004

Jung Chang, Jon Halliday, *Mao: Das Leben eines Mannes, das Schicksal eines Volkes*, Pantheon 2007

Leslie T. Chang, *Factory Girls: Voices From the Heart of Modern China*, Picador 2010

Frank Ching, *Ancestors*, Rider 2009

Frank Dikötter, *Maos großer Hunger: Massenmord und Menschenexperiment in China*, Klett-Cotta 2014

Jonathan Fenby, *The Penguin History of Modern China*, Penguin 2009

George Friedman, *Die nächsten hundert Jahre: Die Weltordnung der Zukunft*, Campus 2009

Valerie Hansen, *The Open Empire*, W.W. Norton & Co. 2000

Peter Hessler, *River Town*, John Murray 2002

Peter Hessler, *Oracle Bones*, John Murray 2007

Peter Hessler, *Über Land. Begegnungen im neuen China*, Berlin Verlag 2009

Martin Jacques, *When China Rules the World*, Penguin 2012

John Keay, *China: A History*, HarperPress 2009

Michael Khon, *Lama of the Gobi*, Blacksmith Books 2009

Henry Kissinger, *China. Zwischen Tradition und Herausforderung*, Pantheon 2012

Chai Ling, *Ein Herz für die Freiheit. Die Geschichte einer chinesischen Studentenführerin*, Südwest Verlag 2012

John Man, *Gobi: Tracking the Desert*, Weidenfeld & Nicholson 1998

John Man, *Genghis Khan*, Bantam 2005

John Man, *The Terracotta Army*, Bantam 2008

John Man, *The Great Wall*, Bantam 2009

Rana Mitter, *China: A Very Short Introduction*, Oxford University Press 2008

Bill Purves, *China on the Lam*, Asia 2000 Ltd. 2002

J. M. Roberts, *The New Penguin History of the World*, Penguin 2007

Sarah Rose, *For All the Tea in China*, Arrow Books 2010

Colin Thubron, *Behind the Wall*, Atlantic Monthly Press 1988

Jonathan Watts, *When a Billion Chinese Jump*, Faber and Faber 2011

Jack Weatherford, *Genghis Khan and the Making of the Modern World*, Broadway Books 2005

Anmerkungen

Kapitel 2: Über die genetische Studie zu Dschingis Khans Nachfahren: John Man, *Genghis* Khan, Bantam 2005, S. 15

Kapitel 10: Über das Auswählen eines Expeditionspartners: www.bbc.co.uk/news/magazine-21878839

Kapitel 14: Wie die Entdeckung eines neuen Zimmers: Colin Thubron, *Behind the Wall*, Atlantic Monthly Press 1988, S. 1

Kapitel 15: Für eine modifizierte Version von Dr. Browns Vortrag: http://bit.ly/15eetsM

Kapitel 18: Mehr zur Kontroverse um die Grüne Mauer Chinas: www.theepochtimes.com/n2/china-news/desertification-in-china-20291.html

Kapitel 21: Die Große Mauer aus dem All: www.journaloptometry.org/en/is-it-really-possible-to/articulo/13188744/

Kapitel 25: Informationen und Statistiken über Kohlebergwerke und Kohleverbrauch in China: Jonathan Watts, *When a Billion Chinese Jump*, Faber and Faber 2011, Kap. 10; und: www.worldcoal.org/resourcesfrequently-asked-questions/

Kapitel 45: Zu den Kosten des Dammbaus und seinen sozialen Folgen: Jonathan Watts, *When a Billion Chinese Jump*, Faber and Faber 2011, S. 64; zu Maos Verhältnis zur Natur: ebd., S. 70

Kapitel 49: Zur Rolle des Tees beim endgültigen Zusammenbruch der dynastischen Herrschaft in China: Sarah Rose, *For All the Tea in China*, Arrow Books 2010, S. 255

ANMERKUNGEN

Kapitel 53: Zu den Ausgaben chinesischer Touristen im Ausland: www.guardian.co.uk/news/world-asia-china-22573572

Kapitel 53 und 54: Zur Anzahl der Autos und zum Straßennetz in China: www.guardian.co.uk/world/2012/dec/14/china-worlds-biggest-new-car-market

Kapitel 54: Zu chinesischen Internetnutzern und Blogs: www.businessinsider.com/15-facts-about-china-that-will-blow-your-mind-2010-2?op=1#ixzz2Vmkmk5tO; Statistiken zu Chinas Boom: www.worldbank.org/en/country/china/overview; zum Gebiet des Perlflusses und dem Verlagern von Jobs ins Inland: www.asiabusinesscouncil.org/docs/PRDBriefing.pdf

PAPERBACK, 512 SEITEN
ISBN 978-3-7701-8259-6
PREIS 16,99 € [D]/17,50 € [A]
AUCH ALS E-BOOK ERHÄLTLICH

»*Ein poetisches Buch –
interessant, schockierend und
zutiefst fesselnd ...*«
Daily Telegraph

Im Schatten der Seidenstraße

*Entlang der historischen Handelsroute
von China nach Kurdistan*

von Colin Thubron
Übersetzt von Werner Löcher-Lawrence

In Bussen, Zügen, klapprigen Taxis und Geländewagen, auf Eselskarren und Kamelen folgt Colin Thubron dem Verlauf der ältesten und berühmtesten aller historischen Handelsrouten. Im Herzen Chinas beginnend, steigt sie auf in die zentralasiatischen Gebirgsmassive, führt durch Uiguren-Land, durch Usbekistan, Kirgisistan und Afghanistan und zieht sich schließlich durch die weiten Ebenen des Iran und den kurdischen Teil der Türkei bis ins alte Antiochia am Mittelmeer. In sieben Monaten legt Colin Thubron mehr als elftausend Kilometer zurück. Mit Zähigkeit, Ausdauer und bewundernswertem Durchhaltevermögen meistert er die Strapazen und Gefahren seiner geradezu epischen Reise. Den Rucksack nur mit dem Nötigsten gefüllt, das Geld in einer leeren Flasche Mückenschutzmittel versteckt, Sandstürmen, Schnee und Hitze trotzend, sucht er nach den Spuren einer Jahrtausende alten Geschichte und ist immer und überall ein sensibler Beobachter, neugieriger Gesprächspartner und glänzender Erzähler, der sich auf die Menschen, denen er begegnet, einlässt und ihre Identität erspürt. Das geradezu poetisch geschriebene Werk zeigt Thubrons tiefe Passion für die Belange und die Geschichte einer Weltgegend, die uns weithin unbekannt ist.

Weitere DuMont Reiseabenteuer...

Über die Anden bis ans Ende der Welt *8000 Kilometer Motorrad extrem*
von Thomas Aders

Als Spion am Nil *4500 Kilometer ägyptische Wirklichkeit*
von Gerald Drißner

Schwarzer Tee und blaue Augen *Eine Reise durch Anatolien*
von Gerald Drißner

Empire Antarctica *Eis, Totenstille, Kaiserpinguine*
von Gavin Francis

Dem Nordpol entgegen *Unterwegs im arktischen Europa*
von Gavin Francis

Die Suche nach Indien *Eine Reise in die Geheimnisse Bharat Matas*
von Dennis Freischlad

Wilde Küste *Durch Sumpf und Dschungel zwischen Orinoco und Amazonas* von John Gimlette

Wolkenpfad *Zu Fuß durch das Herzland der Inka*
von John Harrison

Der Mann, der den Tod auslacht *Begegnungen auf meiner Reise durch Äthiopien* von Philipp Hedemann

Orakelknochen *Eine Zeitreise durch China*
von Peter Hessler

Das verlorene Paradies *Eine Reise durch Haiti und die Dominikanische Republik* von Philipp Lichterbeck

Zu Fuß durch China *Von der Wüste Gobi zum Südchinesischen Meer*
von Rob Lilwall

Mein Russisches Abenteuer *Auf der Suche nach der wahren russischen Seele* von Jens Mühling

Die letzten Tage der Wildnis *Eine Reise um die Iberische Halbinsel*
von Rolf Neuhaus

Ein Berg in Tibet *Zu Fuß durch den Himalaya zum heiligen Berg Kailash* von Colin Thubron

Infos unter www.dumontreise.de